## Probleme – Themen – Fragen

Diese Buchreihe präsentiert den heutigen Stand der Forschung mit besonderem Augenmerk auf die aktuellen Fragen der einzelnen Teilgebiete.
Von bedeutenden Fachleuten wurde jeweils eine umfassende Übersicht zu einem bestimmten Thema verfaßt, die sich sowohl an Studenten als auch an interessierte Laien wendet.

### Folgende Bände erscheinen in dieser Reihe:

| | |
|---|---|
| *Biologie* | John Maynard Smith |
| *Chemie* | W. Graham Richards |
| *Evolution* | Mark Ridley |
| *Mathematik* | Ian Stewart |
| *Physik* | Anthony J. Leggett |

MARK RIDLEY

# EVOLUTION

## PROBLEME – THEMEN – FRAGEN

Aus dem Englischen übersetzt von Helgard Hildebrandt, Berlin

Mit 13 Abbildungen und 2 Tabellen

Birkhäuser Verlag
Basel · Boston · Berlin

Original veröffentlicht in englischer Sprache
von Oxford University Press
unter dem Titel "The Problems of Evolution".


CIP-Titelaufnahme der Deutschen Bibliothek

**Ridley, Mark:**
Evolution : Probleme — Themen — Fragen ; mit 2 Tabellen /
Mark Ridley. Aus d. Engl. übers. von Helgard Hildebrandt. —
Basel ; Boston ; Berlin : Birkhäuser, 1990
(Probleme — Themen — Fragen)
Einheitssacht.: The problems of evolution ⟨dt.⟩
ISBN 3-7643-2209-8


Printed in GDR
ISBN 3-7643-2209-8

# Vorwort

Als ich mich in den letzten Jahren mit den darwinistischen Streitfragen beschäftigte, konnte ich immer wieder beobachten, wie sie entstellt wurden, so als seien sie enorm weitreichend und beängstigend, was sie meines Erachtens nicht sind. Die Wissenschaftsjournalisten tragen dabei die Hauptschuld. Verlagerungen des Akzentes wurden zu „Paradigmenwechseln“ und interessante, doch relativ unbedeutende Hypothesen zu Angriffen auf DARWIN selbst aufgebauscht. In diesem Buch wird man von den Kontroversen einen anderen Eindruck erhalten. Es gibt tatsächlich eine Reihe sehr unterschiedlicher Streitfragen, die in verschiedenen Bereichen angesiedelt sind, und jede (so scheint es) wird in der ihrem Medium entsprechenden Art behandelt. Außerhalb der Biologie finden wir die Kreationismus-Kontroverse, bei der Evolution an sich bestritten und mit wissenschaftlichen Beweisen seltsam umgegangen wird. Ich nehme nicht an, daß mein erstes Kapitel einen Kreationisten dazu veranlassen wird, seine Position zu ändern; doch bin ich der Meinung, daß es sich trotzdem lohnt, die Gründe für die Annahme, daß es Evolution gibt, darzulegen. Dann gibt es noch Streitfragen, mit denen sich nur Fachleute beschäftigen, wie die der Molekularevolution. Und letztendlich finden wir Kontroversen wie die der Paläontologie und der Klassifikation, die gezwungenermaßen sowohl auf der allgemeinen als auch auf der fachwissenschaftlichen Ebene anzutreffen sind.

Ich hoffe, daß diese Arbeit eine Einführung in diese Kontroversen liefert, wobei sie jedoch breiter angelegt ist und nicht nur die modernen Auseinandersetzungen behandelt. Ich habe es vorgezogen, die Problematik der Evolution so darzustellen, als sei sie zeitlos. Deshalb konzentrierte ich mich nur auf die Schwerpunkte der verschiedenen Erklärungen. Auf diese Weise habe ich fast den gesamten derzeitigen Meinungsstreit einbezogen und zwar dergestalt, daß, wie ich hoffe, sein Kontext innerhalb der Evolutionstheorie als Ganzes erkennbar wird.

Es war meine Absicht, das Buch ähnlich zu gestalten wie Bertrand RUSSELL seine „Probleme der Philosophie". RUSSELL aber genoß bei seinem Gegenstand zumindest einen Vorteil. Die europäische Philosophie ist, wie wir aus WHITEHEADS berühmter Äußerung wissen, eine Serie von Fußnoten zu PLATO. Da die Philosophen ihre Probleme nicht lösen, ist deren Gegenstand leicht als eine Sammlung von Problemen, die sie schon immer diskutieren, vorstellbar. In der Naturwissenschaft ist das nicht so. Die Evolutionsbiologie ist keine Sammlung von Fußnoten zu DARWIN. DARWINS Erklärung des Problems der Vererbung zum Beispiel ist einfach falsch. Damit habe ich keinerlei Raum gefüllt.

Die Hauptausführungen setzen einige geringe Kenntnisse der Genetik voraus — doch nicht allzu viele, da ich das dafür notwendige Material in einen kurzen Anhang eingefügt habe. Im Anhang konnte ich es (was angemessen ist) mehr als Tatsache, denn als Problem darstellen.

Obwohl die Evolutionsbiologie seit DARWIN vorangeschritten ist, hat er doch beinahe alle den Gegenstand betreffenden wesentlichen Fragen aufgeworfen sowie deren mögliche Beantwortung geliefert — und zwar in einem Grade, der einen Evolutionsbiologen noch immer erstaunen läßt in Anbetracht dessen, daß des Meisters Worte erstmalig waren. Die Evolutionsbiologie kann als Sammlung der Großen Fragen erachtet werden. Auf zehn von ihnen habe ich mich konzentriert und sie so angeordnet, daß wir mit denjenigen beginnen, die (so glaube ich) erfolgreich beantwortet wurden und zu jenen hinführen, die es noch nicht sind. Die Wirklichkeit der Evolution und ihre Erklärung hat sich sowohl im Fall der Adaption als auch der natürlichen Selektion (Kapitel 1—4) bestätigt. Der Evolutionsmechanismus der nichtadaptiven Merkmale (auf welche wir am Ende des Kapitels 4 stoßen) und der Moleküle (Kapitel 5) ist weniger gewiß. Der Zusammenhang von Evolution und Klassifikation (Kapitel 6) ist ein Thema, zu dem ich eine feste Position beziehe, doch wird er gegenwärtig als offene Frage behandelt. Diesen Standpunkt teile ich nicht. Die Fragen, weshalb Lebewesen in solchen Gruppen wie Arten (Kapitel 7) existieren und wie eine Art sich in zwei Arten aufspaltet (Kapitel 8) sind noch ungeklärt. Ebenso wissen wir nicht genau, ob die Evolution der Artbildung (Kapitel 9) in relativen Sprüngen vor sich geht, obwohl einige Tatsachen dafür sprechen. Den Schluß bildet eine Diskussion über den Mechanismus umfangreicher evolutionärer Veränderungen (Kapitel 10). Dennoch müssen wir am Ende in einen spekulativen Ton verfallen, da wir zwar hypothetisch verschiedene Mechanismen von Makroevolution diskutieren können, jedoch über keinerlei Beweise zur Untermauerung einer dogmatischen Schlußfolgerung verfügen.

Mark Ridley

**Ein OPUS-Buch**

Mark Ridley ist Junior Research Fellow am New College von Oxford. Er schrieb u. a. „Die Erläuterung der organischen Mannigfaltigkeit“ (The Explanation of Organic Diversity, OUP 1983) sowie zahlreiche Artikel und Überblicksarbeiten zur Evolutions-Thematik.

# Inhaltsverzeichnis

# Verzeichnis der Abbildungen

# 1. Gibt es Evolution?

Die erste Frage lautet: Gibt es überhaupt Evolution? Obwohl heute nahezu alle Biologen dies bejahen, kann es doch nicht als selbstverständlich hingenommen werden. Sowohl der gesunde Menschenverstand als auch viele anerkannte Fachleute der Vergangenheit (wenn nicht gar der Gegenwart) bezeugen die Unveränderlichkeit der Arten. Es scheint, daß die Arten — wenn man sie nicht allzu tief und weiträumig betrachtet — stets sich selbst wieder hervorbringen: Kühe zeugen Kühe, Rotkehlchen Rotkehlchen und Eichen Eichen. Kühe zeugen keine Rotkehlchen oder gar Pferde. Welche Tatsachen und Argumente können den gesunden Menschenverstand und die Geschichte widerlegen?

Wir meinen damit Argumente, die entweder für Evolution oder für Unveränderlichkeit der Arten sprechen. Doch ob ein bestimmtes Argument dies kann, hängt davon ab, welche Theorien in Betracht gezogen werden. Drei grundlegende Alternativen gibt es, die von der Beantwortung zweier Fragen bestimmt werden: ob Arten unveränderlich sind und wie oft Leben voneinander unabhängig entstanden ist (Abb. 1). Unter Evolution wollen wir verstehen, daß alle heutigen Arten aus einer einzigen Ur-Art hervorgegangen sind, die Arten haben sich folglich in ihrem Äußeren durch Vererbung und Variation im Laufe der Zeit verändert. Der Evolutionstheorie zufolge entstand Leben nur ein Mal, und die Arten sind nicht unveränderlich. Der gegenwärtige

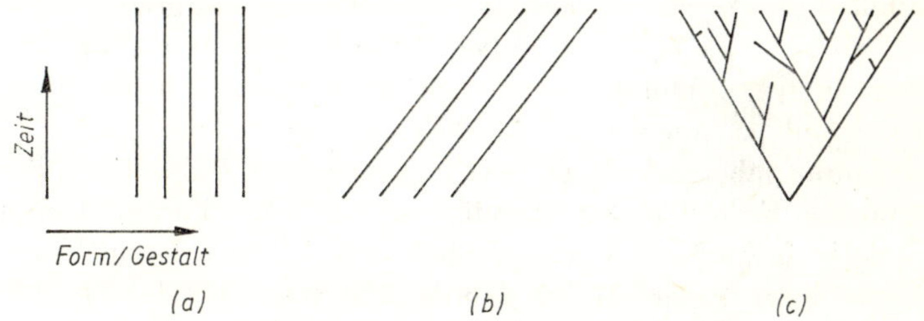


Abb. 1. Drei Theorien der Geschichte des Lebens
a) Konstanz der Arten, b) Transformismus, c) Evolution.

Formenreichtum entstand aus einer Urform durch Aufspaltung der Art.

Es könnte sein, daß die Arten sich verändern, aber auch daß das Leben mehrere Ursprünge hatte. Arten könnten sich zu neuen Arten verändern ohne Aufspaltung, der geradlinige Stammbaum könnte unbegrenzt fortbestehen ohne jemals auszusterben. LAMARCKS Theorie besagte etwas derartiges. Er bestritt, daß eine Art jemals ausstirbt und dachte, daß Arten sich langsam zu immer progressiveren Formen verändern. Als Extremalternative zur Evolution könnten wir die Hypothese aufstellen, daß das Leben ebenso oft entstand, wie es heute Arten gibt. Dann wäre jede moderne Art der Nachkomme (in mehr oder weniger modifizierter Form) eines anderen Vorfahren. Die Geschichte des Lebens bestünde dann aus Einzelschöpfungen (vielleicht alle zum gleichen, vielleicht auch zu verschiedenen Zeitpunkten) mit nachfolgender Transformation innerhalb jeder Familie, also keine Unveränderlichkeit. Diese Hypothese bezeichnen wir als Transformismus.

Es gibt auch noch andere Alternativen. Die von ihrer historischen Bedeutung her naheliegendste Möglichkeit ist die wörtliche Lektüre des Ersten Buches Mose, der Schöpfungsgeschichte in der Bibel. Darin wird behauptet, daß der Mensch als Mensch erschaffen wurde. Die Art hatte nicht ihren Ursprung in einer präzellularen Molekülgruppe, die kaum als etwas Lebendes erkennbar war. Die Schöpfungsgeschichte (wörtlich genommen) leugnet zweifellos beide Teile der Evolutionshypothese, die Transformation der Arten und die gemeinsame Abstammung des Lebens. Doch wir sollten die Schöpfungsgeschichte nicht als Alternative zur Evolution ansehen, denn auch ohne jegliche biologische Beweisführung kann sie leicht widerlegt werden. Das schlüssigste Argument gegen die Schöpfungsgeschichte ist deren Chronologie: Sie läßt nicht auf ein Alter der Erde von 3,5 Milliarden Jahren schließen, tatsächlich beträgt die übliche streng bibelgläubige Angabe ca. 6000 Jahre. Die Kreationisten von Arkansas gaben allerdings 1981 „einem relativ frühzeitigen Beginn der Erde und der lebendigen Arten" den Vorzug. Dieses „relativ frühzeitig" wurde gewählt, um der wissenschaftlichen Chronologie besser als mit der Angabe von 6000 Jahren entsprechen zu können. Der radioisotope Beweis des hohen Alters der Erde liefert somit ein entscheidendes Argument gegen die Schöpfungsgeschichte. Dabei wollen wir es bewenden lassen und uns einer anderen Möglichkeit zuwenden.

Eine Alternative zur Evolution muß nicht behaupten, daß die Erde jünger sei als sie ist. Sie braucht nur zu behaupten, daß die Arten sich nicht im Laufe der Zeit verändern, sondern, daß alle Arten in der Vergangenheit bereits so wie heute aussahen und daß die Arten verschiedenen Ursprungs seien. Diese Alternative wollen wir als Theorie der Konstanz der Arten bezeichnen. Der Geologe Charles LYELL behauptete etwas derartiges in den frühen Ausgaben seines Werkes „Die Grundsätze der Geologie" (The Principles of Geology, 1830–1833). Die Theorie der Konstanz der Arten unterscheidet sich von der Bibel-Alternative zur Evolution, und das Hauptargument gegen die Schöpfungsgeschichte trifft auf sie nicht zu.

Jetzt haben wir, abgesehen von der Schöpfungsgeschichte, drei Theorien von der Geschichte des Lebens. Sie unterscheiden sich in ihrer Beantwortung der Fragen, ob die Arten in ihrer Erscheinung festgelegt sind oder ob sie sich über Generationen verändern können, und ob es einen einzigen gemeinsamen Vorfahren der heutigen Arten gab oder mehrere. Die Theorie von der **Konstanz der Arten** beinhaltet, daß sich Arten nicht verändern und daß es ebenso viele Ursprünge wie Arten gab. Was wir als **Transformismus**-Theorie bezeichnen können, besagt, daß Arten sich verändern, es jedoch mehrere Ursprünge des Lebens gab. Und die **Evolutions**-Theorie vertritt die Meinung, daß Arten sich verändern, sich in mehr als eine Art aufspalten und daß die heutigen Arten die Nachkommen eines einzigen Vorfahren sind.

Zur Überprüfung dieser drei Theorien stehen uns drei wesentliche Methoden der Beweisführung zur Verfügung. Die erste besteht in einer Betrachtung der begrenzten Evolution. Die zweite umfaßt die Argumentation aus der Sicht der Klassifikation, die sich mit bestimmten Mustern der Mannigfaltigkeit des Lebens befaßt. Und die dritte kommt aus der fossilen Dokumentation. Wir behandeln sie in dieser Reihenfolge.

Der beste Beweis für die Evolution wäre, sie in Aktion zu sehen. Dies wurde sowohl unter natürlichen als auch unter künstlichen Bedingungen erreicht. Sich natürlich vollziehende evolutionäre Veränderung wird von der ökologischen Genetik erforscht, die bereits viele Entdeckungen zu verzeichnen hat. Das bekannteste Beispiel dafür ist das des gesprenkelten Nachtfalters, des Birkenspanners in Großbritannien. Dieser Falter tritt im wesentlichen in zwei Formen auf, einer dunklen und einer hellen. Vor der industriellen Revolution war die helle Form die häufigere, doch im Laufe des 19. Jahrhunderts nahm in Industriegebieten die dunklere Form zahlenmäßig derartig zu, daß sie die häufigerere wurde. Ein vergleichbarer Grad evolutionärer Veränderung wurde bei vielen anderen Arten beobachtet. In allen Fällen änderte sich die Erscheinung der Art im Laufe der Zeit; sie haben sich entwickelt, und diese Entwicklung wurde beobachtet. Ähnliche Veränderungen können künstlich erzeugt werden. Eine neue Generation, die sich von ihrer Vorgängerin unterscheidet, kann leicht durch Zuchtwahl aus bestimmten Formen innerhalb einer Population erzeugt werden. Wenn man beispielsweise nur die größeren Mäuse einer Population weiterzüchtet, wird die nächste Generation ein höheres Durchschnittsgewicht aufweisen. Die evolutionäre Veränderung kann beobachtet werden während sie sich vollzieht. Diese Beobachtung begünstigt die Evolutions- und die Transformationstheorie, spricht aber gegen die Theorie der Artenkonstanz.

Der übliche Einwand gegen Beispiele wie diese ist der, daß sie einen zu geringen Zeitraum umfassen. Ein Kritiker der Evolution wird geringen Veränderungen innerhalb einer Art zustimmen, doch leugnen, daß diese Veränderungen sich in ausreichendem Maße akkumulieren können, um umfangreiche Veränderungen hervorzurufen. Er wird sagen, daß bisher niemand die Entstehung einer neuen Art gesehen hat. Dies jedoch ist ein Irrtum. Die genaue Form des Irrtums ist abhängig von der Auffassung der Art, die der Kritiker vertritt. Es gibt zwei Hauptauffassungen, die morphologische und die reproduktive. Der morphologischen Artenauffassung zufolge sind Arten durch die Ähnlichkeit der Erscheinung ihrer Glieder bestimmt. Der produktiven Auffassung nach ist die Art durch Kreuzung bestimmt — können sich zwei Individuen paaren, so gehören sie der gleichen Art an; können sie es nicht (ausgenommen Gleichgeschlechtlichkeit oder reproduktive Unreife), so gehören sie verschiedenen Arten an. Die Vielfalt der Hunde könnte als Beispiel für künstlich geschaffene neue Arten im morphologischen Sinne dienen. Die Unterschiede zwischen extremen Varietäten von Hunden — wie zwischen Pekinese und der Dänischen Dogge — sind viel größer als die normalen morphologischen Unterschiede zwischen den Arten.

Ein afrikanischer Jagdhund und ein Wolf zum Beispiel sind als getrennte Unterfamilien klassifiziert, sehen einander aber ähnlicher als Pekinese und Dänische Dogge.

Neue Arten sind auch im reproduktiven Sinne geschaffen worden. Die meisten Beispiele kommen aus der Landwirtschaft und dem Gartenbau. Hunderte neuer Pflanzenarten sind experimentell erzeugt worden. Da nahezu immer die gleiche Methode angewandt wird, kann ein Einzelbeispiel für alle stehen. Nehmen wir den bekanntesten Fall, die Topfpflanze Primel *Primula kewensis*. Sie entstand folgendermaßen: Zwei Primelarten, *P. verticillata* und *P. floribunda* wurden miteinander gekreuzt. Normalerweise lassen sie sich nicht miteinander kreuzen, doch kann man sie bis zu einem gewissen Grade dazu veranlassen. Die hybriden Ableger sind steril wie allgemein alle zwischenartlichen Hybride. Es gibt aber eine Methode, infolge welcher die Hybride untereinander fruchtbar gemacht werden können. Wenn man eine Verdopplung der Anzahl ihrer Erbstrukturen, die als Chromosomen bezeichnet werden, bewirken kann, dann können sich die Hybriden reproduzieren. (Die Verdopplung der Chromosomenanzahl kann durch bestimmte Chemikalien wie Colchicine hervorgerufen werden.) *P. verticillata* und *P. floribunda* haben jeweils 18 Chromosome wie auch deren sterile Hybride, eine Hybride mit 36 Chromosomen jedoch kann sich mit anderen vermehren, aber nicht mehr mit einer ihrer Stamm-Art. Die Hybride sind, einmal fruchtbar gemacht, eine neue reproduktive Art. Sie können sich mit anderen Mitgliedern ihrer Art kreuzen, doch nicht mit denen einer anderen Art.

Das Beispiel der Primel ist kein Phänomen. Hunderte von Sorten normaler Gartenblumen wie Tulpen, Iris und Krokusse sind künstliche Hybride. Auch ist diese Methode der Schaffung neuer Arten nicht auf den Experimentiergarten des Gartenkünstlers beschränkt. Man nimmt an, daß auf diese Weise viele neue Pflanzenarten in der Natur entstehen. Folgendes als Beweis: Zählen wir die Anzahl der Chromosomen bei Mitgliedern verschiedener Arten einer Gattung von Blumen, so finden wir oft, daß deren Anzahl einfache Vielfache (2n, 4n, 8n usw.) einer Grundzahl (n) von Chromosomen sind. Das ist offensichtlich so zu interpretieren, daß die verschiedenen Arten durch Hybridisierung mit nachfolgender Verdopplung der Chromosomenanzahl entstanden sind. Wenn wir annehmen, daß diese Interpretation richtig ist (was sicherlich nicht immer stimmt), so können wir die Anzahl von Pflanzenarten schätzen, die durch Hybridisierung entstanden sind. Die Schätzung beläuft sich auf ein Drittel bis zur Hälfte aller Arten.

Der Gedanke, daß eine Art durch Kreuzung von zwei anderen Arten entstand, läßt sich am besten überprüfen, indem man versucht, die entsprechende Hybride durch experimentelle Kreuzung der entsprechenden Elternarten wieder zu erschaffen. Dies wurde in verschiedenen Fällen getan. Der erste Erfolg, 1930 von MÜNTZING erzielt, war die künstliche Schaffung der Minze *Galeopsis tetrahit* aus zwei andern Arten, *G. pubescens* und *G. speciosa*.

Also sind Arten nicht unveränderlich. Neue Arten können künstlich aus alten geschaffen werden. Ebenso können wir die Störung der Artenkategorie in der Natur beobachten. Untersucht man die gleiche Art an verschiedenen Orten, dann wird man erkennen, daß sie sich von Ort zu Ort geringfügig unterscheidet. Die räumlich bedingte Veränderung geht (normalerweise) sehr langsam vor sich, doch die Extremformen können so verschieden voneinander sein, daß sie (bevor die geographische Verbindung bekannt war) als verschiedene Arten klassifiziert worden sind. Für gewöhnlich ist nicht bekannt, ob sich die Extrema wie eigenständige reproduktive Arten verhalten, weil sie zu weit voneinander entfernt sind, als daß man jemals versuchen könne, sie zu paaren. Doch manchmal treffen die geographischen Extrema zusammen. Dann können wir sehen, ob sie sich wie eigenständige Arten verhalten. Dies ist dort der Fall, wo die geographische Verbreitung in Form eines Ringes vor sich ging. Die Verbreitung der Silbermöwe rund um den Nordpol bildet einen Ring. Gehen wir bei der Betrachtung der Silbermöwe von Großbritannien aus westwärts nach Nordamerika, so sehen wir Möwen, die als Silbermöwen erkennbar sind, obwohl sie sich geringfügig von der britischen Form unterscheiden. Bis nach Sibirien können wir ihnen folgen, wobei sich ihre Erscheinung allmählich verändert. Ungefähr auf dieser Stufe des Prozesses sieht die Möwe eher der Form, die in Großbritannien als die kleinere Heringsmöwe bezeichnet wird, ähnlich. Von Sibirien über Rußland hinweg nach Nordeuropa hin verändert sich die Möwe allmählich dahingehend, daß sie der britischen kleineren Heringsmöwe immer ähnlicher wird. In Europa endlich schließt sich der Ring. Die beiden geographischen Extremformen treffen aufeinander und bilden zwei gänzlich andere Arten. Die Silbermöwe und die Heringsmöwe sind durch ihr Äußeres voneinander zu unterscheiden und können sich auf natürliche Weise nicht paaren.

Das Beispiel der Möwen ist kein Einzelfall, aber ausreichend, um zu zeigen, worum es geht. Es demonstriert, daß die Artengrenze in der Natur nicht starr ist, und es spricht gegen die Theorie der Konstanz der Arten, aber sowohl für den Transformismus als auch für die Evolution. Würde man die Beobachtung auf Nordeuropa beschränken, würden die beiden Möwen als zwei normale Arten erscheinen. Man könnte sich vorstellen, daß sie verschiedenen Ursprungs sind. Aber was ist mit all den kaum spürbaren Schattierungen zwischen beiden rings um den Nordpol? Ein Kreationist könnte wohl kaum behaupten, daß **alle** diese Schattierungen unabhängig voneinander geschaffen wurden, denn wenn man die Behauptung weiterführt, so muß sie zu dem absurden Schluß führen, daß alle Individuen einzeln erschaffen wurden, da sie sich alle in gewissem Maße voneinander unterscheiden. Wir wissen, daß dieser Schluß absurd ist, da Einzelorganismen nicht selbständig aus Luft oder Erde entstehen, sie haben ihren Ursprung in der Reproduktion anderer Individuen. Die Kreationisten müssen an einem willkürlichen Punkt zwischen individuellem Unterschied und Artenunterschied erklären, daß bis zu diesem Punkt normale individuelle Abweichung zulässig ist, doch danach etwas gänzlich anderes erfolgte. An diesem Punkt setzte ein Prozeß der Artenschöpfung ein.

Der Fehler der kreationistischen Behauptung ist offensichtlich. Wenn die Unterschiede innerhalb der Art Silbermöwe evolutionär sind, müßte der Unterschied zwischen der Silbermöwe und der Heringsmöwe es auch sein. Wenn Evolution den Unterschied zwischen den Möwen Kanadas und Ostsibiriens hervorrufen kann, dann kann sie es auch ebenso zwischen den Möwen Ost- und Westsibiriens. Doch in vielen anderen, weniger offensichtlichen Fällen ist der kreationistische Fehler der gleiche. Es gibt eine kontinuierliche Abstufung von der individuellen über die geographische Abweichung, über solche Ebenen wie die der Unterarten, über die Artenebene bis hin zur Linnéschen Hierarchie der Gattung, Familie, Ordnung, Klasse und Stamm. Es ist schwer, überzeugende Argumente dafür zu liefern, daß die Evolution bis zu einem gewissen Punkt in dieser Hierarchie (so wie innerhalb der Art) verläuft, doch Konstanz der Arten notwendig ist, um größere Unterschiede hervorzurufen. Die Unterschiedsgrade bilden eine Abfolge. Wenn irgendein Punkt dieser Abfolge als Evolutionsgrenze gewählt wird, entsteht sofort ein Paradoxon. Wenn die Evolution all diese Unterschiede bis zu diesem Punkt hervorrufen kann, warum dann nicht auch den winzigen Schritt von der einen Seite des Punktes zur anderen?

Direkte, sowohl in der Natur als auch im Labor mögliche Beobachtung der Evolution ist uns nur in kleinem Rahmen gestattet. Wir können sehen, wie die Artenbarriere gebrochen wird. Doch um den Grundsatz auf größere Unterschiedsgrade zu erweitern, benötigen wir den philosophischen Grundsatz des Uniformismus. Der Uniformismus (in der erforderlichen Form) behauptet lediglich, daß ein Prozeß, wie wir ihn für eine kurze Zeitspanne in Aktion gesehen haben, länger gewirkt haben könnte, um proportionell größere Effekte hervorzurufen. Obwohl er überprüft werden kann, ist er eigentlich kein empirischer Grundsatz. Ihm sollte man eher seiner logischen Konsequenz wegen vertrauen. Diese ist in allen Naturwissenschaften notwendig. Es handelt sich um das Prinzip, nach welchem wir Theorien, die im kleinen Rahmen überprüft wurden, erweitern, um Beobachtungen in einem viel größeren Rahmen zu erklären. Die Gravitation zum Beispiel wurde (von Newton) ausgehend von ihrer bewiesenen Wirkung im kleinen Rahmen auf die Bewegung schwerer Körper erweitert. Keiner hat jemals direkt überprüft, ob die Sterne einander in gleicher Weise anziehen wie die Erde den Apfel – wir vertrauen dem Uniformismus. Bestreitet man den Uniformismus, so wird jegliche Wissenschaft unmöglich. Daß die Evolutionstheorie vom Uniformismus abhängig ist, daran ist nichts wissenschaftlich Besonderes oder Merkwürdiges. Wem es beliebt, an der Evolution auf Grund ihrer Abhängigkeit vom Uniformismus zu zweifeln, der sollte darüber nachdenken, welch destruktive Position er eingenommen hat.

Die Beweise widerlegten bisher die Theorie der Konstanz der Arten stärker als die des Transformismus. Wir haben aufgezeigt, daß die Arten in ihrer Form nicht starr sind, uns verbleibt aber noch zu beweisen, daß alles Leben einen einzigen gemeinsamen Vorfahren hatte. Die Beweise sind uns aber noch nicht ausgegangen. Ziehen wir als nächstes in Betracht, wie die Mannigfaltigkeit des Lebens in eine Hierarchie eingestuft werden kann. Die Art **Homo sapiens** ist (auf sukzessiv immer umfassenderen Ebenen) ein anthropoider Affe (**Familie**), ein Primat (**Ordnung**), ein Säugetier (**Klasse**), ein Wirbeltier (**Stamm**) und ein Tier (**Reich**). Alle Arten können analog eingestuft werden. Die Hierarchie kann als eine zeitliche Hierarchie evolutionären Übergangs interpretiert werden, da sich das erste Tier vor dem ersten Wirbeltier entwickelte, welches sich vor dem ersten Säugetier entwickelte und so weiter hinab bis zur Stufe der Arten.

Aber das ist eine reine Interpretation. Als Beweis für die Evolution ist mehr vonnöten. Jegliche Objektsammlung, ob nun in einem evolutionären Prozeß entstanden oder nicht, kann hierarchisch eingeordnet werden. Stühle zum Beispiel werden einzeln angefertigt, sie werden nicht durch einen evolutionären Prozeß geschaffen. Doch jede beliebige Aufstellung von Stühlen könnte hierarchisch geordnet sein, vielleicht indem man sie als erstes danach unterteilt, ob sie aus Holz gefertigt sind oder nicht, dann entsprechend ihrer Farbe, ihrem Herstellungsdatum usw. Die Tatsache, daß Leben hierarchisch eingestuft werden kann, ist an sich kein Beweis für die Evolution.

Der Evolutionsbeweis liegt in einer besonderen Eigenschaft der Klassifikationshierarchie, der Art der Merkmale, die sie bestimmen. Arten werden gemeinsam eingeordnet, wenn sie bestimmte gemeinsame Merkmale aufweisen. Wichtig an diesen Merkmalen ist, daß man sie oft als Homologien bezeichnet. Homologien sind (unserem Zweck entsprechend) ähnliche Merkmale bei verschiedenen Arten, die aber nicht aus einer funktionellen Notwendigkeit resultieren müssen. Die ähnliche Gestalt von Haien und Delphinen zum Beispiel ist nichts homologes. Auch wenn sie einander ähneln, so resultiert diese Ähnlichkeit aus einer ähnlichen Lebensweise. Also, Merkmale wie die Körperform von Haien und Delphinen werden bei der Klassifikation nicht angewandt. Biologische Klassifikationen werden statt dessen von Ähnlichkeiten, die nicht funktionell notwendig sind, bestimmt. Hier verwenden wir den Terminus Homologien. Die Ohrknöchel der Säugetiere sind ein Beispiel für eine Homologie. Sie sind homolog mit einigen Kieferknochen der Reptilien. Die Ohrknöchel der Säugetiere müßten sich nicht aus den gleichen Knochen entwickelt haben, die die Kiefer von Reptilien bilden, aber es ist so. Wenn sich Säugetiere und Reptilien unabhängig voneinander entwickelt hätten, dürften wir keine Ähnlichkeiten erwarten. Wenn sich aber die Säugetiere aus den Reptilien entwickelt haben, dann müßte man erwarten, auf andere Art und Weise nicht erklärbare Ähnlichkeiten zu finden. Zweifellos entwickelten sich die Ohrknöchel aus den Kieferknochen. Biologische Klassifikationen bestimmende Merkmale bestehen bei den Kieferknochen der Reptilien und den Ohrknöcheln der Säugetiere in gleicher Weise, sie sind Homologien. Die Tatsache, daß Arten gemeinsame Homologien aufweisen, ist ein Beweis für die Evolution, denn wären sie unabhängig voneinander entstanden, gäbe es keinen Grund, weshalb sie homologe Ähnlichkeiten aufweisen sollten.

Aus der bloßen Anzahl homologer Ähnlichkeiten unter den Arten ergibt sich ein wirksames Argument für die Evolution. Viele der oft für die Evolution vorgelegten Einzelbeweise reduzieren sich auf die allgemeine Form des Beweises aus der Homologie. Nehmen wir den bekannten Fall der Galapagos-Finken, auch DARWIN-Finken genannt. Auf den verschiedenen Inseln dieses Archipels gibt es 14 Arten von Finken. Die 14 Arten übernehmen viele Rollen, von denen wir (auf anderen Kontinenten) erwarten würden, daß sie von anderen, nicht verwandten Vögeln gespielt werden. Einer von ihnen ist zum Beispiel der Specht-Fink. Bei ihm hat sich ein langer Specht-Schnabel herausgebildet, aber keine lange Zunge. Deshalb benutzt er zum Herauskratzen von Insekten aus der Rinde einen Zweig, den er im Schnabel hält. Ein anderer ist der Grasmücken-Fink, der einer Grasmücke so ähnlich sieht, daß er als eine solche über hundert Jahre lang eingeordnet wurde bevor DARWIN seine Sammlung vornahm. Doch nähere Untersuchung ergab, daß es tatsächlich ein Fink ist.

Wenn all diese 14 Arten unabhängig voneinander entstanden wären, weshalb sind sie dann alle Finken? Wenn ein Specht überall auf der Welt als Specht auftritt, weshalb soll er auf Galapagos ein Fink sein, der sich wie ein Specht verhält? Diese Tatsachen aber werden verständlich, wenn alle Arten sich aus einem gemeinsamen Vorfahren entwickelt haben. Wenn eine einzige Finkenart Galapagos besiedelte und sich dann daraus die heutigen 14 Formen entwickelt haben, dann sollte man doch annehmen, daß sie alle Finken sind. Sie alle stammen vom Finken ab. Die Tatsache, daß sie Finken sind, ergibt sich aus allen Homologien, die einen Finken bestimmen. Wären sie unabhängig voneinander entstanden, dürften wir nicht erwarten, daß sie alle diese Finken-Homologien aufweisen. Der Specht wäre der gleiche wie überall anderswo auf der Erde, er hätte keine den Finken definierenden Merkmale. Deshalb liefern die Galapagos-Finken einen Evolutionsbeweis.

Die Beweisführung für die Evolution aus der Homologie heraus ist nicht vom Uniformismus abhängig, wie die direkte Beobachtung der experimentellen und natürlichen Evolution. Sie ist anderer Art und behauptet, daß es Eigenschaften der Mannigfaltigkeit des Lebens gibt, die nur zu verstehen sind, wenn diese Mannigfaltigkeit durch Evolution aus einem gemeinsamen Vorfahren geschaffen wurde. Sie beweist nicht nur, daß die Evolution neue Arten bilden kann, sondern auch, daß ganze Klassen und Stämme aus einem gemeinsamen Vorfahren entstanden sein müssen. Im Extremfall von Universal-Homologien, die alle Arten aufweisen, läßt die Argumentation aus der Homologie heraus darauf schließen, daß jegliches Leben auf der Erde einen einzigen Vorfahren hat.

Hervorragendes Beispiel für eine Universal-Homologie ist der genetische Code. Körper basieren auf Erbmaterial, der DNS, auf der Übertragung einer Sequenz bestehend aus vier Basen, die durch die vier Buchstaben A, C, G und T symbolisiert sind. Ein Triplett dieser Basen spezifiziert eine Aminosäure; eine Folge von Tripletts bildet eine Aminosäurefolge; eine Folge von Aminosäuren ein Protein, (grob gesagt) bestehen Körper aus vielen verschiedenen Proteinen. Was hierbei eine Rolle spielt ist, daß der Code, obwohl willkürlich, als universell bekannt ist. Willkürlich ist er im gleichen Sinne wie die menschliche Sprache. Nichts an einem Pferd erfordert, daß es durch diese Folge von fünf Buchstaben (P-f-e-r-d) spezifiziert ist, jegliche andere Buchstabenfolge wäre ebenfalls möglich. Der genetische Code hat die gleiche Eigenschaft. Die Glycin genannte Aminosäure wird zufällig bei allen Arten mit dem Basen-Triplett GGC bezeichnet, doch nichts (soweit uns bekannt) an Glycin erfordert, daß es gerade mit diesen drei Buchstaben und keinen anderen bezeichnet wird. Wenn nun unterschiedliche Arten unabhängig voneinander entstanden sind, dann müßten wir sehr überrascht sein, daß sie alle mit dem gleichen genetischen Code aufgebaut sind. Es wäre schon erstaunlich genug, daß sie alle die DNS als genetisches Material enthielten, doch noch überraschender, daß sie sich alle auf den gleichen Code „einigten“. Die Universalität des Codes ist leicht zu begreifen, wenn jede Art von einem gemeinsamen Vorfahren abstammt. Wie auch immer der Code des gemeinsamen Vorfahren lautete, er blieb über die Evolution hinweg erhalten, weil jegliche Veränderung in ihm katastrophal gewesen wäre. Eine einzige Veränderung würde all die über Millionen von Jahren hinweg vervollkommneten Proteine des Körpers veranlassen, ihn falsch aufzubauen, und kein solcher Körper könnte leben. Es wäre, als versuche man zu kommunizieren, habe aber Buchstaben innerhalb der Wörter vertauscht, als wenn man zum Beispiel jedes ‚a‘ durch ein ‚x‘ ersetzt hätte und versuche sich zu unterhalten, keiner würde es recht begreifen. Somit nehmen wir an, daß der genetische Code allgemeingültig ist, da alle Arten aus einem einzigen Vorfahren hervorgegangen sind. Dies ist wiederum ein Fall der homologen Beweisführung für die Evolution. Die homologe Beweisführung spricht für die Evolution und gegen die beiden anderen Möglichkeiten. Sie spricht sowohl gegen den Transformismus als auch gegen die Konstanz der Arten.

Wir kommen jetzt zum letzten Argument für die Evolution, der fossilen Dokumentation. Sie offeriert zwei in Frage kommende Beweisführungen, wovon eine die direkte Beobachtung evolutionärer Veränderung über die geologische Zeit hinweg ist. Da die geologische Zeit sich über einen viel längeren Zeitraum erstreckt als das Leben eines einzelnen Menschen, können wir hoffen, daß die fossile Dokumentation uns extensivere evolutionäre Veränderungen aufzeigt als die von uns schon untersuchten Fälle der direkt beobachtbaren Evolution. Die zweite Variante geologischer Beweisführung tritt von den Beobachtungen einzelner evolutionärer Abstammungen zurück und betrachtet das Modell der fossilen Dokumentation als Ganzes. Das führt zu dem von Darwin (in einer Kapitelüberschrift) als ‚geologische Aufeinanderfolge organischer Wesen‘ bezeichneten Argument. Ziehen wir beide nacheinander in Betracht.

Die fossile Dokumentation evolutionärer Veränderung innerhalb einzelner Evolutionslinien ist sehr mager. Wenn es Evolution gibt, dann entstehen Arten durch Veränderungen von Ahnenarten. Man sollte annehmen, dies aus der fossilen Dokumentation erkennen zu können. Tatsächlich trifft es aber kaum zu. 1859 konnte Darwin kein einziges Beispiel dafür anführen.

Er schrieb das Fehlen von Beispielen der Unvollständigkeit der fossilen Dokumentation zu. Somit trägt in **„Die Entstehung der Arten“** das Kapitel, in dem er die erste geologische Beweisführung anwendet, den Titel ‚Die Lückenhaftigkeit der geologischen Urkunden‘. Heutzutage verfügen wir über einige Beispiele, an denen man evolutionäre Veränderung in der fossilen Dokumentation erkennen kann. Einige Dutzend könnten aufgezählt werden. Das Bemerkenswerteste daran ist, daß sie so selten sind, und somit kann die erste geologische Beweisführung kein zwingendes Argument für Evolution liefern. Mit der Akkumulation von Beweismaterial könnte sie zu einem kraftvollen Argument werden, doch ist sie es gegenwärtig nicht. Keineswegs ist natürlich die Seltenheit sichtbarer Evolution in der fossilen Dokumentation ein Argument gegen die Evolution. Diese Seltenheit ist genau das, was ein Evolutionist erwartet, wenn die fossile Dokumentation viele Lücken aufweist. Es ist bekannt, daß sie sehr unvollständig ist. Darauf kommen wir in Kapitel 9 zurück.

Die zweite geologische Beweisführung ist erfolgreicher. Dafür verlassen wir die evolutionäre Veränderung einzelner Linien und wenden uns statt dessen der Verteilung der Hauptiergruppen im Verlauf der Zeit zu. Nehmen wir als Beispiel die Wirbeltiere. Die Fische erscheinen in der fossilen Dokumentation vor den Amphibien, Amphibien vor den Reptilien, Reptilien vor den Säugetieren mit einer dazwischenliegenden deutlichen Folge, in richtiger Reihenfolge, zunehmend säugetierähnlicher werdender Reptilien. Die ersten Säugetiere treten vor den kleineren Untergruppen der Säugetiere, wie der der Affen, auf und Menschen erst vor ungefähr einer Million Jahren. Diese Aufeinanderfolge ist genau das, was die Evolutionstheorie voraussagt. Damit sich ein Säugetier aus einem Fisch entwickeln kann, muß es die Stadien der Amphibien, dann der Reptilien und dann der säugetierähnlichen Reptilien durchlaufen, und der Evolutionist erwartet somit, daß diese Gruppen in der fossilen Dokumentation in der betreffenden Reihenfolge auftauchen. Er wäre umgekehrt sehr beunruhigt, erschienen sie in einer anderen Reihenfolge. Deshalb machten die kreationistischen Kritiker der Evolution ein Riesenspektakel um angebliche fossile menschliche Fußabdrücke aus der Kreidezeit, gleichaltrig mit dem Dinosaurier. Wenn solche Fußabdrücke tatsächlich existierten, würden sie die Evolution ernsthaft in

Frage stellen. Die evolutionäre Abstammung des Menschen fügt sich gut in die fossile Dokumentation ein, wenn der Mensch vor einigen Millionen Jahren seinen Ursprung hatte. Davor gibt es eine lange Folge gewisser Stammformen. Es gab anthropoide Affen und dann sich in der Zeit rückwärts bewegend, undifferenzierte Primatenformen, undifferenzierte Säugetiere usw. Die fossile Dokumentation liefert keine Folge möglicher Vorfahren menschlichen Lebens in der Kreidezeit. Ein Kreidezeit-Mensch würde in evolutionärer Isolation existieren, ohne jegliche offensichtlichen Fossilien, die ihn mit anderen Wirbeltieren dieser Zeit verbinden. Wenn sich der Mensch entwickelt hat, dann muß er sich aus Vorfahren entwickelt haben, und dann müssen zumindest in Frage kommende Vorfahren im Fossilienmaterial dieser Zeit in der Nähe (oder kurz davor) liegen. In der Kreidezeit gibt es keine.

Offen gesagt, es ist ziemlich sicher, daß die aus der Kreidezeit stammenden vermeintlichen menschlichen Fußabdrücke überhaupt keine menschlichen sind. Wäre eine derartige Entdeckung gemacht worden, würde sie den Evolutionisten beunruhigen. Folglich liegt in der Tatsache, daß diese Entdeckungen nicht gemacht worden sind, ein Argument für die Evolution. Das Modell der geologischen Aufeinanderfolge insgesamt ist für die Evolution geeignet.

Für die Theorie der Konstanz der Arten ist dieses Modell nicht geeignet. Wenn Fische, Amphibien, Reptilien, säugetierähnliche Reptilien und Säugetiere voneinander unabhängig geschaffen worden wären, müßte es ein zu großer Zufall sein, daß sie in der fossilen Dokumentation in genau der gleichen von der Evolution vorausgesagten Reihenfolge auftauchen. Wenn Fische und Säugetiere verschiedenen aber gleichzeitigen Ursprungs wären, warum sind dann überhaupt keine Säugetiere so früh wie Fische in der fossilen Dokumentation zu finden? Dafür gibt es einen möglichen Grund. Wie ich schon erwähnte, vertrat Charles Lyell einmal eine ähnliche Auffassung wie die Artenkonstanz-Theorie. Lyell war Geologe und kannte das Modell der geologischen Aufeinanderfolge gut. Er versuchte dies mit der Konstanz der Arten in Einklang zu bringen indem er behauptete, daß diejenigen Gruppen, die zu einer bestimmten Zeit verbreitet waren, von den vorherrschenden Umweltbedingungen begünstigt wurden. Veränderungen der Verbreitung von Gruppen (so nahm er an) wurden durch Umweltveränderungen hervorgerufen. Somit kamen die Amphibien nach den Fischen, da sich die Umwelt dergestalt veränderte, daß die Amphibien Gelegenheit erhielten, immer zahlreicher zu werden, und damit wurde es relativ wahrscheinlich, fossile Dokumente zu hinterlassen.

Lyells Erklärung der geologischen Aufeinanderfolge könnte überzeugend sein, wäre die geologische Aufeinanderfolge das einzige Argument für die Evolution. Das Argument ist eindrucksvoll, und es ist schwer, es schlüssig zu widerlegen. Hauptgrund, weshalb Lyells Annahme falsch war, (und das ist auch der Grund, weshalb er 1860 seine Meinung selbst änderte) ist, daß ausreichend Gründe vorliegen für die Annahme, daß es Evolution und keine Artenkonstanz gibt. Bejahen wir Evolution erst einmal, so können wir getrost auf Lyells eindrucksvolles Argument verzichten. Die geologische Aufeinanderfolge reiht sich in die Evolutionstheorie ein.

Hiermit ist die Zusammenfassung der Hauptargumente für Evolution abgeschlossen. Die Kombination von Evolutionsbeobachtung im begrenzten Rahmen mit dem Grundsatz des Uniformismus, mit der Art und Weise der Klassifikation, mit der Beweisführung aus den Homologien und der Universalität des genetischen Codes heraus und mit der geologischen Aufeinanderfolge organischer Wesen, wenn nicht gar mit dem Beweis der beobachteten Evolution in den Fossilien, sie alle liefern überzeugendes Beweismaterial. Wir haben nur die hauptsächlichen Beweise geprüft. Die Anzahl der Beispiele könnte um ein Vielfaches erweitert werden, auch hätten wir ein weiteres starkes Argument für die Evolution heranziehen können, zu dem keine vernünftige Alternative bekannt ist. Unsere beiden Möglichkeiten, die der Konstanz der Arten und die des Transformismus, sind nicht eigentlich kohärent. Sie setzen einfach voraus, daß die Arten irgendwie entstanden, doch versagen sie bei der Bestimmung eines Mechanismus. Wie wir sehen werden, gibt es einen Mechanismus, der die Evolution erklärt. Man bezeichnet ihn als natürliche Auslese (Selektion), und diese ist absolut unvereinbar sowohl mit der Konstanz der Arten als auch mit dem Transformismus. Die natürliche Selektion brachte Arten hervor, indem sie existierende Arten modifizierte und nicht infolge Schöpfung aus dem Nichts. Das Fehlen jeglicher kohärenter Alternative zur natürlichen Selektion als Mechanismus der Entstehung von

Arten ist schon allein ein wichtiger Grund, die Evolution zu bejahen.

Ich nehme an, daß unser erstes Problem bezüglich der Evolution gelöst ist. Auf seiten der Evolution haben sich so viele Tatsachen und Argumente angehäuft, daß sie nicht länger als eine offene Frage angesehen werden kann. Es ist vorteilhaft, daß unsere Anschauungen rationell untermauert sind und wertvoll, die Beweise für die Evolution zu kennen. Hat man einmal dieses Beweismaterial untersucht, dann kann wohl niemand (es sei denn, er ist Fanatiker) bezweifeln, welche Schlußfolgerung sich daraus ergibt.

# 2. Vererbung

Nachdem wir festgestellt haben, daß es Evolution gibt, muß das nächste Problem erläutert werden. Warum vollzieht sie sich? Welcher Evolutionsmechanismus läuft ab, und worin hat er seine Ursache? Vererbung ist die erste Möglichkeit. Neue Formen könnten spontan im Prozeß der Reproduktion entstehen, und Evolution wäre dann die automatische Folge der Vererbung. Um Evolution zu bewirken, müßten die neuen Formen gerichtet entstehen. Doch Verstand und tagtägliche Wahrnehmung deuten nicht darauf hin. Wir wissen, daß Kühe gewöhnlich Kühe reproduzieren. Jedoch gibt es zwei Möglichkeiten, die tägliche Wahrnehmung zu umgehen. Einerseits könnte die Reproduktion einer neuen Art aus der Kuh in vielen unmerklich kleinen Schritten und nicht in einem offensichtlichen vor sich gehen. Von einem anfänglich kuhähnlichen Stadium ausgehend, könnten sich kleine Veränderungen allmählich akkumulieren mit dem Resultat, daß sich eine neue Art herausbildet. Andererseits könnte die Kuh in sehr seltenen Fällen eine neue Art reproduzieren, obwohl sie dies normalerweise nicht tut. Eine neue Art könnte sich aus einer einzigen Erbveränderung ergeben.

Natürlich kann nicht Vererbung allein Evolution bewirken. Ein anderer Prozeß mag dafür zuständig sein. Um dies zu klären, müssen wir uns den Erkenntnissen über die Vererbung zuwenden. Wenn diese für eine Evolution sprechen, ist das Problem gelöst. Und selbst wenn sie es nicht tun, so werden sie immer noch wichtig sein, sobald wir weitere mögliche Mechanismen der Evolution in Betracht ziehen, da jegliche weitere Evolutionstheorie zumindest mit den Erkenntnissen der Vererbung in Einklang stehen muß.

Ich möchte gleich zu Anfang bemerken, daß das Problem gelöst ist. Die wesentlichen Erkenntnisse sind einfach Tatsachen und müssen als solche akzeptiert werden. Unter Vererbung versteht man gewöhnlich die Mendelsche Vererbung (nach ihrem Entdecker benannt). Anhand eines Beispiels von Gregor MENDEL selbst möchte ich das Wesen der Mendelschen Vererbung darstellen und danach die Konsequenzen für den Evolutionsmechanismus untersuchen.

MENDELS bekannteste Experimente wurden mit Erbsenpflanzen durchgeführt. Er unterteilte seine Erbsen in Klassen, gekennzeichnet durch unterschiedlich gepaarte Merkmale, zum Beispiel niedrigbleibende und hochwachsende Pflanzen (nachfolgend als hoch und niedrig bezeichnet, d. Ü.) und arbeitete dann heraus, wie sie sich vererbten. Zuerst erzielte er reine Zuchtlinien der Erbsenklassen. Das heißt, wird ein Individuum einer Linie mit einem anderen Individuum der gleichen Linie gekreuzt, vermehren sie sich immer reinerbig. Wird in einer reinen Linie niedriger Erbsenpflanzen zum Beispiel eine niedrige Pflanze mit einer anderen gekreuzt, bringt sie immer nur niedrige Pflanzen hervor. MENDEL kreuzte dann Erbsen einer reinen hohen Linie mit Erbsen einer reinen niedrigen Linie und untersuchte deren Nachkommen. Die Nachkommen dieser Kreuzung wuchsen alle in die Höhe. Es gab keine niedrigen und keine mittleren Nachkommen. Die nächste Stufe des Experiments war noch aufschlußreicher. Er nahm die hohen Individuen, die aus der Kreuzung entstanden waren, und kreuzte sie miteinander. Diese hohen Pflanzen vermehrten sich nicht reinerbig. Die Nachkommen in der zweiten Generation waren sowohl niedrig als auch hoch im ungefähren Verhältnis von drei hohen Pflanzen zu einer niedrigen Pflanze.

MENDEL erklärte seine Resultate folgendermaßen (Abb. 2). Man nehme an, jede Pflanze verfüge über zwei Faktoren (bezeichnen wir sie mit ihrem modernen Namen als Gene) zur Merkmalsteuerung. Die beiden betreffenden Gene in jedem Individuum einer reinen Elternlinie sind gleich. Symbolisieren wir das Genpaar (Genotyp genannt) der hohen Linie mit **TT** und das der niedrigen mit **tt**. Damit sich jetzt ein Individuum reproduzieren kann, bildet es Keimzellen aus, die man bei Pflanzen als Pollen und Stempel (bei Tieren als Spermien und Eier) bezeichnet. Jede Keimzelle trägt aber nur eines der beiden Gene. Die Keimzellen der hohen Pflanze (**TT**) tragen eines der beiden **T**-Gene, diejenigen der ursprünglich niedrigen Pflanzen eines der **t**-Gene. Die Reproduktion vollzieht sich nun durch die Fusion der Keimzellen zweier Individuen. Bei MENDELS erster Kreuzung entstanden alle neuen Individuen durch die Fusion eines **T**-Gens des hohen

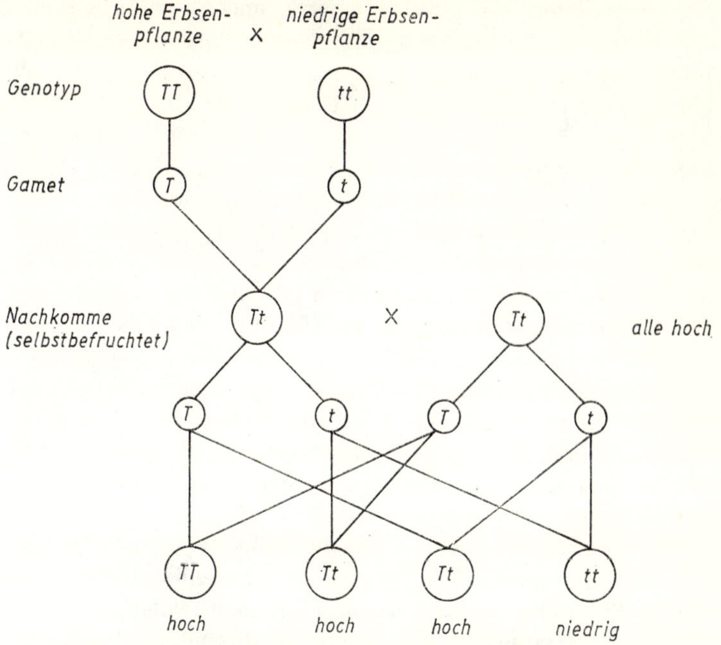


Abb. 2. Eine einfache Mendelsche Kreuzung
Zwei Varianten einer Erbsenpflanze, hoch (Genotyp **TT**) und niedrig (**tt**) werden gekreuzt. Die Nachkommen sind alle hoch. Da es sich bei allen um Heterozygoten (**Tt**) handelt, reproduzieren sie bei Selbstbefruchtung hohe und niedrige Pflanzen in einem Verhältnis von 3 zu 1 (1 **TT**:2 **Tt**:1 **tt**).

Elternteils mit einem **t**-Gen des niedrigen Elternteils. Alle Nachkommen waren somit vom Genotyp **Tt**. Sie waren alle (wie wir gesehen haben) hoch. Dies erklärte Mendel mit der Dominanz des **T**-Gens über das **t**-Gen. (Dominanz bedeutet, daß das Merkmal des dominanten Gens ausgebildet wird sobald es mit dem anderen, im Stempel vorhandenen Gen, das rezessiv genannt wird, kombiniert wird.)

Jetzt verfügen wir über alles Nötige, um die zweite Generation zu erläutern. Sie entstand aus Kreuzungen zweier **Tt**-Elternteile. Jedes Elternteil produziert **T**- und **t**-Keimzellen im gleichen Verhältnis. Die Keimzellen beider Elternteile fusieren miteinander. Die erste Hälfte der **T**-Keimzellen eines Elternteils fusiert mit den **T**-Keimzellen des anderen Elternteils und die zweite Hälfte mit t-Keimzellen. Die erste Hälfte seiner t-Keimzellen fusiert gleichermaßen mit den T's des anderen Elternteils, die zweite Hälfte mit den t's. Welche Genotyp-Proportionen ergeben sich daraus? Es gibt einen Weg der Bildung von TT und einen der Bildung von tt, doch zwei Möglichkeiten Tt auszubilden. Das Gesamtverhältnis lautet demzufolge 1 TT:2 Tt:1 tt. Die Tt-Erbsen sind hoch, da T dominant ist. Das Verhältnis hoher zu niedrigen Pflanzen lautet also 3:1, wie es sich auch bestätigt.

Viele Untersuchungen der Mendelschen Interpretation sind möglich, aber wir brauchen sie hier nicht alle abzuhandeln. Nehmen wir an, die Erklärung ist zutreffend und gehen weiter zur Betrachtung deren Konsequenzen für die Evolution. Meines Erachtens gibt es vier Hauptkonsequenzen: Vererbung ist Spezifizierung und nicht Mischung, sie ruft keinerlei logische Veränderung zwischen den Generationen hervor, sie ist statistisch, nicht einfach determiniert, und was ein Elternteil an die nächste Generation weitergibt, wird allein davon bestimmt, was es selbst ererbt hat — innerhalb einer Generation erworbene Merkmale sind nicht ererbt.

Der Hypothese der Mischerbigkeit zufolge sind die Merkmale der Nachkommen eine Kreuzung der Merkmale der beiden Elternteile. Hätten sich bei MENDELS Erbsen die Größen miteinander vermischt, wäre die erste Generation von mittlerer Größe gewesen und nicht alle hoch (wie es der Fall war). Die Größe hatte sich infolge der Dominanz der T-Gene über die t-Gene nicht vermischt. Dennoch ist bei Genpaaren nicht immer ein Gen völlig dominant über das andere, in manchen Fällen gibt es keine Dominanz. Dann kann die Erscheinung eines Individuums gemischten Genotyps (wie Tt) zwischen der Erscheinung der zwei reinen Linien liegen. Doch wichtig ist, daß sich die Gene nicht mischen, selbst wenn der Organismus als eine Kreuzung seiner Eltern erscheint. Sie werden sich in der folgenden Generation dennoch voneinander trennen. Wenn zum Beispiel Tt von mittlerer Größe gewesen ist, so lautet dennoch das Verhältnis von TT, Tt und tt in der folgenden Generation 1:2:1. Es gibt keine genetische Mischung. Genetische Mischung würde bedeuten, daß, wenn sich ein T-Gen mit einem t-Gen verbindet, sie sich vermengen würden zu einer Art Zwischen-Gen (nennen wir es $t_1$), das eine Pflanze mittlerer Größe herausbildet. Das geschieht nicht. T und t vermischen sich nicht. Sie sind spezifische Gene.

Was bedeutet es für die Evolution, daß Vererbung über

Spezifizierung und nicht über Vermischung abläuft? Bei Mischerbigkeit verlieren sich allmählich die Varianten, da sie sich alle miteinander zu einer vermischen, doch bei Reinerbigkeit erhalten sich die Varianten. Würden sich die Gene vermischen, würde nur noch eine Art von Gen existieren, wo vorher zwei waren. Fände dieser Prozeß lange genug statt, dann gäbe es bald nur noch eine Genart in der gesamten Population.

Betrachten wir, was bei Mischerbigkeit geschähe, wenn eine neue Variante in der Population auftaucht. Nehmen wir an, es träte nur ein Exemplar einer neuen Variante in einer großen Population auf. Diese neue Variante können wir mit $m_1$ bezeichnen. Die gesamte restliche Population besitzt ein anderes Gen, das wir mit m bezeichnen wollen. Dieses Gen könnte (zum Beispiel) die Färbung steuern, m soll für grün stehen, $m_1$ für weiß. Nehmen wir nun an, daß (infolge eines von uns nicht angegebenen Mechanismus) $m_1$ von Generation zu Generation in der Population beginnt, häufiger aufzutreten. Was wird geschehen? In der ersten Generation wird das einzelne m sich mit einem m-Individuum paaren, da ja alle anderen Populationsmitglieder m sind. m und m vermischen sich und ergeben eine neue Genart $m_2$, welche wiederum bewirkt, daß sich die Elternfarben zu einem Hellgrün vermischen. $m_1$ ist nun verloren. Die Population besteht nun hauptsächlich aus m-Individuen und einigen $m_2$-Individuen. In der nächsten Generation werden sich jetzt praktisch alle $m_2$-aufweisenden Individuen mit m-Individuen paaren, (denn $m_2$ besteht immer noch in außerordentlich geringer Anzahl) und eine weitere Genart $m_3$ bilden, die eine Farbe zwischen grün und hellgrün bewirkt. Dieser Prozeß braucht nicht allzu lange abzulaufen, und die Wirkung der neuen Variante ist von der der Vorfahren, der Mehrheit, übertönt. Diese Variante würde aufhören zu existieren, bevor sie sich innerhalb der Population durchsetzen kann. Von einer einzigen neuen Variante ausgehend kann die Population nicht weiß werden. Damit die gesamte Population weiß werden kann, müßten die $m_1$-Gene viele Male hintereinander entstehen. Einzelne Varianten können keine große Evolutionswirkung erzielen.

Bei Reinerbigkeit sieht das anders aus. Hier geht das $m_1$-Gen nicht nach der ersten Generation verloren. Nehmen wir an, es sei dominant. Die $mm_1$-Individuen sind dann weiß. Nehmen wir auch hier wieder an, daß weiße Individuen über die Generationen hinweg häufiger auftreten. Wichtig hierbei ist, daß das $m_1$-Gen den folgenden Generationen übertragen wird. Es bleibt erhalten.

Theoretisch könnte es immer häufiger auftreten bis **m** eliminiert und $m_1$ das einzige Gen ist — die gesamte Population würde dann aus weißen Individuen bestehen. Das $m_1$-Gen brauchte nicht mehrfach zu entstehen, damit die Population sich vom grünen zum weißen Stadium entwickeln kann. Die gesamte Population kann durch eine einzige Erbvariante bzw. anfangs durch sehr wenige neue Erbvarianten umgewandelt werden. Hierin liegt die Bedeutung der Reinerbigkeit für die Evolutionstheorie.

Die zweite Schlußfolgerung aus den Mendelschen Vererbungsregeln für die Evolution lautet, daß der Prozeß der Vererbung allein keine Richtungsänderung im Laufe der Zeit hervorruft. Zu Beginn dieses Kapitels bemerkten wir, daß möglicherweise die Vererbung allein eine Evolution bewirken kann. Diese Möglichkeit kann jetzt mit Hilfe der Mendelschen Erkenntnisse widerlegt werden. Wenn wir zu MENDELS Originalexperiment zurückkehren und die Häufigkeit der verschiedenen Gene in aufeinanderfolgenden Generationen ermitteln, so können wir erkennen, daß sie konstant ist. In der Elterngeneration befinden sich zwei **T**-Gene in dem hohen Elternteil und zwei **t**-Gene im niedrigen Elternteil. Die Anzahl beider Elternteile ist gleich, womit **T** und **t** im gleichen Verhältnis zueinander stehen. In der zweiten Generation haben alle Individuen **Tt**, das Verhältnis ist wiederum gleich. In der dritten Generation treten **TT**, **Tt** und **tt** im Verhältnis von 1:2:1 auf, woraus sich wieder ein gleiches Genverhältnis ergibt. Der reine Prozeß der Mendelschen Vererbung verursacht keinerlei evolutionäre Veränderung. Die Population bleibt stets die gleiche. Im Experiment verändert sich aber das Verhältnis der drei Genotypen, obwohl das Gen-Verhältnis das gleiche bleibt. In der ersten Generation ist das Verhältnis von **TT** zu **Tt** gleich, in der zweiten weisen alle **Tt** auf, und in der dritten beträgt es 1 **TT**:2 **Tt**:1 **tt**. Dieser Widerspruch ist aber in Wirklichkeit auf den künstlichen Ausgangspunkt zurückzuführen. Würde man es den Mitgliedern der Population selbst überlassen, sich untereinander zu vermehren, ergäbe sich bald ein gleiches Verhältnis sowohl von Genotypen als auch von Genen. Das konstante Genotyp-Verhältnis kann man mathematisch ermitteln. Es wird als HARDY-WEINBERG-

Gesetz bezeichnet. Ob wir nun Gene oder Genotypen betrachten, die Population ist konstant. Vererbung allein ruft keine Evolution hervor.

Obgleich das Verhältnis von hohen zu niedrigen Pflanzen in der letzten Generation des MENDEL-Experiments drei zu eins betrug, so ist dies aber der statistische Durchschnitt. Das exakte Verhältnis bei MENDELS Originalexperiment ergab 787 hohe Pflanzen zu 277 niedrigen (2,84:1). Für jedes dieser Experimente ist es völlig normal, daß die Proportion nur annähernd und nicht exakt der von der Mendelschen Theorie vorausgesagten entspricht, da die Produktion von Keimzellen und (noch wichtiger) die Kombination der Keimzellen zur Bildung neuer Organismen statistische Prozesse sind.

Wenn ein Organismus wie die Erbsenpflanze Keimzellen produziert, dann verdoppelt eine einzelne Zelle vorübergehend ihre normale Menge von zwei Mustern einer jeden Genart auf vier, diese teilt sich dann zwei Mal und produziert Keimzellen, die jeweils ein Muster eines jeden Gens enthalten. Die männlichen Gameten (Pollen) werden genau im Verhältnis des Genotyps der Pflanze produziert: Wenn die Erbse **Tt** ist, produziert sie genau einen **T**-Pollen für jeden **t**-Pollen. Die Produktion weiblicher Gameten unterscheidet sich geringfügig. Für jedes produzierte Ovulum sterben drei Zellen ab. Nur aus einer der vier in Frage kommenden wird ein Ovulum. Somit ist in den männlichen Gameten eines Individuums das Verhältnis der Gene exakt determiniert, in den weiblichen aber gibt es auf dieser Stufe ein geringfügiges Zufallselement. Drei von vier Genmustern gehen verloren, und das eine überlebende wird vom Zufall aus den anfänglich vier Mustern ausgewählt.

Das wichtigste statistische Element tritt im nächsten Stadium hinzu. Wenn die Gameten zur Bildung der nächsten Generation miteinander verschmelzen, hat nur ein winziger Teil aus dem gesamten (sogenannten) ‚Pool' von Gameten Erfolg. Nur einigen wenigen Gameten gelingt es tatsächlich, sich mit einem anderen Gameten zu verbinden und zu einer neuen Pflanze heranzuwachsen. Jede Erbsenpflanze produziert Millionen von Pollenstaubkörnern, doch nur wenige von ihnen entwickeln sich. Da die erfolgreichen Gameten mehr oder weniger zufällig aus dem großen Pool von Gameten erwählt werden, wird das Genverhältnis in der folgenden Generation ungefähr, nicht exakt, dem der vorangegangenen entsprechen. Es wird einen statistischen Mittelwert ergeben.

Wir müssen noch erwähnen, was Zufall hier genau bedeutet. Angenommen, es befinden sich **T**- und **t**-Gene zu gleichen Teilen im Gesamtgametenpool, und es kommt zur ersten Befruchtung. Angenommen, ein T-Pollen verschmilzt mit einem T-Ovulum zu einer TT-Erbse. Das Verhältnis von T zu t ist in der nächsten Generation (vorübergehend) gleich eins zu null. Zufall bedeutet, daß es, ungeachtet dieses zeitweiligen Glücks des T-Gens, für das t-Gen kein ausgleichendes Glück gibt. Die Chance, daß das nächste aus dem Pool kommende Gen zur Schaffung einer neuen Erbsenpflanze wiederum kein t-Gen trifft, liegt wie zuvor bei 50 %. Es ist wie beim Werfen einer Münze. Hat man drei Wappen nacheinander geworfen, so ist es keineswegs wahrscheinlicher, daß der nächste Wurf Zahl sein wird. Die Wahrscheinlichkeit bleibt weiterhin 50 %. Die Chance, daß ein Gen ausgewählt wird, ist ziemlich unabhängig von seinem vorherigen Glück oder Pech, sie entspricht immer seinem Anteil im Gametenpool. Soweit zur Auswahl durch den Zufall.

Dies kann wichtige Konsequenzen für die Evolution haben. Mendelsche Vererbung kann keine folgerichtige gerichtete evolutionäre Veränderung bewirken, doch eine zufällige. Die Häufigkeit der Gene innerhalb einer Mendelschen Population verschiebt sich untereinander, und es ist möglich, daß sich ein Gen zu vollem Umfang verschiebt (mit anderen Worten, sich innerhalb der Population durchsetzt). Mathematisch ist die zufällige Verschiebung ermittelt und ihre potentiellen Konsequenzen für die Evolution sind bekannt. Ein schwierigeres Problem liegt in ihrer realen Bedeutung für die Evolution, wie wir noch (in Kapitel 5) sehen werden.

Die letzte und wichtigste Konsequenz der Mendelschen Vererbung besteht darin, daß sie keine Vererbung erworbener Eigenschaften zuläßt. In der Vererbung erworbener Eigenschaften liegt, historisch gesehen, die Hauptalternative zur natürlichen Selektion als Evolutionsmechanismus. Sie wird oft als LAMARCKsche Vererbung bezeichnet. Bei diesem Mechanismus könnte allein die Vererbung Evolution bewirken. Der Gedanke, erläutert an dem vertrauten Beispiel vom Arm des Hufschmiedes, ist folgender. Ein Mann wird erst einmal mit einer genetischen Konstitution, die ihm einen bestimmten Grad an Muskelstärke verleiht, geboren. Wenn er dann seine Arme trainiert, indem er Pferdehufe beschlägt, kommt es zu einem Muskelwachstum. Daß das so ist, wissen wir. Die Frage lautet nun, als was werden sich seine Kinder erweisen? Wenn erworbene Eigenschaften vererbt werden, dann müßten die Kinder sich (zunächst) als stärker erweisen als ihr Vater, bevor er Hufschmied wurde. Wenn erworbene Eigenschaften nicht vererbt werden, dann ist die erworbene Stärke des Hufschmieds für die Gene, die seine Nachkommen von ihm geerbt haben, ohne Belang.

Gäbe es eine Vererbung erworbener Eigenschaften, könnte dies der Evolutionsmechanismus sein. Wir wissen, daß die Anstrengungen von Individuen im Verlaufe ihres Lebens Veränderungen hervorrufen. Würden diese auf die nächste Generation vererbt werden, resultiere daraus Evolution. Und zwar in dem Sinne, daß, wenn die Prämisse (Vererbung erworbener Eigenschaften) richtig ist, sich daraus eine begründete Evolutionstheorie ergibt. Offen bliebe aber immer noch die Frage, ob sie auf alle bekannten Evolutionserscheinungen zutrifft, zumindest könnte sie aber einige erklären.

Aber erworbene Eigenschaften werden nicht vererbt. Die Kinder des Hufschmieds ererben nicht seine Armkraft. Ich möchte die Frage noch einmal anhand eines imaginären Mendelschen Experiments aufwerfen. Die Höhe einer Erbsenpflanze könnte durch den Nährstoffgehalt der Erde, in der sie heranwuchs, verändert sein oder einfach dadurch, daß man sie kurz schnitt. Selbst wenn Mendel einige seiner hohen Pflanzen auf die Größe seiner niedrigen zurückgeschnitten hätte, in der nächsten Generation wäre genau das gleiche Verhältnis von hohen Pflanzen zu niedrigen zutage getreten, so als ob er sie nicht beschnitten hätte. Im Verlaufe des Lebens eines Individuums erworbene Veränderungen wirken sich nicht auf dessen Erbkonstitution aus. Erworbene Eigenschaften sind nicht erblich. Die Vererbung erworbener Eigenschaften ist faktisch als Evolutionsmechanismus ausgeschlossen. Späterhin werden wir zu einem prinzipiellen Einwand kommen, hier jedoch beschränken wir uns auf die Fakten.

Daß erworbene Eigenschaften nicht erblich sind, kann auch anders zum Ausdruck kommen. Bezeichnen wir den für die Reproduktion zuständigen Teil des Organismus als Keimplasma und alle restlichen Teile (die absterben, wenn der Organismus stirbt) als Soma. Die Nichterblichkeit von erworbenen Eigenschaften ist damit der Tatsache zuzuschreiben, daß Erbinformationen nicht von Somazellen ins Keimplasma gelangen können. Keimplasma und Soma bilden sich getrennt heraus. Diese Doktrin der Unabhängigkeit des Keimplasmas hatte erstmals der deutsche Biologe August WEISMANN Ende des 19. Jahrhunderts höchst eindrucksvoll zum Ausdruck gebracht. Sie wird auch oft als Weismannismus bezeichnet. Der Weismannismus schließt die Möglichkeit der Vererbung erworbener Eigenschaften aus.

Nicht alle Organismen vermehren sich nach den MENDEL-Regeln, jedoch nach den Weismannschen. Einige Organismen (speziell Mikroorganismen) weisen weder zwei Muster eines jeden Gens auf, noch produzieren sie Gameten infolge der Mendelschen Reduktionsteilung der Zellen. Aber bei allen Organismen sind Keim- und Somaplasma voneinander getrennt, kein Organismus vererbt erworbene somatische Veränderungen. Der Weismannismus ist eine allgemeingültigere Lehre als der Mendelismus, der als Sonderfall eingeschlossen ist. Die Weismannsche Theorie ist also gültig, da sie den entscheidenden Faktor der Vererbung, nämlich daß die Erbsubstanz, die im Keimplasma des Organismus enthalten ist, nicht vom übrigen Körper beeinflußt wird, deutlich erkennt.

Somit ist die Aufzählung der vier Hauptkonsequenzen der Mendelschen Vererbung für die Evolution abgeschlossen. Bevor wir weitergehen, bleibt noch eine Frage bezüglich der Vererbung zu klären. Wie sieht es mit der Erscheinung neuer, erblicher Merkmale aus? Bisher haben wir die Vererbung bereits in der Population bestehender Merkmale, wie die Wuchshöhe von Erbsenpflanzen, untersucht. Was ist aber mit den Merkmalen, die noch nicht existieren? Diese müssen für die Evolution von Bedeutung sein. Evolution ist nicht auf die Veränderung der Proportionen bereits vorhandener Typen beschränkt, manchmal treten grundsätzlich neue Merkmale auf.

Neue Erbmerkmale können infolge zweier Mechanismen entstehen. Den einen nennt man Mutation, den anderen Rekombination. Mutationen sind physische Umbildungen in Genen, die die Wirkung des Gens verändern. Wenn ein Gen G die Produktion einer bestimmten chemischen Substanz bewirkte, so kann dies zu einem neuen Gen $G_1$ mutieren, welches eine andere chemische Substanz produziert. Mutationen werden vom Nachkommen des Individuums, bei dem die Mutation zum ersten Mal auftauchte, ererbt. Sie können deshalb der Ursprung einer evolutionären Veränderung sein. Gene mutieren spontan, aber in geringem Umfang. Die spontane Mutationsrate beträgt eins zu einer Million Generationen. Die Rate kann durch die Einwirkung bestimmter Chemikalien (z. B. Gelbgas), Röntgenstrahlen und Atombomben erhöht werden.

Die Rekombination produziert Neues infolge anderer Kombinierung bereits bestehender Mendelscher Gene. Das von uns in Betracht gezogene Mendelsche Experiment betraf nur ein Merkmal, die Pflanzenhöhe. Aber die Höhe ist nicht die einzige Eigenschaft einer Erbsenpflanze. Es gibt noch Hunderte andere — Farbe, Widerstandsfähigkeit gegen Kälte, Blattform. Diese weiteren Merkmale werden auch von Mendelschen Genen gesteuert. Bei der Weitergabe der Gesamtgenmenge an die nächste Generation können verschiedene Gene entweder unabhängig oder als Einheit vererbt werden. Als Einheit werden sie vererbt, wenn sie miteinander (wie man es nennt) gekoppelt sind.

Ob verschiedene Gene unabhängig voneinander vererbt werden, hängt davon ab, ob sie an ein und dasselbe Chromosom gebunden sind. Die Chromosomen sind die Molekularstrukturen, die die Gene tragen: Die Erbinformationen werden durch die Chromosomen vom Elternteil auf seine Gameten übertragen. (Chromosomen sind groß genug, so daß man sie unter einem Lichtmikroskop erkennen kann.) Ein Individuum besitzt mehr als nur ein Chromosom, wobei deren genaue Anzahl von Art zu Art differiert. Der Mensch zum Beispiel besitzt 46 Chromosomen, Erbsen 14. Sind Gene, die zwei verschiedene Merkmale (sagen wir Größe und Farbe) steuern, in unterschiedlichen Chromosomen enthalten, dann werden sie unabhängig voneinander vererbt. Doch sind die beiden Merkmale in ein und demselben Chromosom enthalten, dann neigen sie dazu, als Einheit vererbt zu werden.

Die Rekombination produziert neuartige Organismen, indem Kopplungsgruppen von Genen aufgebrochen werden. Durch den als Genaustausch bezeichneten Mechanismus, der durch ein Mikroskop zu erkennen ist, werden Gene zwischen Chromosomenpaaren neu kombiniert. Dies kann neue Genkombinationen hervorrufen. Es kann sein, daß sie nur kurzfristig vererbt werden, da wiederum eine weitere Rekombination die neuen Kombinationen aufbrechen kann. Sie kann aber dennoch neuartige Organismen schaffen. Unter ganz bestimmten Evolutionsverhältnissen kann die Rekombination besonders wichtig sein. Entstehen zwei Mutationen in zwei verschiedenen Genen eines Chromosoms ungefähr zur gleichen Zeit, dann werden die beiden sicherlich anfangs in zwei verschiedenen Individuen auftreten. Ohne Rekombination könnten die beiden Mutationen niemals im gleichen Körperchromosom koexistieren. Eine von beiden müßte noch einmal entstehen in der Nachkommenschaft des anderen Mutanten. Die Rekombination jedenfalls kann sie schnell zusammenführen. Wenn die beiden Mutationen sich gemeinsam stärker auswirken als einzeln, dann kann der Rekombinationseffekt die Evolutionsrate erhöhen.

Nun können wir zum ursprünglichen Problem, ob Vererbung allein Evolution bewirken kann, zurückkehren. Da evolutive Innovationen aus Mutation und Rekombination resultieren, sollten wir die Frage erneut aufwerfen. Verursachen Mutation und Rekombination gerichtete oder ungerichtete Veränderungen? Die Antwort lautet, wie bei der reinen Mendelschen Vererbung, auch sie sind ungerichtet. Sie verursachen keine folgerichtigen Veränderungen in irgendeine Richtung. Mutationen bezüglich der Größe erzeugen sowohl höhere als auch niedrigere Organismen. Es wurden verschiedene Theorien bezüglich Evolution als Folge ‚zielgerichteter Variation' aufgeworfen, doch müssen wir diese ausschließen. Für zielgerichtete Variation bei Mutation und Rekombination oder im Prozeß Mendelscher Vererbung gibt es keine Beweise. Wie plausibel diese Theorien in sich auch sein mögen, sie sind doch falsch. Den Evolutionsmechanismus erklärt weder die Vererbung erworbener Eigenschaften noch irgendeine Theorie zielgerichteter Erbänderung (oder zielgerichteter Mutation).

Der Prozeß der Vererbung, der sich über Mutation, Rekombination und Mendelsche Gesetze vollzieht, kann nur eine zufällig gerichtete Evolution bewirken. Da aber die Evolution in eine Richtung verläuft, brauchen wir einen anderen Mechanismus, der dafür in Betracht kommt.

# 3. Evolutionsmechanismus

Bisher haben wir zwei Anforderungen an eine stichhaltige Evolutionstheorie untersucht. Sie muß erklären, warum Evolution vonstatten geht, und sie muß mit den Tatsachen der Vererbung übereinstimmen. Es gibt aber noch eine weitere Bedingung. Die Theorie muß erklären, warum Organismen für das Leben bestens ausgestattet sind. Die Merkmale eines Organismus, codiert in den Mendelschen Genen, sind nicht einfach irgendwelche alten Merkmale und die Evolutionsveränderungen nicht irgendwelche alten Veränderungen. Die Merkmale der Organismen sind bestens gestaltet, sie sind (wie wir sagen) Anpassungen bzw. Adaptionen.

Ein Beispiel soll verdeutlichen, was Adaption heißt. Das Äußere vieler Tiere erschwert es, sie zu entdecken; sie sind getarnt. Sowohl die Färbung, der Körperbau als auch das Verhalten können dazu beitragen. Die Färbung vieler Falter zum Beispiel ähnelt der Baumrinde, auf der sie ruhen, der Körperbau von Blattinsekten einem Blatt. Verhaltensmäßige Adaption ist auch notwendig, denn ein getarntes Tier muß in der Lage sein, das Stück Umwelt, an das es angepaßt ist, zu erkennen und zu imitieren. Ein Blattinsekt muß sich auf dem Zweig eines Baumes niederlassen — auf dem Stamm wäre es nicht getarnt — und sollte leicht wie ein Blatt in der Luft schaukeln.

Tarnung ist eine Form von Adaption. Dadurch werden die getarnten Tiere weniger schnell von Feinden gefressen. Ein getarntes Tier wird eher überleben als ein ähnliches, nicht getarntes. Adaption heißt, für das Leben bestens gestaltet zu sein. Um zu verstehen, wie eine bestimmte Eigenschaft von einem Organismus angenommen wird, muß man bedenken, inwiefern diese die Überlebens- und Reproduktionschancen ihres Trägers erhöht. Im Fall der Schutzanpassung ist das ziemlich einfach. Sie erschwert es den natürlichen Feinden, das getarnte Opfer zu sehen, welches deshalb seltener gefressen wird. Dieses Argument erlaubt uns, die Tarnung als eine Adaption zu bezeichnen. Ohne dieses Argument könnten wir nicht sagen, wie Tarnung zur Adaption beitrug, ja nicht einmal, ob sie überhaupt eine Adaption ist.

Das Problem des Evolutionsmechanismus liegt darin, eine Theorie zu finden, die die Evolution und die Adaption erklären kann und mit den Tatsachen der Vererbung übereinstimmt. Nur eine Theorie ist bekannt, die alle drei Prüfungen besteht: die Theorie der natürlichen Selektion. Aufgabe dieses Kapitels ist es, die natürliche Selektion zu erläutern und aufzuzeigen, daß damit tatsächlich alle evolutionären Tatsachen und die Adaption begründet werden können. Das Fehlen einer Alternative sowie der Fakt, daß keine der bekannten Eigenschaften von Organismen mit der natürlichen Selektion unvereinbar sind, bedeuten, daß dieses Problem der Evolution, wie die beiden vorherigen, wirklich gelöst ist. Dennoch wird nicht jeder dem zustimmen.

Zur Erläuterung der natürlichen Selektion können wir bei dem Fall der Tarnung bleiben. Hier steht uns eine der klassischen Arbeiten zur natürlichen Selektion zur Verfügung, die von H. B. D. KETTLEWELL zum Industriemelanismus beim gesprenkelten Birkenspanner *Biston betularia* in Großbritannien. Dieser Spanner tritt in zwei Varianten auf, der dunkel melanisierten und der helleren gesprenkelten Variante. Der Unterschied wird von den Mendelschen Genen gesteuert, jedoch nicht von einem einzelnen Gen wie im Fall der hohen und niedrigen Erbsenpflanzen. Die Tatsachen sind, ziemlich vereinfacht, folgende: Vor der industriellen Revolution war die gesprenkelte Variante von beiden die häufigerere. Dann aber vermehrte sich zu Beginn und Mitte des 19. Jahrhunderts in den Industriegebieten die melanisierte Variante und wurde die überwiegendere. In den nichtindustriellen Gebieten jedoch blieb die gesprenkelte Variante die häufigerere. Als Mitte des zwanzigsten Jahrhunderts die industrielle Aktivität in einigen Gegenden zurückging, wurde die gefleckte Variante wieder die häufigerere.

Soweit die Fakten, es folgt die Erläuterung: Der von den großen Fabriken ausgespiene Ruß tötet die an den Baumstämmen wachsenden Flechten, und die Stämme bleiben kahl und dunkel. Die gesprenkelte Variante ist an einen flechtenüberzogenen Stamm angepaßt, jedoch nicht an einen kahlen flechtenlosen wie der melanisierte Typ und sticht von einem normalen Stamm ab. Die Birkenspanner werden von Vögeln, die ihre Opfer optisch ausmachen, gefressen. Das soll zur Erläuterung der Tatsachen genügen. Während der industriellen Revolution änderte sich die Farbe des Hintergrundes, auf dem die Birkenspanner sich niederlassen. Dieser wechselte vom gesprenkelten Hell zum Schwarz. Wo zuvor die gesprenkelte Variante getarnt war, wird sie nun auffällig, sie wurde schneller von Vögeln erkannt und öfter gefressen. Da, wo zuvor die melanisierte Variante auffällig war, ist sie jetzt getarnt und wird seltener gefressen. Die Verschiebung der relativen Häufigkeit der beiden Varianten wurde durch Vogelfraß vor einem sich verändernden Hintergrund verursacht.

Kettlewell überprüfte seine Interpretation experimentell. Er brachte sowohl in Industriegebieten als auch in industrielosen Gegenden Exemplare der melanisierten und der gesprenkelten Variante an Baumstämmen an und maß von einem Versteck aus, in welchem Verhältnis beide Sorten von Vögeln gefressen wurden. Das Ergebnis stimmte mit der Theorie überein. Die Vögel verhielten sich wie erwartet. Die melanisierte Variante wurde in der industrielosen Gegend öfter vertilgt und im Industriegebiet öfter die gefleckte.

Es ist bekannt, daß die wirklichen Ursachen für die veränderte Häufigkeit im Auftreten der gefleckten und der melanisierten Variante der *Biston betularia* komplexer sind als diese einfache Zusammenfassung. Sie dient nur der Illustration der natürlichen Selektion. Die Variante, die in der jeweiligen Gegend besser überlebte, trat öfter auf. Das war eine evolutionäre Veränderung zugunsten der besser angepaßten Variante innerhalb der Birkenspanner-Population.

Die natürliche Selektion haben wir anhand eines Beispiels verfolgt. Betrachten wir sie jetzt in der Abstraktion. Welche Faktoren sind nötig, um Evolution zu bewirken? Der erste ist, daß Unterschiede zwischen Varianten erblich sein müssen. Ansonsten ist Evolution ausgeschlossen. Wäre der Unterschied nicht erblich, würden die Nachkommen beider Varianten die gleiche Häufigkeit der melanisierten und der gefleckten Variante in sich tragen und es somit, selbst wenn die melanisierte Variante bessere Überlebenschancen hätte und mehr Nachkommen hinterließe, zu keiner Evolution zugunsten der melanisierten Variante kommen. Differenzierte Überlebenschancen sind eine weitere Bedingung, wenngleich sie allein Evolution nicht bewirken können.

Damit die melanisierte Variante zahlreicher werden konnte, mußte sie besser überleben. Unterschiedliche Überlebenschancen sind aber nur von Bedeutung, da sie gewöhnlich aus differenzierter Reproduktion resultieren. Die melanisierte Variante trat also deshalb in Industriegebieten häufiger auf, weil (infolge wahrscheinlicheren Überlebens bessere Reproduktion) sie mehr Nachkommenschaft in der nächsten Generation hinterließ als die gesprenkelte.

Die natürliche Selektion kann also theoretisch unterschiedliche Reproduktion ohne unterschiedliche Überlebenschancen bewirken. Wenn beide Varianten gleichermaßen fortbestehen würden, doch eine durchschnittlich mehr Eier als die andere legen würde, käme es zu einer evolutionären Erhöhung der Häufigkeit der fruchtbareren Variante, selbst wenn die Überlebenschancen für beide gleich wären.

Nun haben wir die abstrakten Evolutionsbedingungen mit Hilfe der natürlichen Selektion definiert. Die unterschiedlichen Varianten müssen genetisch unterschiedlich sein und sich in unterschiedlichem Maße reproduzieren. Somit muß es dann automatisch zu einer evolutionären Erhöhung der Häufigkeit der sich stärker reproduzierenden Variante kommen. Das ist unvermeidlich. Sind die Prämissen erfüllt, gelangen wir zu diesem Schluß.

Zu zeigen, daß natürliche Selektion auf die Tarnung zutrifft, ist das eine. Etwas anderes ist es, diesen Grundsatz auf alle anderen Merkmale von Organismen zu erweitern. Doch Darwin lieferte ein generelles Argument. Sein berühmtes Malthus-Argument. Organismen produzieren mehr Nachkommen als überleben können. Viele von ihnen sterben vor der Geschlechtsreife. Das Ergebnis ist ein ständiger Kampf ums Dasein. Jede erbliche Verbesserung eines jeglichen Merkmals wird deshalb zu einem häufigeren Auftreten in der Population führen. Die natürliche Selektion ist ständig bei allen Eigenschaften eines Organismus am Werk. Die Tarnung ist keine Ausnahme.

Jetzt, wo wir gesehen haben, was natürliche Selektion ist, können wir die Frage stellen, ob sie die drei Bedingungen erfüllt, Evolution und Adaption erklärt und mit den Fakten der Vererbung übereinstimmt. Das Beispiel zeigte, daß sie es kann, aber untersuchen wir jetzt, wie. Sie erklärt die Adaption beinahe unwillkürlich. Formen, die besser gestaltet sind für das Leben in ihrer Umwelt, neigen dazu, mehr Nachkommen zu hinterlassen. Infolge natürlicher Selektion werden sie andere, weniger gut gestaltete, überwuchern.

Die Erklärung ergibt sich derart unwillkürlich, daß einige Kritiker den Verdacht hatten, sie sei rein verbal. Sie rochen eine Tautologie. Tatsächlich wurde DARWINS Argument seit seiner Formulierung von der Kritik begleitet, es sei ein Zirkelschluß. Erstmals (glaube ich) behauptete dies der Bischof VON CARLISLE im Jahre 1890, doch gewann es neuerdings wieder an Popularität. Natürliche Selektion wird oft als ‚das Überleben des Tauglichsten' zusammengefaßt. (Der Ausspruch stammt von Herbert SPENCER, nicht von DARWIN. DARWIN mochte ihn nie, jedoch nicht, weil er sein Argument nach einem Zirkelschluß klingen läßt.) Die Kritik lautet folgendermaßen: Überleben heißt einfach am Leben bleiben, doch was heißt ‚die Tauglichsten'? Auch dies scheint letztendlich nur zu bedeuten: diejenigen, die überleben. ‚Überleben der Tauglichsten' kann übersetzt werden als Überleben derjenigen, die überleben, was eindeutig eine Tautologie ist. Wie Sir Karl POPPER bemerkte, ‚es gibt kaum eine Möglichkeit, eine Theorie zu überprüfen, die so schwach ist wie diese'.

Würde die Kritik zutreffen, wäre DARWINS Theorie gefährdet. Die Bedeutung der natürlichen Selektion liegt darin, daß sie behauptet, die Merkmale der Organismen zu erklären. Doch wenn sie ein Zirkelschluß ist, kann sie es nicht erläutern. Zirkelschlußargumente erklären gar nichts. Wenn Überleben das einzige Kriterium für eine Adaption ist, dann **bedeutet** natürliche Selektion eher Adaption als daß sie sie erklärt. Die Darwinsche Theorie muß deshalb über ein Adaptionskriterium verfügen, das unabhängig von der Bestätigung des Merkmals durch natürliche Selektion ist. Tauglichsein muß mehr als nur Überleben bedeuten.

Untersuchen wir anhand der Tarnung der *Biston betularia*, ob Adaption in diesem Fall mehr bedeutet als nur das reine Überleben. Wenn die Theorie der natürlichen Selektion ein Zirkelschluß ist, dann besagt sie nur, daß die Variante, die besser überlebt hat, im Verlaufe der Evolution an Häufigkeit zunahm. Ist das aber alles, was sie besagt? Nein, ist es nicht. Etwas wichtiges ist ausgelassen worden, etwas in diesem Fall so offensichtliches, daß es von einem hastigen Kritiker übersehen werden könnte. Was fehlt, ist die Erläuterung, warum eine Variante besser überlebt. Auf die Tarnung kommt es an, da die gesprenkelten Birkenspanner durch Vögel starben, die visuell jagen. Auf einem flechtenlosen Stamm ist die melanisierte Variante nicht so leicht zu sehen wie die gesprenkelte. Der melanisierte Typ nimmt dort an Häufigkeit zu, wo er am besten überlebt. Die Erklärung dafür aber lautet, die melanisierte Variante ist besser getarnt und seltener Jagdbeute für Vögel in umweltverschmutzten Wäldern.

Die Argumente für Tarnung und Fraßopfer liefert das Adaptionskriterium. Sie sind vom Überleben unabhängig und auch überprüfbar. Durch Beobachtung können wir prüfen, ob melanisierte Birkenspanner in verschmutzten Gebieten besser getarnt sind. Die menschliche Sehkraft mag sich von der Vogelsehkraft unterscheiden, doch auch das können wir nachprüfen und (wenn nötig) berücksichtigen. Messungen, welches Merkmal am besten in einer Umwelt überlebt, sind kein Kriterium der Adaption. Es wird vom Argument der Beschaffenheit geliefert und muß erklären, wie das Merkmal für ein Leben in seiner natürlichen Umgebung angelegt ist, und die dafür notwendigen Voraussetzungen sind so gründlich als möglich überprüft worden. Die am besten gestaltete Form müßte (wenn das Argument richtig ist) auch am besten überleben. Messungen der Überlebensquote sind jedoch eine Laboraufgabe und werden in der Praxis kaum durchgeführt. Meist begnügt sich der Biologe mit dem Argument der Gestaltung. Allein dieses Argument liefert, unabhängig vom Überleben, das Kriterium für den ‚Tauglichsten' im Begriff vom ‚Überleben des Tauglichsten'. Die Theorie der natürlichen Selektion, die der Bischof von Carlisle und Sir Karl Popper für eine Tautologie hielten, war eine unvollständige Version der Theorie. Wenn man ihre Originalteile wieder einbaut, wird aus dem Zirkelschluß wieder eine wissenschaftliche Theorie.

Somit besteht die natürliche Selektion die erste Prüfung. Sie erklärt die Adaption. Aber was ist mit der Evolution? Auch hierbei ist sie erfolgreich, denn sie ruft Evolution hervor, wenn sich die Umwelt verändert. Die Evolution der Birkenspanner-Population wurde durch die Veränderung ihrer Hintergrundumwelt beschleunigt. In diesem Fall ist die relevante Umweltvariable ziemlich offensichtlich. Doch ist ‚Umwelt' oft eine subtilere Eigenschaft als nur die Farbe des Hintergrundes. Sie kann jede Eigenschaft der unbelebten Welt, in der ein Organismus lebt oder der Lebensformen, mit denen er konkurriert oder die eigene oder die anderer Arten sein. Ein natürlicher Feind ist Teil der Umwelt seines Opfers. Eine Veränderung beim natürlichen Feind, die es ihm gestattet, das Opfer besser aufzuspüren, wird von der Opferart als Umweltveränderung wahrgenommen. Die Veränderung kann die Evolution neuer Gegenadaptionen hervorrufen, um dem natürlichen Feind zu entkommen oder (wenn das nicht gelingt), kann zum Aussterben der Opferart führen. Eine Veränderung im Balzverhalten eines Weibchens wird von den Männchen der Art als Umweltveränderung wahrgenommen, die die Herausbildung eines neuen Balzverhaltens erfordert.

Schließlich stimmt die natürliche Selektion mit den Mendelschen Gesetzen überein. Wir haben gesehen, daß es innerhalb der Vererbung keinen steuernden Prozeß gibt, der Evolution hervorrufen könnte. Die Möglichkeit einer Zufallsdrift ist gegeben, aber nicht die einer gesteuerten Veränderung. Und genau das macht die natürliche Selektion erforderlich. Die natürliche Selektion selbst agiert als steuernder Prozeß, der zur Evolution in Richtung einer Adaptionsstufe führt. Von der Vererbung wird nicht mehr als nur das Rohmaterial gefordert. Der „Mendelismus" liefert es. Das Rohmaterial kommt von der Rekombination, der Mutation und der Vererbung bereits bestehender Varianten. Die Mendelschen Gene sind eigenständig – sie mischen sich nicht – womit die Variation, während natürliche Selektion an ihr ansetzt, erhalten bleibt.

Bisher haben wir die Evolution nur im begrenzten Rahmen untersucht. Veränderungen in der relativen Häufigkeit zweier bereits bestehender Varianten, der gesprenkelten und der melanisierten Variante innerhalb einer Spannerart wurden betrachtet. Die natürliche Selektion kann aber auch eine Population gut angepaßter Falter aus einer Mutation heraus schaffen. Hätte die melanisierte Variante noch nicht in den Industriegebieten existiert, hätte sie als eine neue Mutation entstehen können, und eben der gleiche Prozeß würde sie dann dahin gebracht haben, in der Population zu überwiegen. Damit die gut angepaßte Variante natürlich ausgelesen wird, muß sie anfangs zufällig durch eine Mutation in Erscheinung treten, und das ist nicht ungewöhnlich. Mutationen gibt es stets und ständig in alle Richtungen, manche mit dunklen, manche mit hellen, manche mit unterschiedlichen Fleckenmustern.

Die Mutation selbst, das ist wichtig zu wissen, ist nicht für die

Schaffung der adaptierten Spanner-Population zuständig. Mutationen sind zufällige Stadien der Natur, im Gegensatz zu Adaptionen. Die Mutation kann deshalb nicht allein die Adaption erklären. Notwendig ist die natürliche Selektion zur Auslese dieser wenigen Mutanten, die zufällig an die sie umgebende örtliche Umwelt angepaßt sind. Der Selektions-, nicht der Mutationsprozeß, erzeugt die Adaption. Der Zufall ist nur nötig bei der Schaffung der zufälligen Variation, von der aus die Selektion dann vonstatten geht. Der Darwinismus ist nachdrücklich keine Theorie einer Evolution durch den Zufall. Leider haben einige seiner Kritiker dies angenommen. Angefangen mit dem hervorragenden Astronomen Sir John HERSCHEL, der nach der Lektüre der ‚Entstehung der Arten' sie als ‚ein Gesetz des Tohuwabohu' ablehnte, haben sie darauf hingewiesen, daß DARWINS Theorie unmöglich richtig sein kann, da das Leben eine hohe, nicht zufällige Stufe der Natur ist. Das Argument ist richtig, doch irreführend. Die Evolution kann tatsächlich nicht durch den Zufall erklärt werden, und mit der Theorie der natürlichen Selektion wird dies auch gar nicht versucht.

Die natürliche Selektion hat alle drei Prüfungen bestanden. Ihre Hauptalternativen sind alle Theorien einer gesteuerten Variation, die von der Vererbung erworbener Eigenschaften ist darunter die bekannteste. Wie ergeht es nun diesen Theorien bei unseren drei Tests? Die Evolution können sie alle erklären, doch (wie wir im vorangegangenen Kapitel sahen) fallen sie alle unter dem Blickwinkel der Vererbungsfaktoren durch. Aus diesem Grund allein könnten sie zurückgewiesen werden. Doch Tatsachen sind in der Naturwissenschaft oft kurzlebig. Obwohl es noch niemandem gelungen ist, die Vererbung erworbener Eigenschaften nachzuweisen (nicht aus Mangel an Versuchen, manchmal sogar zu hartnäckigen), könnte es eines Tages vielleicht glücken. Deshalb ist es interessant, ob die Theorie der Vererbung erworbener Eigenschaften die dritte Prüfung bestehen kann. Ist es ihr möglich, die Adaption prinzipiell zu erklären?

Richard DAWKINS hatte diese Frage gestellt, und auch er verneinte sie. Wie erklärt die Vererbung erworbener Eigenschaften die Adaption? Zweifellos ist es eine Anpassung, wenn die Muskeln des Hufschmieds wachsen. Würde eine ganze Population dem Beruf eines Hufschmieds nachgehen, bekämen voraussichtlich alle stärkere Muskeln. Würde dann diese erworbene Adaption vererbt werden, müßte die Population bald mehr Muskelmänner mit adaptiver Muskulatur aufweisen. Die Vererbung erworbener Eigenschaften würde somit scheinbar die Adaption erklären. Untersucht man es jedoch genauer, erweist sich die Erscheinung als täuschend. In Wirklichkeit setzt die Theorie das ganze Problem der Adaption als gegeben voraus. Daß der Hufschmied adaptiv reagiert, indem mehr Muskeln wachsen, wenn sie benötigt werden, wurde angenommen, es wurde nicht bewiesen. Doch der Beweis ist notwendig. Warum sollten die Muskeln des Hufschmieds wachsen, wenn sie trainiert werden? Sie könnten sich ebenso dezimieren, da sie aufgebraucht werden. Daß sie wachsen, ist **Tatsache**, doch der Fakt an sich muß erklärt werden. Die Theorie muß erklären, daß das zusätzliche Wachstum eine Adaption ist und nicht einfach für gegeben angenommen werden kann.

Um diese adaptive Reaktion des Hufschmied-Armes zu erklären, müßte die Theorie der Vererbung erworbener Eigenschaften auf eine andere Theorie zurückgreifen, die die Adaption erst einmal erklärt. Die natürliche Selektion ist die einzige bekannte Theorie, die dies tut. Mehr Muskeln auszubilden, wenn sie benötigt werden, ist eine adaptive Reaktion. Wenn dieses Merkmal es den Vorfahren des Schmiedes ermöglichte, sich besser zu reproduzieren als die Konkurrenten, denen es fehlte, dann wäre es von der natürlichen Selektion begünstigt worden. Selbst wenn erworbene Eigenschaften vererbt werden würden (was nicht der Fall ist), so müßte die richtige Erklärung der Adaption von der Theorie der natürlichen Selektion ausgehen. Ohne sie fällt die Vererbung erworbener Eigenschaften durch die dritte Prüfung.

Alle Theorien ‚gesteuerter' Variation basieren auf dem gleichen Fehler. Ihnen allen fehlt die Erklärung, wie die gesteuerten Variationen es zustande bringen, an die Umwelt, in der sie leben, angepaßt zu sein. Sie müssen ebenfalls auf die natürliche Selektion zurückgreifen, um sie zu erläutern, oder es gelingt ihnen nicht. Im ersten Fall kann die gesteuerte Variation nicht mehr als nur ein zusätzlicher, und kein alternativer Faktor zur natürlichen Selektion sein. Im letzteren muß sie zurückgewiesen werden, da sie die auffälligste Besonderheit des Lebens, daß Lebewesen für das Leben gestaltet sind, nicht erklären kann.

Das gleiche generelle Argument, wenngleich in präziserer Form, wurde gegen die natürliche Selektion angeführt. Die natürliche Selektion könnte zweifellos einige Adaptionsformen hervorgebracht haben, wie z. B. die Tarnung, aber wirklich auch alle? Man argumentierte, daß sie es nicht könne. Die besondere Form der Adaption, die (wie es heißt) im Prinzip von der natürlichen Selektion nicht hervorgerufen werden kann, mag am Beispiel des Auges, dieses höchst komplexen Gebildes, veranschaulicht werden. Das Auge ist nicht nur komplex, sondern koadaptiert, was heißt, daß die verschiedenen, das Ganze ergebenden Teile, einander angepaßt sind. Die Form der Linse zum Beispiel ist der Größe des Auges angepaßt. Es fällt schwer, sich vorzustellen, daß sich ein Teil verändern könnte ohne angemessene Veränderungen in allen anderen Teilen, mit denen es zusammenwirkt. Die natürliche Selektion jedenfalls kann aus folgendem Grunde nur einen Teil zu einem Zeitpunkt verändern. Die Chance einer einzigen vorteilhaften Mutation ist schon gering genug, doch die Möglichkeit gleichzeitiger vorteilhafter Mutationen in den verschiedenen Teilen eines komplexen Organs muß noch viel geringer sein. Wenn die Chance für eine fehlerfreie Mutation (sagen wir) geringer ist als eins zu einer Million, dann wäre sie für zehn fehlerfreie Mutationen unglaublich gering. Für zehn Veränderungen würde sie eins zu $10^{-60}$ betragen, was eine viel zu geringe Möglichkeit ist, daß ein derartiges Ereignis jemals eintrifft. Die natürliche Selektion kann aber nur an tatsächlich vorhandenen Mutationen ansetzen, und es tritt gewöhnlich nur eine vorteilhafte Mutation zu einem Zeitpunkt auf. Somit können sich komplexe Organe, die nur durch exakte gleichzeitige Veränderungen in vielen verschiedenen Teilen entstehen konnten, nicht durch natürliche Selektion entwickelt haben. Die Kritiker an der natürlichen Selektion behaupten, daß es derartige Organe gibt, der Darwinist wird erwidern, daß es sie nicht gibt. Damit haben wir das Problem der Koadaptation dargelegt.

Die Darwinsche Theorie bietet dafür drei Lösungen. Die erste, die wir für das Auge in Betracht ziehen, lautet, daß das koadaptierte Organ sich eigentlich in kleinen Etappen entwickelt hat, ständig seine konstante Funktion verbessernd. Nennen wir dies allmähliche Evolution. Die zweite, die wir für die Evolution des Fluges in Betracht ziehen wollen, betrifft die Entwicklung des Organs in kleinen Schritten und seine Funktionsänderung im Verlaufe der Evolution. Federn zum Beispiel können anfangs der Wärmeregulation gedient haben und dienten erst später dem

Fliegen. Die dritte Lösung ist die der Symbiose. In diesem Fall entwickelten sich die Teile eines komplexen Organs getrennt in verschiedenen Arten und wurden erst später zusammengefügt, nachdem viele Teile getrennt voneinander vervollkommnet worden waren. In allen drei Fällen leugnet der Darwinist (wie er muß), daß die komplexe Koadaptation durch ein einziges zufälliges Ereignis entstand.

Als Beispiel für allmähliche Evolution möchte ich die Entstehung des Lebens wählen. Dieses Beispiel wird (wie das des Auges) am häufigsten die Koadaptation betreffend zitiert. Unter anderem soll es als Beweismaterial gegen die natürliche Selektion gelten. Selbst der einfachste unabhängige, aus sich selbst reproduzierende Organismus, wie das einfachste Bakterium beinhaltet viele sich gegenseitig beeinflussende Teile. Es gibt nicht nur das komplexe Vererbungsmolekül der DNS, sondern ebenso auch viele (wohl mindestens 50) verschiedene Proteine, eine Membran und andere Strukturen. Sie alle sind für das Bakterium lebenswichtig. Würde man irgendein Teil entfernen, so müßte es sterben ohne sich zu reproduzieren. Die natürliche Selektion kann ein Bakterium nicht aus einfacheren Lebensformen aufgebaut haben. Ohne die natürliche Selektion bleibt dem Darwinisten nichts weiter übrig, als die Entstehung des Bakteriums mit Hilfe des Zufalls zu erklären. Aber die Möglichkeit, daß zufällig kombinierte Moleküle etwas derart gut Gestaltetes wie ein Bakterium aufbauen, ist unglaublich gering.

Dem reinen Nihilisten ist das alles sehr recht. Doch für denjenigen, der die Entstehung des Lebens verstehen möchte, ist es eine Art Paradoxon. Die natürliche Selektion ist die einzige Theorie, die uns zur Erklärung der Evolution zur Verfügung steht. Eine Erklärung, wenn sie von irgendwoher kommen soll, ergibt sich aus der natürlichen Selektion. Wenn es wirklich wahr wäre, daß kein Lebewesen einfacher sein könnte als ein Bakterium, dann wäre es tatsächlich problematisch. Doch hat niemand bewiesen, daß keinerlei einfachere Lebensformen existieren können. Der Darwinist wird versuchen, die Entstehung des Lebens anhand einer Reihe von Zwischenstadien zwischen einem präbiotisch-chemischen System und dem Bakterium zu erklären. Solche Zwischenstadien sind vorstellbar. Es sich aber nur vorzustellen, dient keinem sinnvollen Zweck. Was erforderlich ist, sind chemische Experimente zu den möglichen Lebensformen, die aus einer präbiotischen Chemie hervorgegangen sein könnten. Solche Experimente wurden und werden in großer Anzahl durchgeführt, doch ist bisher erst so wenig über die Entstehung des Lebens bekannt, daß damit keine aufschlußreiche Erörterung der Koadaptation gestützt werden kann. Diese Erörterung wäre übermäßig spekulativ. Die Entstehung des Lebens ist ein Fall, in dem Unwissenheit beide Wege abschneidet. Weder kann der Darwinist beweisen, daß das Leben durch natürliche Selektion aus präbiotisch chemischen Substanzen entstand, noch kann der Kritiker beweisen, daß dem nicht so war.

Kommen wir auf unser Beispiel der allmählichen, schrittweisen Evolution eines komplexen Organs zurück, auf das Auge. Die Zwischenstadien in der Evolution des Auges sind tatsächlich noch nicht sicher bekannt, aber es existieren zumindest einige plausible Zwischenformen. Diese ermöglichen eine relativ konkrete Erörterung. Von Kritikern des Darwinismus wurde oft behauptet, daß ein so komplexes, ein so koadaptiertes Organ wie das Auge nicht in kleinen Stufen durch natürliche Selektion entstehen konnte, daß es als Ganzes existieren muß, um vorteilhaft zu sein, Teile davon wären nutzlos. Untersucht man die Zwischenformen des Auges aber im einzelnen, so kommt Evolution immer stärker in Betracht. DARWIN gab zwei denkbare Gründe dafür an, daß das Auge sich in kleinen Schritten entwickelte — wir können uns funktionell einfache Augen sowohl vorstellen als auch in lebenden Arten finden.

Die einfachste Form eines Auges ist eine kugelförmige Einbuchtung auf der Oberfläche eines Tieres mit pigmentierten lichtempfindlichen Zellen rings um die Kugel. Blutegel und Plattwürmer verfügen über derartige Augen. Mit ihnen können sie nicht allzuviel sehen, doch zeigen sie die generelle Richtung des Lichtes an und können die Gegenwart eines Objektes empfinden, das so groß oder so nah ist, daß das Öffnen der Außenseite der Kugel verhindert wird. Man kann sich leicht vorstellen, daß ein derartiges Auge durch die natürliche Selektion begünstigt wurde. Ebenso leicht vorstellbar ist, wie es durch eine einzige zufällige Mutation entstehen konnte; die Mutation mußte nur lichtempfindliche Pigmente hervorbringen.

Im nächsten Stadium wird die Kugel größer und das Loch (das sich zur Außenseite hin öffnet) kleiner. Das ist eine Verbesserung, die es dem Auge ermöglicht, kleinere Objekte zu unterscheiden. Dies erhöht das Auflösungsvermögen des Auges. Diese Art eines Lochkamera-Auges kommt in der Natur recht selten vor, doch die Molluske *Nautilus* besitzt ein solches. Das Auflösungsvermögen des Auges erhöht sich, je kleiner das Loch wird, doch hat dies den Nachteil, daß weniger Licht einfällt. Das offensichtlich nächste Stadium ist die Entwicklung der Linse.

Die einfachste Linsenform ist nur eine kleine Veränderung der linsenlosen Lochkamera der *Nautilus*. Eine, das Auge ausfüllende Gallertmasse, die sich von der transparenten Öffnung bis zur lichtempfindlichen Netzhaut ausdehnt, kann als Linse fungieren. Es ist eine einfache und optisch armselige Linse, sie kann kein Abbild formen, doch erlaubt sie nach außen ein weiteres Öffnen als mit einem Lochkamera-Auge. Somit könnte es vorteilhafter sein, die natürliche Selektion würde es begünstigen. Verschiedenen Wurmformen wie der *Nereis* haben ein gallertgefülltes Auge. Im nächsten Schritt müßte das Linsenmaterial verbessert und deren Größe verkleinert werden. Dort kann dann eine Kluft zwischen Linse und Netzhaut entstehen, die Platz schafft für die Formung eines Abbildes.

In kleinen Schritten haben wir jetzt die bestkonstruierten Augen in der Natur erreicht, die der Cephalopoden (Kopffüßer) und der Wirbeltiere. Um das Endstadium zu erreichen, sind noch einige weitere Verbesserungen nötig — spezielle Technologien zur Korrektur des Naheinstellungsvermögens und verbesserte optische Aberrationen — doch darauf brauchen wir nicht einzugehen. Es ist genug darüber gesprochen worden, wie sich selbst ein komplexes koadaptiertes Organ durch natürliche Selektion in vielen kleinen Stufen entwickelt haben könnte, ohne die Notwendigkeit eines unglaublichen Zusammentreffens zufälliger Mutationen.

Während der Evolution des Auges, wenn das oben geschilderte richtig ist, blieb die Funktion des sich entwickelnden Organs die gleiche, es war stets eine Adaption zum Sehen. In der Entwicklung eines anderen komplexen Organs könnte eine Funktionsänderung bestanden haben. Die Evolution des Fliegens mag ein Beispiel dafür liefern. Das Beweismaterial gegen eine natürliche Selektion würde hier folgendermaßen aussehen. Wären Federn für das Fliegen adaptiert worden, könnten sie sich nicht durch natürliche Selektion entwickelt haben bevor der Vogel schon fliegen konnte. Damit aber ein Vogel fliegen kann, benötigt er ziemlich gut geformte Schwingen. Sie müssen kraftvoll sein und die richtige aerodynamische Form aufweisen. Kein Stärke- oder Formzwischenstadium zwischen einer flugunfähigen und einer flugfähigen Form konnte das Fliegen unterstützen oder es begünstigen. Die natürliche Selektion konnte also die Evolution von einer flugunfähigen Schuppenform zu einer gefiederten flugfähigen Form nicht vorangetrieben haben. Oder etwa doch? Die Problematik der Flugstärke ist nicht schwer zu erklären. Die Flügel konnten keinen kraftvollen Flug fördern ohne viele andere strukturelle Adaptionen, doch einen passiven Flug konnte ein schwächerer Apparat unterstützen. Ein Frühstadium der Flügel könnte zum Beispiel das Fallen von Bäumen erleichtert haben. Im nächsten Stadium müßten die Flügel kräftig genug gewesen sein, um eine längere Phase des Gleitens zu ermöglichen. Somit könnten die Flügel durch natürliche Selektion von ihren schwachen Anfängen an bis zur heutigen kraftvollen Form an Stärke gewonnen haben. Dies entspricht dem schon beim Auge angewandten Prinzip. Die Federn jedenfalls illustrieren ein anderes Prinzip. Die Federn paßten sich dem Flug an, doch das ist nicht ihre alleinige Funktion. Sie unterstützen gleichfalls die Wärmeregulation, indem sie eine Luftschicht in Bodennähe einfangen. Federn können sich anfangs entwickelt haben, um kleinen warmblütigen Proto-Vögeln zu helfen, ihre Körperwärme beizubehalten. Erst später unterstützten sie den Flug. Ihre Funktion änderte sich dann oder wurde zumindest komplexer.

Während sich die Federn an den Flug anpaßten, haben sie ihre ursprüngliche Funktion der Wärmeregulation beibehalten. Eine noch radikalere Veränderung wäre es für ein Organ, nach einer Funktionsänderung seine ursprüngliche Funktion zu verlieren, was A. G. Cairns-Smith als evolutionäres Takeover (Übernahme) bezeichnete. Der Rüssel des Elefanten soll in der Interpretation von D. M. S. Watson als Beispiel dienen. Bei den Vorfahren des heutigen Elefanten, die aus Fossilien bekannt sind, war der untere Kieferknochen weit nach vorn verlängert und wurde dazu benutzt, Nahrung aus dem Boden zu kratzen und herauszuholen. Die Oberlippe hatte sich nach vorn verlängert, um auf den Unterkiefer zu treffen; sie war ebenfalls beweglich, um die Nahrung ins Maul hineinzuschieben. Dann wurde die Oberlippe ausreichend beweglich, Nahrung ohne Zuhilfenahme des langen Unterkiefers aufzunehmen und ins Maul zu stecken.

Der Unterkiefer ging später verloren, und die verlängerte Oberlippe allein blieb als Rüssel übrig. Sie hatte sich sichtbar verlängert, um auf einen sich ständig verlängernden Unterkiefer zu treffen. Der Unterkiefer ging verloren, und der Rüssel allein hatte die gesamte Funktion der Nahrungsaufnahme übernommen. Das Anfangsstadium und die Zwischenstadien sind zwar bei den heutigen Formen nicht mehr erkennbar, aber (einigen Interpretationen zufolge) in der fossilen Dokumentation vorhanden. Ohne diesen fossilen Beweis, der zufällig besonders gut ist im Fall der Elefanten, könnte es schwer sein, die anfängliche Evolution des Elefantenrüssels zu erklären.

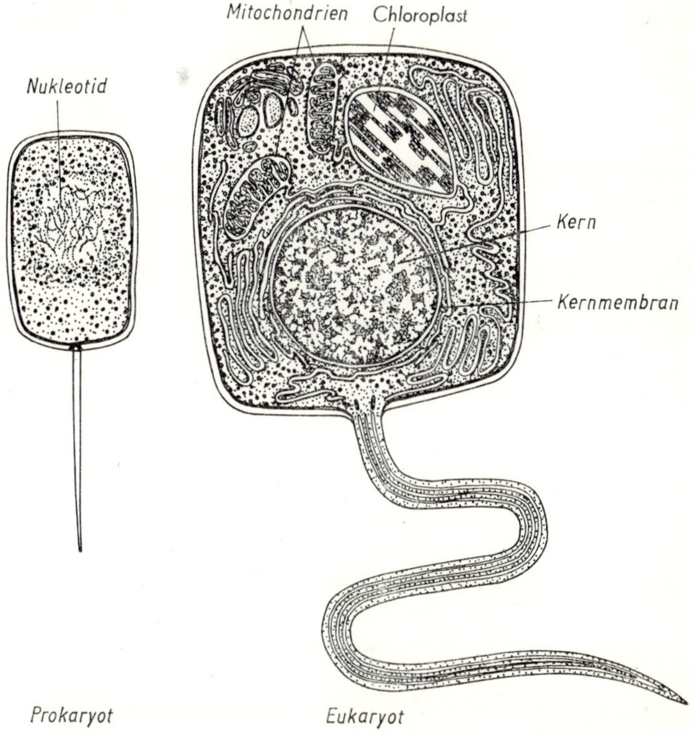


Abb. 3. Prokaryotische und eukaryotische Zellen
Die Eukaryote ist im Inneren stärker differenziert und enthält Organellen wie Mitochondrien und Chloroplasten. Bestimmte eukaryotische Zellen weisen bestimmte hier aufgezeigte Organellen nicht auf. Bei Tieren zum Beispiel fehlen die Chloroplasten.

Die dritte Darwinistische Antwort auf das Problem der Komplexität ist Evolution durch Symbiose. Nehmen wir als Beispiel die Entwicklung der eukaryotischen Zelle. In der Natur gibt es zwei Hauptarten von Zellen. Einfache Organismen wie die Bakterien sind vom prokaryotisch genannten Zelltyp. Komplexere Organismen einschließlich aller Pflanzen und Tiere sind aus eukaryotischen Zellen aufgebaut (Abb. 3). Der wichtigste Unterschied zwischen prokaryotischen und eukaryotischen Zellen besteht darin, daß eukaryotische Zellen einen Kern haben. Der Kern ist ein Kompartiment für sich, das innerhalb einer Membran das eukaryotische genetische Material enthält. Die prokaryotische Zelle hat keinen gesonderten Kern, und das genetische Material schwimmt frei innerhalb der Zelle. Es bestehen auch noch weitere Unterschiede. Die meisten eukaryotischen Zellen besitzen als Mitochondrien bezeichnete Organellen. Mitochondrien sind die Kraftwerke der Zelle, die sie mit Energie versorgen. Innerhalb von Pflanzenzellen gibt es Chloroplasten, sogenannte Organellen, in denen die Photosynthese stattfindet.

Die Prokaryoten entwickelten sich vor den Eukaryoten. Früheste prokaryotische Fossilien stammen aus den beinahe ältesten Gesteinen der Erde und sind etwa 3,5 Milliarden Jahre alt. Wann sich die ersten Eukaryoten entwickelten, ist unbekannt. Die frühesten unbestrittenen eukaryotischen Fossilien sind nur etwa 700 Millionen Jahre alt. Alles, was wir sagen können, ist, daß sich die eukaryotische Zelle wahrscheinlich aus der prokaryotischen Zelle in der dazwischenliegenden Zeit (von vor 3,5 Milliarden Jahren bis vor 700 Millionen Jahren) entwickelt hat. Nun sind Eukaryoten viel komplexer als Prokaryoten. Wenn Evolution in kleinen Schritten vor sich gehen muß, wo sind dann die Zwischenstufen zwischen den Prokaryoten und den Eukaryoten? Sie sind nirgends erkennbar.

Wie sich die eukaryotischen Zellen aus den prokaryotischen entwickelt haben könnten, dafür gibt es im wesentlichen zwei Theorien. Die eine ist die Theorie der internen Differenzierung (Hypothese der endogenen Kompartimentierung, d. Hrsg.), der zufolge die Komplexität der eukaryotischen Zelle sich aus den weniger komplexen Teilen ihrer prokaryotischen Vorfahren entwickelte. Alle Evolutionsstadien wären dann interne Veränderungen innerhalb der prokaryotischen Zelle gewesen. Wenn das richtig ist, muß es eine Kontinuität von Evolutionsstadien zwischen Prokaryoten und Eukaryoten gegeben haben wie bei der Entwicklung des Auges, die aber weder in Fossilien noch in heutigen Formen erhalten geblieben sind. Der Kern entwickelte sich eventuell innerhalb einer Prokaryote. Für die Mitochondrien und die Chloroplasten jedoch gibt es eine andere Theorie.

Mitochondrien und Chloroplaste könnten ursprünglich unabhängige bakterienartige Organismen gewesen sein. In irgendeinem Stadium müßten sie in andere prokaryotische Zellen eingedrungen sein. Warum sie gerade dies taten, ist eine andere Frage, doch vielleicht waren die Prä-Mitochondrien einfach als Nahrung in ihnen versunken oder sie vereinigten sich zu irgendeinem zeitweiligen Zweck. Wie dem auch gewesen sein mag, die Partnerschaft könnte dann länger und länger gedauert haben bis sie permanent wurde. Die Partnerschaft (die man Symbiose nennt) war für beide von Vorteil, für die Mitochondrien, die mit Nahrung versorgt wurden, und die Wirtszelle, die Energie gewann. Umgekehrt liefert das Chloroplast durch Photosynthese erworbene Nahrung an die Zelle, in der es lebt und gewinnt Rohmaterial. Nach Millionen von Jahren evolutionärer Abhängigkeit von ihrer Wirtszelle gaben die Mitochondrien und die Chloroplasten ihre Unabhängigkeit auf. Sie bewahren nur noch einige wenige merkwürdige Rudimente (wenn die Symbiose-Theorie richtig ist) ihres früheren Lebens.

Diese von Mitochondrien und Chloroplasten bewahrten Rudimente (wenn sie es sind) der früheren Unabhängigkeit sind der Hauptbeweis dafür, daß sie als symbiotische Partner der Zelle, die sie jetzt bewohnen, entstanden. Zum Beispiel besitzen sowohl Mitochondrien als auch Chloroplasten ein bestimmtes genetisches Material, und beide sehen eher aus wie modifizierte Bakterien. Mehr noch, die von ihren Genen geschaffenen Moleküle sind ihren Äquivalenten in frei lebenden Bakterien ähnlicher als den Äquivalenten, die die von ihnen okkupierten eukaryotischen Zellen schaffen. Warum sollten die Mitochondrien bakterienähnliche Moleküle bilden, wenn sie nicht selbst einmal unabhängige Bakterien gewesen sind?

Die Symbiose-Theorie (Endosymbionten-Hypothese, d. Hrsg.) des Entstehens von Mitochondrien und Chloroplasten ist nicht allgemein anerkannt. Aber wir brauchen sie nur zur Illustration des Prinzips. Wenn eine symbiotische Innovation im Verlaufe der Evolution stattfindet, kann das zu einer beträchtlichen Zunahme der Komplexität des Lebens führen. Das gilt generell für die Symbiose. Im Fall der eukaryotischen Zelle wäre die Zunahme der Komplexität besonders groß und von immenser evolutionärer Bedeutung. Wenn aber die Symbiose-Theorie eukaryotischen Entstehens falsch ist, existiert immer noch das Prinzip. Es gibt noch viele weitere Beispiele für die Symbiose. Kein Biologe bezweifelt, daß es im Verlauf der Evolution mehrere symbiotische Ereignisse gab. Beim Entstehen jeder neuen Symbiose wurde eine andere Ebene der Komplexität im Rahmen eines Einzelereignisses geschaffen, ohne zu der Theorie der natürlichen Selektion in Widerspruch zu geraten. Diese neue Komplexitätsebene wird allein durch die Rekombination eines zuvor existierenden komplexen Systems, das wiederum in kleinen Stufen aufgebaut worden ist, geschaffen.

Die natürliche Selektion kann deshalb die Evolution des Auges, des Fluges und der eukaryotischen Zellen begründen. Auf den ersten Blick erscheint es unmöglich, daß alle drei Organe durch eine Reihe kleiner, aber vorteilhafter Schritte entstanden sind. Aber wahrscheinlich war es tatsächlich so. Ich wählte sie als schwierige Prüfungen für die Theorie der natürlichen Selektion aus. Wenn sie diese Fälle erklären kann, dann sicherlich auch alle anderen. Es sind keine Organe bekannt, die für die natürliche Selektion absolut unerklärlich sind.

In all diesen Fällen, einschließlich der Symbiose, sind alle komplexen Organe in kleinen Etappen aufgebaut worden. Jetzt, da das Prinzip gesichert ist, können wir es forscher anwenden. Beobachten wir es einfach in der Auseinandersetzung mit der Theorie der Makromutationen. Eine Makromutation ist eine sehr umfangreiche Mutation, eine, die ein ganzes neues Organ wie zum Beispiel Leber oder Herz durch ein einziges Mutationsereignis entstehen läßt. Der Darwinschen Theorie zufolge sind Makromutationen in der Evolution unbedeutend. Und zwar aus dem Grunde, weil sämtliche, für die Schaffung eines derart komplexen Organs wie der Leber, notwendigen Veränderungen nicht alle spontan zur gleichen Zeit auftreten konnten. Mutationsveränderungen entstehen durch Zufallsveränderungen in bereits bestehenden Teilen; alle für die Schaffung der Leber notwendigen Veränderungen müssen deshalb zufällig auftreten. Das ist unmöglich. Die einzige Möglichkeit, daß sich ein derart unwahrscheinlicher Schritt der Natur, wie es die Ausbildung der Leber darstellt, aus zufälligen Veränderungen heraus entwickelt hat, ist die, daß sich die Veränderungen auf eine lange Zeitspanne verteilen. Dann wird jede Veränderung, vorausgesetzt sie ist klein, hinreichend Gelegenheit haben, zufällig zu entstehen. Daß zufällig ein lichtempfindliches Pigment in einer Zelle entstehen kann, ist nicht unwahrscheinlich. Daß ein ganzes Auge so entstehen kann, ist unmöglich. Deshalb schließt der Darwinismus Makromutationen aus. Komplexe Adaptionen müssen sich durch natürliche Selektion aus einer großen Anzahl kleiner Mutationen über einen langen Zeitraum hinweg entwickelt haben.

# 4. Natürliche Selektion in Aktion

Die Darwinsche Theorie erklärt Formen und Mannigfaltigkeit der lebendigen Welt mit einer Theorie der Variation und einer Theorie der Selektion. Um ein bestimmtes Merkmal in einer bestimmten Art zu erklären, fragt der Darwinist, welche erblichen Varianten des Merkmals möglich sind und welche davon die natürliche Selektion unter den für die Art bestehenden Umständen begünstigt. Die Theorie der Variation soll den Variationsbereich voraussagen und die Theorie der Selektion, welche Varianten sich durchsetzen.

In den letzten fünfundzwanzig Jahren kann eine große Erweiterung unseres Verständnisses der natürlichen Selektion beobachtet werden. Es ist in die Tiefe vorgedrungen, indem die Grundlagen des Prozesses geklärt wurden, und es hat sich verbreitert, indem man entdeckte, wie es auf mehr und mehr Eigenschaften der Organismen anzuwenden ist. 1984 zum Beispiel wußten wir viel mehr über den Einfluß der natürlichen Selektion auf soziales Verhalten als im Jahre 1960.

Die Selektionstheorie machte Fortschritte, nicht so jedoch die Variationstheorie. Der Darwinist kann deshalb seine anspruchsvolle Selektionstheorie nur mit einer primitiven Theorie der Variation verbinden. Für ein typisches Merkmal kennen wir weder die Breite möglicher Varianten noch deren relative Häufigkeit. Natürlich kann die vorhandene Variationsbreite eines Merkmals in der Natur gemessen werden, doch ist das nur eine minimale Schätzung, die für die natürliche Selektion über die Evolutionszeit hinweg, für die Möglichkeit des Auftretens neuer Mutationen gültig ist. Die Evolution des Verhältnisses der Geschlechter liefert ein Beispiel. Bei vielen Arten einschließlich der des Menschen, beträgt das Verhältnis halb männlich, halb weiblich, doch wäre es zwischen null und eins vorstellbar. Wie es nun einmal ist, verfügen wir über eine weit vorangeschrittene Theorie der natürlichen Selektion des Geschlechterverhältnisses, doch wissen wir sehr wenig über dessen Variation. Mangels von

Kenntnissen müssen wir zu einer Annahme greifen. In diesem Fall wurde die Theorie angewandt unter Zuhilfenahme der Behauptung, das Geschlechterverhältnis könne zwischen null und eins variieren. Jetzt können wir fragen, welches Geschlechterverhältnis begünstigt ist. Die Behauptung hier lautet, daß jede mögliche Variante entstehen kann. Dies ist angemessen, doch ist es nur eine Behauptung. Sie ist weder durch Beobachtung noch durch eine Theorie untermauert.

In diesem Kapitel wollen wir untersuchen, wie der Darwinist die Theorien der Selektion und der Variation auf die Erklärung der Lebensformen anwendet. Wir werden uns nicht mit bestimmten Merkmalen **per se** (an sich, d. Ü.) befassen, außer bei der Illustration des generellen Problems der Analyse. Hauptsächlich werden wir uns mit dem fortgeschritteneren Teil des Darwinismus, der Selektionstheorie, beschäftigen. Wir wollen auf die Grundlagen der natürlichen Selektion eingehen, die jegliche Hypothese betreffs eines speziellen Merkmals rechtfertigen müssen, und danach wollen wir dann auf die allgemeinen Methoden, anhand welcher eine solche Hypothese überprüft werden kann, eingehen. Erst dann kehren wir zurück, um einen größtenteils negativen Kommentar über dieses höchst entmutigende schwarze Schaf des Darwinismus, die Theorie der Variation abzugeben.

Wie geht die natürliche Selektion vor sich? Welche Arten von Merkmalen begünstigt sie? Diese Fragen müssen offensichtlich beantwortet sein, bevor wir Voraussagen über die Merkmale von Organismen treffen können. Frei ausgedrückt, begünstigt die natürliche Selektion Merkmale, die für den betreffenden Organismus gut sind, doch wenn wir die Theorie anwenden wollen, brauchen wir eine präzisere Aussage als diese. Ansonsten werden wir mit unerklärlichen Paradoxen konfrontiert, bei denen unterschiedliche Merkmale für unterschiedliche natürliche Einheiten, wie Gruppe und Individuum, als vorteilhaft erscheinen, deren Vorteile zum Beispiel im Gegensatz zur Entwicklung des Altruismus stehen. Eine altruistische Handlung (im biologischen Sinne des Wortes) nutzt dem Rezipienten auf Kosten des Altruisten, wobei Nutzen und Kosten in Form der Anzahl der produzierten Nachkommenschaft gemessen werden. Altruismus ist für das altruistische Individuum definitiv unvorteilhaft, doch könnte er für dessen Gruppe von Vorteil sein, wenn der Nutzen für den Rezipienten die Kosten für den Altruisten übersteigt, indem die Gesamtreproduktion der Gruppe erhöht wird. Wir können nicht voraussagen, ob altruistisches Verhalten entstehen sollte, solange wir nicht wissen, ob die natürliche Selektion den individuellen Organismus oder die Gruppe begünstigt. Das ganze Problem ist weitreichender. Die biologische Welt kann man in eine Reihe von immer komplexer werdenden Ebenen untergliedern: das Gen, das Chromosom, das gesamte Genom, die Zelle, das Organ, den Organismus, die Sippe, die Gruppe, die Art, die Gattung usw. bis zum Stamm, Reich und der gesamten Biosphäre. Zwischen all diesen Stufen kann es Widersprüche geben. Wenn wir die Merkmale eines Organismus richtig erklären wollen, müssen wir wissen, zum Vorteil welcher Stufe die natürliche Selektion abläuft. Allgemein ausgedrückt wird es diejenige Stufe sein, auf der die natürliche Selektion die Häufigkeit der unterschiedlichen Varianten im Verlaufe der Evolution am deutlichsten verändert. Die sich am stärksten reproduzierenden Varianten treten häufiger auf. Sie werden sich infolge der natürlichen Selektion durchsetzen und die Merkmale aufweisen, die wir in der Natur beobachten. Die Ebene, auf der die natürliche Selektion stattfindet, wird als Selektionseinheit bezeichnet. Die Beweisführung zur Erkennung der Selektionseinheit, die wir untersuchen wollen, geht hauptsächlich auf George C. WILLIAMS und Richard DAWKINS zurück.

Die Selektionseinheit ist nicht einfach dadurch zu erkennen, indem man die Ebene sucht, auf der sich im Verlaufe der Evolution die Häufigkeit änderte. Die Frequenzen ändern sich auf allen Ebenen. Im Verlaufe der Evolution des *Biston betularia* zum Beispiel ändern sich nicht nur die Frequenzen der verschiedenen Formen von Faltern, es verändern sich ebenfalls die verschiedenen Formen von Falter-Genen, Falter-Chromosomen, chemischen Pigmenten wie auch (aus diesem Grunde) die Formen von Falterarten und sogar die Ökosysteme, die sie bewohnen. All deren Frequenzen ändern sich im Verlaufe der Evolution, denn sie sind alle miteinander verbunden. Wenn die natürliche Selektion die Häufigkeit der Falter-Gene direkt reguliert, muß die Häufigkeit der Falter-Chromosome und Falter-Organismen ebenso automatisch reguliert werden, da beide, Chromosomen und Organismen, Gene enthalten. Das gleiche trifft **mutatis mutandis** (mit den nötigen Änderungen, d. Ü.) auf alle anderen Ebenen zu. Wir stehen vor dem Problem von Ursache und Wirkung. Die Frage lautet, welche Ebene (wenn überhaupt eine) steuert all die anderen.

In der Tat ist das Gen die Selektionseinheit. Die evolutionären Veränderungen auf allen anderen Ebenen werden durch die natürliche Selektion der Gene gesteuert. Damit ziehen wir jedoch einen voreiligen Schluß. Unser unmittelbares Anliegen sollte dessen Rechtfertigung sein. Die natürliche Selektion kann nur die Frequenz dessen verändern, was von einer Generation auf die nächste vererbt wurde. Untersuchen wir einfach zwei Ebenen — den Organismus und das Gen. Sind sie ererbt? Die Gene ja — wenn eine neue Genart entsteht, kann die natürliche Selektion deren Frequenz ändern. Wenn sich nun das neue Gen schneller reproduziert als das alte, wird sich dessen Häufigkeit erhöhen und **vice versa** (umgekehrt, d. Ü.). Nehmen wir jedoch nun an, daß eine neue Organismusform entstand. Kann die natürliche Selektion deren Frequenz verändern? Nur, wenn die Änderung eine genetische ist. Ist es eine erworbene Änderung, wie die Muskelkraft des Arms eines Hufschmieds, so wird sie nicht vererbt (siehe S. 35) und ihre Häufigkeit wird nicht von der natürlichen Selektion beeinflußt. Der Kausalitätspfeil weist in eine Richtung. Eine Veränderung in einem Gen verursacht eine Veränderung in dem Organismus, der es trägt, aber nicht umgekehrt.

Die Nichterblichkeit erworbener Eigenschaften grenzt das Feld ein, doch ist es keineswegs ausreichend zu beweisen, daß das Gen allein die Selektionseinheit ist. Es erweist sich nur, daß es ein Instrument der Vererbung ist. Doch Chromosom und Genom sind ebenso wie das Gen an der Vererbung beteiligt. Wir müssen einen Schritt weiter gehen. Die Selektionseinheit darf nicht nur Teil des Vererbungsmechanismus sein, sondern muß selbst auch von Generation zu Generation in identischer Form vererbt werden. Es muß über die Evolutionszeit hinweg stabil sein. Man kann ja nur die Frequenz von etwas verändern, was bei diesem Vorgang gleich bleibt. Gene weisen diese Eigenschaft der Beständigkeit auf, doch nicht Chromosomen und Genome. Das beruht auf der meiotischen Rekombination. Ein Organismus weist einen doppelten Chromosomensatz auf, und in jeder Generation werden Gene innerhalb des Chromosomenpaares im Zuge eines als Meiose bezeichneten Ereignisses verschoben. Somit ererbt ein Nachkomme nicht exakt die Chromosomen seiner Eltern.

Chromosomen sind nicht erblich, Gene ja. Außer im Fall der sehr selten auftretenden Mutationen werden in jeder Generation die Gene exakt kopiert.

Die Rechtfertigung ist vollständig. Die Gene allein sind ausreichend stabil über die Evolutionszeit hinweg, als daß deren Frequenz direkt von der natürlichen Selektion verändert werden kann. Somit müßten wir die Voraussage treffen, daß natürliche Populationen gut angepaßte Gene aufweisen müßten, Gene, die sich so zahlreich als möglich unter gegebenen Umständen reproduzieren. Jedes Gen mit erhöhter Reproduktionsfähigkeit wird begünstigt sein. Um zu verstehen, wieso es Adaptionen gibt, sollten wir die Frage stellen, wie diese die Reproduktion der Gene, die sie erzeugen, verstärken.

Natürliche Selektion erzeugt Adaptionen zum Vorteil der Gene, weil das Gen die Selektionseinheit ist. Dies liefert zumindest einen Weg zur Lösung des ursprünglichen Problems, nicht die Lösung selbst. Wir wollten wissen, ob Gruppenvorteil oder Individuenvorteil überwiegt. Die Antwort muß lauten: der, der von der natürlichen Selektion der Gene begünstigt ist. Doch die von uns bisher in Betracht gezogene Argumentation, sagt uns nicht, welcher es ist. Gene reproduzieren sich nicht im Vakuum. Sie existieren in Zellen, Körpern und manchmal in Körpergruppen. Sie reproduzieren sich bei der Reproduktion dieser Größen. Wir wissen, daß es Adaptionen geben muß, die die Reproduktion der Gene erhöhen. Unsere Frage muß somit lauten, ob diese Adaptionen generell Zellen, Organismen, Gruppen oder irgendeine andere Ebene begünstigen.

Sowie wir über die Ebenen der biologischen Welt aufwärts klimmen, verändert sich der Grad der genetischen Unabhängigkeit. Untersuchen wir zwei Fälle — das Verhältnis von Zelle und Organismus und das von Organismus und Gruppe. Im großen und ganzen sind alle Zellen eines Organismus genetisch identisch, und die Gene aller Zellen werden über eine einzige Zellinie hinweg reproduziert, der Keimlinie (siehe S. 36), die Sperma oder Eier produziert. Das Evolutionsschicksal der Gene in all diesen Zellen ist miteinander gekoppelt. Die einzige Möglichkeit, wie sie ihre Frequenz erhöhen können, besteht darin, die Reproduktion des Körpers, der sie enthält, zu erhöhen. Das führt zu einer Erhöhung der Frequenz aller Gene aller Zellen des Körpers in gleichem Umfang. Man kann deren Häufigkeit nicht unabhängig voneinander erhöhen. Zwischen Zellselektion und Organismusselektion gibt es keinen Widerspruch. Betrachten wir jetzt die Organismen einer Gruppe. Da sieht die genetische Relation völlig anders aus. Genetisch unterscheiden sie sich alle und reproduzieren sich auch eigenständig. Ein Gen, daß seinen Trägerorganismus veranlaßt, sich stärker als andere Organismen zu reproduzieren, wird häufiger auftreten. Bei unserem Beispiel altruistischen Verhaltens, von dem wir ausgingen, wird sich die Frequenz der Gene für Individualegoismus innerhalb einer Gruppe altruistischer Organismen erhöhen. Dies muß definitiv so sein. Aus einer Gruppe von Altruisten wird eine Gruppe egoistischer Organismen hervorgehen. Die genetische Eigenständigkeit der Organismen eröffnet die Möglichkeit eines Kampfes zwischen Organismus- und Gruppenselektion. Doch welche Form wird gewinnen? Werden von der natürlichen Selektion die Gene, die Individualegoismus vermitteln, durchgesetzt oder die den Altruismus vermittelnden?

Die Antwort ergibt sich aus den relativen Organismus- und Gruppenselektionsraten. Das Merkmal, das durch einen schnelleren Prozeß hervorgerufen wird, wird in der Natur überwiegen. Im Fall von Altruismus und Egoismus wird der Individualegoismus innerhalb einer Gruppe durch die organismische Selektion begünstigt, doch sterben Gruppen altruistischer Organismen seltener aus. Sie reproduzieren sich auch schneller als Gruppen mit selbstsüchtigeren Mitgliedern. (Gruppenreproduktion findet man, wenn eine neue Kolonie von Mitgliedern der Elterngruppe aufgebaut wurde.) Gruppenselektion begünstigt Altruismus. Organismusselektion begünstigt Egoismus. Gruppenselektion erstreckt sich über den gesamten Zeitraum bis hin zum Aussterben oder der Reproduktion der Gruppe, Organismusselektion wird durch Tod bzw. Reproduktion des Organismus bewirkt, weshalb sie schneller vor sich gehen muß. Es ist logischerweise unmöglich, daß eine Gruppe ausgestorben sein kann bevor nicht all ihre Mitglieder tot sind. Organismen aber sterben auch, ohne daß die Gruppe ausstirbt. Wenn eine Gruppe von Altruisten jemals existierte, hätte die Organismusselektion sie schnell auf Egoismus umgestellt, womit die Gruppe eher zum Aussterben neigen würde, doch ist in der Natur diese Art des Aussterbens selten im Verhältnis zum organismischen Tod. Wenn wir die Arten, welchen Zeitabschnitts auch immer, betrachten, wird die

Mehrzahl von ihnen Adaptionen organismischen Egoismus aufweisen. Nur wenn die Organismen einer Gruppe genetisch so eng miteinander gekoppelt sind wie die Zellen eines Körpers, müßten wir Adaptionen zum Nutzen der Gruppe erwarten. Wenn die gesamte Reproduktion einer Gruppe von nur einem Individuum vollzogen würde, und alle Mitglieder dieser Gruppe Nachkommen eines einzigen Ahnen wären, dann könnte es sein, daß sich alle Mitglieder der Gruppe opfern, um diesem einen Individuum beizustehen. Jedoch verhalten sich Gruppen in der Natur gewöhnlich nicht so, weshalb nicht zu erwarten ist, daß betreffs der Genverbreitung die Gruppenselektion über die Organismusselektion die Oberhand gewinnt.

Grundsätzlich reguliert die natürliche Selektion die Häufigkeit der Gene und etabliert jene, solche Adaptionen bewirkenden Gene, die es ermöglichen, andere Gene in der Reproduktion zu übertreffen. Die angemessene Frage nach den Merkmalen eines Organismus lautet: Reproduziert sich ein für dieses Merkmal zuständiges Gen stärker als ein für jegliches andere (genetisch mögliche) Merkmal zuständige? In der Natur wird die natürliche Selektion der Gene normalerweise auf Adaptionen hinauslaufen, die die organismische Reproduktion steigern. Innerhalb eines Organismus gibt es die genetische Kohäsion — ein Gen kann seine Reproduktion nur steigern, indem auch die aller anderen Gene des Körpers gesteigert wird. Auf höheren Stufen wie der der Gruppe liegt eine genetische Unabhängigkeit vor — ein Gen kann seine Reproduktion unabhängig von den anderen Genen der Gruppe steigern. Daß Adaptionen für Organismen allgemein von Nutzen sind, ist nur eine voraussagbare Konsequenz einer noch elementareren Theorie. Die Genselektion bewirkt Adaptionen, die die Ebene begünstigen, die über der genetischen Kohäsion und unter der genetischen Unabhängigkeit liegt, welche auch immer es sein mag. In Ausnahmefällen, wo die kritische Ebene nicht der Organismus ist, sollten wir nicht länger auf Adaptionen zum Nutzen des Organismus hoffen. Die Ausnahmen könnten die Regel bestätigen, doch werden wir sie hier nicht untersuchen.

Nun haben wir alle grundlegenden Bedingungen, die eine Hypothese bezüglich der Adaption erfüllen muß, aufgestellt. Doch für jedes spezielle Merkmal kann es mehrere zufriedenstellende Hypothesen geben. Die nächste Frage ist nun, wie kann man sie überprüfen. Die moderne Adaptionsforschung wendet dabei im wesentlichen drei Methoden an, die wir erst einmal aufführen wollen. Die erste soll zeigen, daß das Merkmal mit dem übereinstimmt, was zu erwarten ist, daß es sich unter natürlichen Selektionsbedingungen in seiner Umwelt entwickelt. Die zweite Methode ist das Experiment und die dritte der Vergleich vieler Arten, um aufzuzeigen, daß sie in einer bestimmten Umwelt ständig die gleichen Merkmale entwickeln. Wie bei allen in der Wissenschaft angewandten Methoden eignen sich die unterschiedlichen Methoden für unterschiedliches Material.

Unser Originalbeispiel einer Adaption — die Tarnung bei Faltern — könnte sowohl die erste als auch die zweite Methode veranschaulichen. Mit der ersten soll die Übereinstimmung des tatsächlichen Aussehens der Falter mit dem der Theorie der natürlichen Selektion zufolge voraussagbaren, aufgezeigt werden. Bei Betrachtung eines getarnten Falters können wir sagen, daß sein Farbmuster mit der Umwelt übereinstimmt. Wir könnten ebenfalls voraussagen, daß die natürliche Selektion, sobald sie bei einer Falterpopulation einsetzt, Falter hervorbringen könnte, die für natürliche Feinde schwer erkennbar sind. Die Beweisführung in diesem Fall ist einfach, doch die gleiche Art allgemeiner Untersuchung kann zu weniger offensichtlichen Resultaten führen. Komplizierte technologische Methoden können angewandt werden auf die (Untersuchung der, d. Ü.) Gestaltung der Knochen oder die Form von Bäumen. Untersuchen wir eine subtile Version dieser technischen Methode, angewandt auf das Tierverhalten.

Verschiedene Tiere der gleichen Population verhalten sich nicht alle gleich. Sie zeigen verhaltensmäßige Variation. Das Grabeverhalten der Solitärwespe *Sphex ichneumoneus* ist ein Fall, der gründlich untersucht worden ist. Weibchen dieser Art legen ihre Eier in Erdröhren ab. Die Eier werden mit Nahrung in Form toter Katydids (grillenähnliche Insekten) versorgt, die nach dem Schlüpfen von den Larven gefressen werden. Die vorliegende verhaltensmäßige Variation, die sich sowohl bei verschiedenen Weibchen als auch gelegentlich bei dem gleichen Weibchen zeigt, betrifft deren Verhalten, wie sie zu ihren Erdröhren kommen. Hauptsächlich zwei Methoden wenden sie dabei an. Ein Weibchen kann entweder seine eigene Röhre graben oder in eine von einem anderen Weibchen gegrabene eindringen. Ihr Reproduktionserfolg wird jedoch auch davon beeinflußt, ob es eine Röhre für sich allein hat oder sie teilen muß, was vom Verhalten der anderen Weibchen in der Population bestimmt ist. Ein Weibchen kann, wenn es seine Eier ablegt, ein jedes von vier Schicksalen durchmachen. Es kann graben und allein sein, oder graben und dann Gesellschaft bekommen, und es kann eindringen und allein sein oder eindringen und teilen (entweder weil es sich anschließt oder von einem anderen Weibchen Gesellschaft bekommt). Daß mehr als zwei Weibchen eine Röhre teilen ist hinlänglich selten, so daß dies ignoriert werden kann.

Jane BROCKMANN maß die Erfolge der Weibchen aller vier Verhaltensmuster. Da das Graben einer Röhre Zeit erfordert, ist ein Weibchen, das in eine von einem anderen Weibchen gegrabene Röhre eindringt (bedingt – wie wir sehen werden) erfolgreicher als ein Weibchen, das seine eigene gräbt. Doch sind Weibchen in Gemeinschaftsröhren weniger erfolgreich als Weibchen, die allein sind. Der Unterschied im Erfolg überwiegt über die Kosten des Grabens, da ein Weibchen, das eine Röhre gräbt und sie für sich allein hat, mehr Nachkommen hinterläßt als eines, das in eine Röhre eindringt, doch teilt. Ideal wäre es für ein Weibchen, in eine Röhre einzudringen und sie allein zu nutzen. Doch kein Weibchen kann dieses Ideal für sich selbst sichern, da es immer in die Lage kommen kann zu teilen. Ob es zu teilen hat, hängt nicht davon ab, was es selbst tut, sondern was die Weibchen der Population tun.

Der Schlüssel zum Verständnis, wie natürliche Selektion in einem System vor sich geht, liegt darin, daß die Vorteile der beiden weiblichen ‚Strategien', die des ‚Grabens' und die des ‚Eindringens', davon abhängen, was die anderen Weibchen der Population tun. Wenn die Mehrzahl der Weibchen Eindringlinge sind, werden Röhren knapp, und fast alle Eindringlinge müssen sich eine teilen. Die wenigen Gräber-Weibchen werden im Vorteil sein, da es für sie weniger wahrscheinlich ist, teilen zu müssen. Sind jedoch die meisten Weibchen Gräberinnen, werden Röhren überflüssig sein, und die Eindringlinge brauchen weniger zu teilen. Nun sind die Eindringlinge im Vorteil. Über die Evolutionszeit hinweg wird sich die Proportion der beiden verschiedenen Strategien einpegeln bis sie ein Gleichgewicht erzielt hat. Das Gleichgewicht ist erreicht, wenn keine der beiden Strategien einen Vorteil über die andere hat, denn wenn eine verhältnismäßig besser erscheint, würde sie (über die Evolutionszeit hinweg) solange zunehmen, bis ihr Einhalt geboten wird.

Die für solche Fälle geeignete Methode ist die Spiel-Theorie. John Maynard SMITH ist hauptsächlich ihre Einführung in die Evolutionsbiologie zuzuschreiben, in diesem Fall jedoch arbeitete BROCKMANN mit Alan GRAFEN und Richard DAWKINS zusammen, und sie wandten die Spiel-Theorie auf das Graben der *Sphex* an. Sie errechneten das Verhältnis von Gräberinnen zu Eindringlingen, bei dem die Vorteile der beiden Strategien gleich sein würden. In einer der untersuchten Populationen betrug das errechnete Verhältnis etwas mehr als 40% Eindringlinge (und etwas weniger als 60% Gräberinnen): Dies müßte der Gleichgewichtspunkt sein. Sie verglichen es mit dem tatsächlich in der Natur vorkommenden Verhältnis. Sie untersuchten zwei Populationen. Auf eine traf die Voraussage überraschend gut zu, bei der anderen erwies sich das Modell als nicht anwendbar.

Die im Fall der *Sphex* angewandte Methode zeigt im wesentlichen, daß das Merkmal des Organismus mit dem von der natürlichen Selektion her erwarteten übereinstimmt. Es ist ähnlich, als betrachte man einen getarnten Falter und beobachte dabei, daß die Tarnung mit der Umwelt übereinstimmt. Im Fall der Wespe ist jedoch eine viel anspruchsvollere Form der Methode notwendig.

Das Experiment ist die zweite Methode zur Erforschung der Adaption. Normalfall für eine wissenschaftliche Methode ist, daß die Hypothese das Ergebnis der Bedingungsveränderung voraussagen muß. Alle Adaptionshypothesen liefern im Grunde wissenschaftliche Voraussagen, doch sind sie in vielen Fällen schwer zu überprüfen. Manchmal aber auch nicht. Bei beiden von uns diskutierten Beispielen konnte die Hypothese experimentell überprüft werden. Nehmen wir als erstes den gesprenkelten Falter *Biston betularia*. Wenn man die getarnten Varianten auf einen Hintergrund verlagert, auf dem sie auffällig sind, müßte sich die Vertilgungsrate erhöhen. Genau dieses Experiment führte KETTLEWELL durch. Er verlagerte die gesprenkelte Variante aus nichtumweltverschmutzten in umweltverschmutzte Gegenden und die melanisierte Variante umgekehrt. Beide Varianten wurden häufiger von Vögeln vertilgt. Das Ergebnis stimmte mit der Theorie überein. Er hatte die Adaptionshypothese experimentell bestätigt.

Die Grabwespen-Theorie könnte ebenfalls experimentell überprüft werden. Sie sagt voraus, daß, wenn sich der Anteil einer der beiden Strategien erhöht, dies unvorteilhaft werden würde. Theoretisch könnte man das Verhältnis der Strategien ändern, praktisch dürfte dies aber schwierig sein. Ein anderes Experiment wäre es, viele Röhren zuzuschütten, wodurch die relativen Vorteile der beiden Strategien verändert werden würden. Ihre relativen Frequenzen müßten sich entsprechend einregulieren. Keiner der beiden Tests ist vorgenommen worden. Sicherlich dürften sie auch schwer durchführbar sein. Einen weiteren Fall (es gibt nur wenige) der experimentellen Erforschung der Adaption müssen wir anderswo suchen.

Wenden wir uns der Entwicklung der Gelegegröße von Vögeln zu. Pro Nest legen die Vogelarten eine für sie typische Durchschnittsanzahl von Eiern, die je nach Art unterschiedlich ist. Mauersegler in Großbritannien legen zum Beispiel zwei oder drei Eier. Aber warum sind es zwei oder drei und nicht eines, fünf, sechs oder zehn? David LACK schlug folgende Antwort vor: Vögel wie Mauersegler haben nicht nur ihre Eier zu legen, sie müssen auch ihre Jungen, nachdem sie geschlüpft sind, füttern. Die Eltern bringen ihren Jungen viele kleine Insekten wie z. B. Blattläuse, doch diese zu fangen und zum Nest zu bringen, erfordert Zeit. Es gibt eine Grenze, wieviel die Eltern herbeischaffen können. Hätten die Mauersegler zu viele Eier gelegt, wären sie nicht in der Lage, alle Jungen zu versorgen. Und dann würden sie, obwohl sie mehr Eier gelegt haben, weniger lebende Nachkommen produzieren. Der hypothetische Vorteil für das einzelne Mauerseglerpärchen liegt klar auf der Hand, aber nicht der für die Gruppe. Ein Reproduktionsrückgang würde einen Vorteil für die Gruppe bedeuten, wenn es darum ginge, die Nahrungsquellen nicht überzustrapazieren. Wenn Mauersegler sich nur im Interesse der Gruppe einschränkten, dann müßten sie mehr lebende Nachkommen haben, wenn sie mehr Eier legten.

Chris PERRINS überprüfte LACKS Theorie experimentell. Er machte sich die Tatsache zunutze, daß Mauersegler ihre Eier nicht voneinander unterscheiden können, und sie ein zusätzlich ins Netz gelegtes Ei wie ihre eigenen ausbrüten. Somit konnte er künstlich größere Gelege anlegen. LACKS Theorie zufolge muß die Gesamtzahl überlebender Nachkommen dieser Nester, obwohl anfangs mehr Eier darin liegen, geringer sein als die Gesamtzahl dereraus einem normalen Nest. PERRINS maß die Überlebensquote der Jungen aus den normalen Nestern als auch die derer aus den Experiment-Nestern. LACKS Voraussage wurde bestätigt: Obwohl anfangs in den Experiment-Nestern mehr Eier lagen, wurden sie am Ende von weniger Nachkommen verlassen als die Normal-Nester mit drei Eiern. Der Grund trat ziemlich offen zutage — die Eltern konnten nicht alle Nachkommen versorgen. LACKS Hypothese, wieso Gelegegrößen adaptiv sind, war experimentell bestätigt.

Die dritte Untersuchungsmethode für die Adaption ist der Vergleich mehrerer verschiedener Arten. Sie ist eine Verallgemeinerung der ersten Methode. Die erste sollte aufzeigen, daß die tatsächlichen Merkmale von Arten mit denen übereinstimmen, die wir aus der natürlichen Selektion unter den relevanten Umständen voraussagen würden. Die Vergleichsmethode untersucht, ob verschiedene unter gleichen Umständen lebende Arten ein voraussagbar gleiches Merkmal entwickeln. Die Körperform der Haie könnte zum Beispiel eine Adaption ans Schwimmen sein. Bei Anwendung der ersten Methode müßten wir detailliert untersuchen, ob die Form des Körpers wirklich gut fürs Schwimmen gestaltet ist. Die zweite Methode könnte die hydrodynamischen Eigenschaften von Haien oder Haimodellen, deren Form experimentell verändert wurde, testen. Die dritte Methode funktioniert nun folgendermaßen. Die Theorie prophezeit die Form von Tieren, die sich durch Schwimmen fortbewegen. Das kann anhand der Untersuchung anderer Arten, die auf diese Art sich fortbewegen, überprüft werden, um zu erkennen, ob auch sie die gleiche Körperform aufweisen. Wenn die Theorie stimmt, müßte es so sein. In diesem Fall weisen auch andere Arten — Delphine, Wale, Fische, sogar Seeschlangen — tatsächlich beinahe die gleiche Form auf wie der Hai. Der vergleichende Beweis bestätigt die Theorie.

Der Vergleich ist am überzeugendsten, wenn die miteinander verglichenen Arten sich sehr stark unterscheiden. Dann bedeutet ihre Ähnlichkeit eher Konvergenz, als daß sie einfach von einem gemeinsamen Vorfahren übernommen wurde. Die Ähnlichkeit von Delphinen und Haien bestätigt die Theorie eindrucksvoller als der Vergleich zweier verschiedener Haiarten. Wenn es sich um eine konvergente Ähnlichkeit handelt, so hat sie sich in jedem Fall selbständig herausgebildet. Jeder Versuch der Überprüfung der Adaptions-Hypothese ist selbständig. Aber in der Natur durchgeführte Versuche sind im Gegensatz zu Laborexperimenten (im wissenschaftlichen Sinne) nicht leicht zu kontrollieren, jedoch anwendbar.

Die beste Form der Vergleichsmethode ist das Auszählen, wie oft sich ein Merkmal unabhängig in Relation zur Umwelt im Laufe seiner Evolution herausgebildet hat. Nun, eine solche Untersuchung ist vorgenommen worden — von mir. Leider betrifft sie eine wenig bekannte Verhaltensweise, doch kann die Methode damit illustriert werden.

Es handelt sich um ein als Präkopulieren bezeichnetes Paarungsverhalten. Das Präkopulieren ist eine enge physische Vereinigung der Geschlechter, gewöhnlich eine echte Umarmung, vor der Befruchtung. Um als Präkopulieren zu gelten, muß sie ziemlich lange andauern (sagen wir, länger als einen Tag). Das Präkopulieren ist bei verschiedenen wirbellosen Arten zu finden, z. B. bei Garnelen, Krabben, Spinnen, Milben und bei einer Gruppe von Wirbeltieren, der *Anura* (Frösche und Kröten). Bei anderen Arten tritt kein Präkopulieren auf. Die Geschlechter trennen sich entweder sofort nach dem Zusammentreffen (wenn sie nicht bereit sind, sich zu paaren) oder paaren sich sofort. Die Frage lautet, warum präkopulieren einige Arten und andere nicht. Eine hypothetische Antwort lautet, daß den Arten, die präkopulieren, noch eine weitere besondere Eigenschaft während ihrer reproduktiven Zyklen gemein ist, die den Arten ohne Präkopulieren fehlt. Die Weibchen der präkopulierenden Arten können nur während einer kurzen (aber voraussagbaren) Zeitspanne befruchtet werden. Bei präkopulierenden Krabben z. B. bildet sich bei jedem Individuum nach mehreren Wochen ein neuer Panzer. Die Weibchen können aber nur vor der Herausbildung eines neuen Panzers befruchtet werden. Warum das so ist, ist ungewiß, es ist jedenfalls eine Tatsache. Bei präkopulierenden Kröten tendieren die Paarungszeiten dazu, sich auf kurze ‚explosive' Intervalle zu konzentrieren, während der alle Kröten einer Art innerhalb von ein oder zwei Tagen sich paaren können.

Die Theorie sieht folgendermaßen aus: Wenn Weibchen nur während eines kurzen Zeitraums befruchtet werden können, ist die Chance eines Männchens, gerade zu der Zeit mit dem Weibchen zusammenzutreffen, gering. In dem Fall, daß es das Weibchen kurz vor diesem Intervall trifft, könnte es sich lohnen, solange bei dem Weibchen zu bleiben, bis es befruchtet werden kann. Im Gegensatz dazu würde ein präkopulatives Warten vor der Paarung nicht von Vorteil sein, wenn das Weibchen zu jeder mehr oder weniger beliebigen Zeit befruchtet werden kann. Hier liegt der hypothetische Vorteil beim einzelnen egoistischen Männchen, das selektiert worden ist, um sich mit möglichst vielen Weibchen zu paaren.

Nun folgende Voraussage: Ein Präkopulieren müßte sich immer dann bei einer Art herausgebildet haben, wenn deren Weibchen aus irgendeinem Grunde nur während einer sehr kurzen Zeitspanne fruchtbar sind. Anhand folgender Methode überprüfte ich dies. Ich sammelte alle bekannten Fakten über präkopulierende bzw. nichtpräkopulierende Arten und ebenso Fakten über die möglichen Paarungszeiten. Aus der Kenntnis der Evolutionsbeziehungen der Arten errechnete ich, wie oft sich jedes der vier in Frage kommenden Merkmalspaare herausbildete. Hier das Endresultat: In 19 Fällen entwickelte sich das Präkopulieren bei Arten mit beschränkten Paarungszeiten und nur ein Mal bei einer Art mit unbeschränkter Paarungszeit. Das Nichtpräkopulieren entwickelte sich bei 10 Arten mit unbeschränkter Paarungszeit und nie bei einer mit beschränkter. Mit einer einzigen Ausnahme stimmten die Tatsachen mit der Theorie überein. Die detaillierten Zahlenwerte und die betreffenden Paarungsgewohnheiten sind hierbei nicht von Bedeutung. Was wichtig ist, ist die Methode. Über den Vergleich unabhängig voneinander entstandener Merkmale ist es möglich zu überprüfen, ob es eine Adaption ist. Vergleicht man die Fälle, da ein und dasselbe Merkmal mehrfach unabhängig voneinander entstanden ist, so kann man feststellen, ob es sich um eine Adaption handelt.

Dies sind nun die einem Anhänger der Adaptionstheorie zur Verfügung stehenden Verfahren. Jede Methode kann überprüfen, wie die natürliche Selektion bei einem bestimmten Merkmal abläuft. Doch allen liegt eine entscheidende Annahme zugrunde, nämlich, daß das untersuchte Merkmal durch die natürliche Selektion hervorgerufen wurde. Die Annahme ist, daß die Merkmale Adaptionen sind, und man versucht herauszufinden, was für welche. Die Methoden zielen darauf ab, genau die Kraft der natürlichen Selektion, die verantwortlich ist für die Herausbildung und Beibehaltung eines Merkmals, festzustellen.

Die allgemeine Grundannahme aller Verfahren kann falsch sein. Ist es denn richtig anzunehmen, daß alle Merkmale Adaptionen seien? Könnten nicht einige Merkmale entstanden sein, obwohl sie für den sie aufweisenden Organismus nutzlos sind? Doch bevor wir versuchen, diese Fragen zu beantworten, sollten wir deren Bedeutung genauer untersuchen. Das Problem liegt doch in der Erklärung, warum Organismen gerade diese und keine anderen individuellen Merkmale aufweisen. Wie die natürliche Selektion dies erreicht, haben wir gesehen und auch warum Falter nicht auffällig sondern getarnt sind, warum es bei Wespen verschiedene Grabeverhaltensweisen gibt, warum ein Vogelgelege gerade die Größe und keine andere hat und warum die Paarung bei Arten mit Weibchen, die begrenzte Perioden reproduktiver Empfängnis aufweisen, von einer präkopulativen Geschlechtsvereinigung eingeleitet wird.

Die Adaption impliziert, daß nicht alle Formen von Organismen existieren. Wenn die Moleküle, oder gar die Merkmale, aller bekannten Arten zufällig miteinander vermischt werden würden, könnte eine riesige Vielzahl von Formen geschaffen werden. Die wenigen Formen, die von Natur aus bestehen, sind nur ein kleiner Ausschnitt des vollen Möglichkeitsbereiches. Manche Möglichkeiten sind von der Natur nicht realisiert worden. Wir können fragen, warum nicht. Eine Antwort wäre, daß sie nicht adaptiv sind, wie z. B. dunkle Falter auf hellem Hintergrund, gegen die, wenn sie existieren, eine Selektion stattfindet. Sie fehlen infolge negativer Selektion.

Damit ein Merkmal von der natürlichen Selektion begünstigt wird, muß es eine erbliche Variation sein. Über die Generationen hinweg kann sich seine Häufigkeit erhöhen. Gleichermaßen muß, wenn die natürliche Selektion gegen ein Merkmal arbeitet, dieses als erbliche Variation existiert haben und seine Frequenzerhöhung innerhalb der Population verhindert worden sein. Wenn eine nicht-adaptive Form nie als erbliche Variation existiert hat, dann ist negative Selektion keine angemessene Erklärung, denn sie wäre eine Erklärung für etwas, was nie eingetreten ist.

Jetzt haben wir neben der natürlichen Selektion einen möglichen Zusatzfaktor gewonnen. Noch bevor ich ihn darlege, möchte ich betonen, daß er keine echte Alternative zur natürlichen Selektion ist. Es ist keine Alternative zur natürlichen

Selektion bekannt, die die Adaption erklärt. Wenn man die Darwinsche Evolutionstheorie mittels der natürlichen Selektion auf die Probe stellen will, dann besteht kaum Aussicht, die natürliche Selektion als Erklärung für die Adaption zu bezweifeln. Bestenfalls kann man erhoffen, ihre Bedeutung etwas zu reduzieren. Wenn nicht alle Merkmale von Organismen Adaptionen sind, so könnte die natürliche Selektion auf unbestreitbare Adaptionen beschränkt sein. Die Theorie, zu der wir jetzt kommen, will die natürliche Selektion nicht ersetzen. Das ist unmöglich, sie will sie nur in die Schranken weisen.

Jede nicht existierende Sonderform des Lebens könnte aus zwei Gründen fehlen. Einer ist die negative Selektion, der andere, daß die dafür notwendigen Mutationen nicht auftraten. Viele neue Mutationen werden wohl niemals entstehen, da aus irgendeinem Grunde der Bereich genetisch möglicher Formen eingeengt ist. Wir wissen, daß dies nicht für die melanisierten Falter in nicht-umweltverschmutzten Gegenden gilt, da sie anzutreffen sind. Das Fehlen (was in diesem Falle nur ein relatives Fehlen ist) ist auf die negative Selektion zurückzuführen. Doch was ist mit anderen fehlenden Formen, wie etwa Schlangen mit Beinen oder Insekten mit Rückgrat? Ist deren Fehlen auf eine Beschränkung zurückzuführen?

Vier Fragen drängen sich von selbst auf. Die erste lautet: Gibt es bei genetischer Variation überhaupt eine Begrenzung? Sicherlich ja, denn wie Maynard SMITH schreibt: „Wenn dem Möglichen keinerlei Begrenzungen auferlegt wären, würde der beste Phänotyp (das ist die Erscheinungsform des Organismus) ewig leben, von Feinden unbezwingbar sein, Eier in einer unbegrenzten Anzahl legen usw." Solche Organismen existieren nicht. Ihr Fehlen muß auf irgendeine Art genetischer Begrenzungen zurückzuführen sein, denn wenn sie jemals entstünden, würden sie durch die natürliche Selektion begünstigt werden. Begrenzungen existieren.

Von hier an müssen wir vorsichtiger werden, doch können wir zumindest drei weitere Fragen stellen. Wie weit sind Begrenzungen verbreitet? Welche besonderen Merkmale (oder deren Fehlen) sind auf Begrenzungen zurückzuführen? Warum gibt es Begrenzungen? Beantworten wir die erste Frage auch zuerst. Wir können nur sagen, daß die Natur zwischen zwei Extremen liegen muß. Organismen sind nicht vollkommen angepaßt. Das muß so sein, da die genetische Variationsbreite beschränkt ist. Andererseits aber ist sie nicht übermäßig begrenzt. Einige erbliche Variationen gibt es. Die vorhandenen Organismen repräsentieren nicht die einzigen Varianten, die je existierten. Variationen können zum Beispiel bei der künstlichen Selektion beobachtet werden. Wenn eine Population von Kühen künstlich selektiert wird, um (zum Beispiel) den Milchertrag zu steigern, so erhöht sich dieser im Verlaufe von Generationen. Die Steigerung wurde durch eine erbliche Variation des Milchertrags ermöglicht. Tatsächlich müssen die meisten Merkmale auf erblichen Varianten beruhen, da die Mehrzahl der Eigenschaften der meisten Arten durch künstliche Selektion verändert werden kann. Daß es Adaptionen gibt (und keiner bezweifelt, daß es einige Adaptionen gibt) beweist auch, daß es genetische Variation gibt. Adaptionen werden durch natürliche Selektion hervorgerufen, und natürliche (wie künstliche) Selektion kann ohne genetische Variation nicht funktionieren.

Organismen sind nicht vollkommen angepaßt, doch auch nicht völlig unangepaßt. Sie befinden sich irgendwo zwischen diesen beiden Extrema. Leider erstreckt sich zwischen diesen Extrema ein weiter Raum für Unterschiede, die größtenteils von Biologen aufgedeckt wurden. Wir wissen nicht, wieviele nicht-existente Formen Lücken sind innerhalb der genetischen Möglichkeiten, und wieviele durch negative Selektion ausgeschlossen wurden. Manche Mutationen sind vielleicht wahrscheinlicher als andere und manche wieder so unwahrscheinlich, daß sie unmöglich sind. Wir wissen nicht genug, um sagen zu können, welche Mutationen unwahrscheinlich sind. Wir können nur sagen, daß es bei einigen so ist. Mit anderen Worten, uns fehlt eine präzise Variationstheorie.

Obwohl das Problem nicht gelöst ist, so sind wir doch im Besitz einer Methode des Herangehens. Wir haben sie soeben behandelt. Für jedes einzelne Merkmal können wir versuchen herauszufinden, ob es eine mögliche genetische Variante ist. Die Hypothese der Begrenzung besagt, daß jede einzelne nicht vorhandene Form, wie etwa eine Schlange mit Beinen, genetisch unmöglich ist. Dies nun ist eine überprüfbare Hypothese. Wir können versuchen, durch künstliche Selektion eine Schlange mit Beinen zu erzeugen. Wenn wir Erfolg haben, ist die Hypothese von der Begrenzung falsch. Wenn die künstliche Selektion eine

Schlange mit Beinen hervorbringen kann, kann es die natürliche Selektion auch. Wenn es uns nicht gelingt, dann gibt es vielleicht eine unantastbare Grenze in der Genetik oder der Embryologie der Schlange, die die Ausbildung von Beinen verhindert. Leider kann diese Methode nur Negativwissen über die Grenzen vermitteln. Für ein einzelnes Merkmal kann sie uns sagen, ob es starr begrenzt ist. Doch wenn es sich herausstellt, daß es begrenzt ist, sind wir in unserem Verständnis, weshalb es diese Grenze gibt, nicht vorangekommen. Wir wissen nur, daß es sie gibt. Wenn wir jedoch verstehen wollen, warum es Grenzen gibt und warum gerade in der Form, dann benötigen wir ein positiveres Forschungsprogramm. Dies muß eher auf der Stufe des Mechanismus das Problem in Angriff nehmen als (wie bei der künstlichen Selektion) seine Konsequenzen.

Wir wollen uns mit der vierten Frage beschäftigen. Warum gibt es Grenzen? Im Moment müssen wir uns mit rein spekulativen Gründen abfinden. Zum Abschluß hier einige davon. Es könnte sein, daß bestimmte Mutationen einige wichtige Abläufe in der Entwicklung des Organismus unterbrechen würden. Die Abläufe, die ein Ei veranlassen, sich zu einem reifen Organismus zu entwickeln, sind für keine Art bekannt. Aber es wäre möglich, daß es lebenswichtige Entwicklungsabläufe gibt, die nicht verändert werden können. Das wären entwicklungsmäßige Grenzen, wenn es sie gibt. Der strukturalistischen Embryologie zufolge, wie man sie nennen könnte, sind solche Grenzen normal, und der Grund dafür, warum es viele Arten von Organismen nicht gibt, das aber ist nur eine Hypothese. Eine weitere Art von Grenze könnte in der Genetik begründet sein. Aus einem bestimmten genetischen Grund, wie die chemischen Funktionen der Vererbungsmoleküle, könnten bestimmte Mutationen verhindert werden. Dies wäre dann eine genetische Grenze. Was auch immer eine Variationstheorie am Ende beinhalten wird, das dafür notwendige Wissen wird sicherlich aus der Erforschung der Entwicklungsgenetik kommen. Aus diesem Grund (und auch aus anderem) sind die Evolutionsbiologen an der Embryologie interessiert. Interesse aber ist noch kein Wissen. Die Grenzstufe für die Variation von Organismen ist unbekannt. Das Problem bleibt bestehen.

# 5. Molekularevolution

Alle Teile der Organismen verändern sich im Laufe der Evolution. Während sich die Flossen der Fische bei Amphibien zu Gliedmaßen entwickelten und diese sich wiederum zu vielen Formen und Größen, änderten sich auch deren Gewebebestandteile, Zellen und Moleküle. Thema dieses Kapitels sind die Evolutionsveränderungen der Moleküle. Der Begriff Molekularevolution wird hierbei synonym für Proteinevolution gebraucht, da die Evolution auf der Molekularebene bei den Proteinen am gründlichsten erforscht ist.

Die Proteine sind die häufigste und mannigfaltigste Klasse von Molekülen eines Organismus. Das Keratin, ein wasserdichtes Protein, bildet Haut und Haare. Proteine zur Blutgerinnung, Fibrinopeptine genannt, und ein sauerstofftransportierendes Protein, Hämoglobin, zirkulieren im Blut. Viele Arten von Proteinen, die sogenannten Enzyme, katalysieren den Körperstoffwechsel. Es gibt derer noch viele mehr, ein menschlicher Körper enthält Tausende von Arten von Proteinen. Alle Proteine bestehen aus Aminosäureketten. Sie unterscheiden sich strukturell durch die Sequenz ihrer Ketten. Alle natürlichen Proteine enthalten 20 verschiedene Aminosäuren, und die einzelnen Proteine unterscheiden sich nur in der Sequenz ihrer Aminosäure-Kette. Das Hämoglobin zum Beispiel ist eine Kette aus 141 Aminosäuren. Die Sequenz ist für das Hämoglobin typisch, doch ist sie in unterschiedlichen Arten leicht abgewandelt. Die Sequenzen sind ausreichend ähnlich, um als Hämoglobin und nicht als eine andere Proteinart erkannt zu werden, wobei einige Aminosäuren nicht gleich sind. Je weiter voneinander entfernt, desto stärker weichen die Aminosäuren ab. Das Hämoglobin eines Makaken unterscheidet sich vom menschlichen Hämoglobin in vier Aminosäuren, das Hämoglobin eines Hundes in 23. Die Sequenz des Hämoglobins hat sich im Verlaufe der Evolution geändert.

Wir wollen uns mit zwei, die Molekularevolution betreffenden

Tatsachen beschäftigen. Veränderungen in den Aminosäuresequenzen zwischen den Spezies ist die erste. Die andere ist die Variation der Proteine innerhalb einer Art zu einem bestimmten Zeitpunkt. Es stimmt zwar, daß das Humanhämoglobin sich in vier Aminosäuren vom Japanmakaken-Hämoglobin unterscheidet, doch trifft das nur auf den jeweils häufigsten Hämoglobin-Typ zu. In Wirklichkeit gibt es ‚das' Human-Hämoglobin gar nicht. Für die Spezies Mensch sind mehr als hundert verschiedene Hämoglobinformen bekannt, die sich ganz geringfügig in ihren Aminosäuresequenzen unterscheiden. Das Nebeneinanderbestehen von mehreren Varianten eines jeden Merkmals, so der Proteine innerhalb einer Art nennt man Polymorphismus.

Der Polymorphismus wurde jedoch auf der Stufe der Aminosäuresequenz nicht eingehend untersucht. Es dauert lange, die Sequenz eines Proteins herauszufinden, aber alle verschiedenen Formen der jeweiligen Proteine in den jeweiligen Arten aufzulisten, wäre praktisch unmöglich. Aber eine andere, schnellere, doch grobere Methode kann angewandt werden, die sogenannte Stärkegelelektrophorese. Prinzip und Methode sind folgende. Jede Aminosäure verfügt über eine charakteristische elektrische Ladung. Die elektrische Ladung eines Proteins entspricht deshalb der Gesamtladung aller Aminosäuren, aus denen es besteht. Da sich Proteine in ihren Aminosäuren unterscheiden, müssen sie sich auch in ihren elektrischen Ladungen unterscheiden. Die Ladung bestimmt, wie schnell sich ein Protein in einem elektrischen Feld bewegt. Das einer Stärkegelelektrophorese zu unterziehende Protein wird einfach in ein elektrisches Feld eingebracht, dort für einige Zeit belassen und dann eingefärbt, um festzustellen, wie weit es sich bewegt hat. Gibt es unterschiedliche Formen von Proteinen, dann werden diese sicherlich unterschiedliche Entfernungen zurücklegen. Sie werden nicht direkt durch ihre Aminosäuresequenz unterschieden, sondern durch ihre elektrische Ladung.

Die Elektrophorese kann nicht jede einzelne Proteinform aufzeigen. Nicht alle Aminosäuren unterscheiden sich in ihren elektrischen Ladungen. Unterscheiden sich zwei Proteinformen allein durch elektrisch identische Aminosäuren, dann wird die Elektrophorese sie nicht voneinander unterscheiden. Tatsächlich kann man damit nur ein Drittel, oder gar noch weniger, der Proteinvariationen voneinander unterscheiden. Obwohl die Methode grob ist, führte sie erstmalig 1966 angewandt bei der Schätzung der Ebene des Proteinpolymorphismus zu einer wichtigen und unerwarteten Entdeckung. Dazu kommen wir gleich. Doch bevor wir zu den Fakten gelangen, sollten wir deren Bedeutung nachweisen. Warum macht man sich um den Polymorphismus und die Evolution der Proteine überhaupt Gedanken? Warum gerade über die Moleküle und nicht über Zellen, Knochen, Gehirn oder sonst etwas? Hauptsächlich deshalb, weil die Molekularevolution zur Arena einer der großen Evolutionskontroversen geworden ist. 1968 stellte der japanische Genetik-Theoretiker Motoo Kimura seine Theorie der neutralen Molekularevolution vor, und seither versuchen die Evolutionsbiologen herauszufinden, ob die Evolution der Moleküle durch die natürliche Selektion oder (wie Kimura behauptet) durch eine zufällige neutrale Drift gesteuert wird. Diese Alternativen kann man als Selektionismus und Neutralismus bezeichnen. Doch was genau beinhalten sie? Der Selektionismus müßte ausreichend geklärt worden sein, denn in seiner allgemeinen Form war er Thema der letzten beiden Kapitel. Auf die Moleküle angewandt bedeutet er, daß Molekularevolution durch natürliche Selektion gesteuert wird. Neue Formen von Proteinen (dem Selektionismus zufolge) werden in die Evolution nur dann eingeschoben, wenn sie von der natürlichen Selektion begünstigt sind. Der Neutralismus schlägt eine völlig andere Erklärung vor. Er leugnet, daß die meisten evolutionären Veränderungen von der Selektion bewirkt werden. Statt dessen heißt es, die meisten unterschiedlichen Proteinformen seien selektiv äquivalent — Selektion begünstige keine stärker als eine andere. Evolution wäre dann nicht durch Selektion gesteuert, sondern durch eine zufällige Drift. Sind in einer Population zwei selektiv äquivalente Proteinformen vorhanden, wird sich wahrscheinlich nur eine durchsetzen. Welche es ist, hängt vom Glück, nicht von der Selektion ab. Wobei dem Selektionismus zufolge die einzelnen Proteintypen (oder was auch immer) eine unterschiedliche Anzahl von Nachkommen in der jeweiligen Umwelt hinterlassen. Dem Neutralismus zufolge hinterlassen alle Typen die gleiche Anzahl von Nachkommen.

Theoretisch ist eine Evolution infolge zufälliger Drift zweifelsohne möglich. Nehmen wir also an, eine selektiv neutrale Mutation sei in einer Population entstanden. Zu Beginn würde sie als Einzelkopie auftreten. Man könnte annehmen, daß, da die natürliche Selektion sie weder eliminieren noch begünstigen wird, sie eine Einzelkopie bliebe. In Wirklichkeit aber ist es unwahrscheinlich, daß sie lange als Einzelkopie erhalten bleibt. Wie wir gesehen haben (siehe S. 34), sind die Gene einer Generation eine zufällige Auswahl aus denen der vorangegangenen Generation. Da mehr Gameten produziert werden als sich entwickeln können, muß der überlebende Organismus das einzige Gametenmuster enthalten, das überleben konnte. Eine Genform könnte das Glück haben, ausgebildet zu werden und in der Häufigkeit nach oben zu driften. Nach einigen Generationen könnte es wieder nach unten driften. Wenn die alternativen Gene zueinander selektiv neutral sind, dann wird im Durchschnitt gesehen keines von ihnen bei der zufälligen Drift gewinnen oder verlieren.

Im Fall einer einzelnen selten auftretenden neutralen Mutation wäre die wahrscheinlichste Wirkung der zufälligen Drift, sie zu eliminieren. Driftet ihre Frequenz ein Mal hinunter auf Null, dann ist sie verloren. Was nicht existiert, kann nicht wieder nach oben driften. Auch das entgegengesetzte Ergebnis ist möglich. Eine Reihe von glücklichen Umständen könnte die Frequenz einer einzelnen Kopie so weit erhöhen, daß diese zum einzigen Gen dieser Form in der Population wird. Dieser Prozeß ist offensichtlich sehr unwahrscheinlich, doch oft genug probiert, könnte es vielleicht glücken. Da wir hier einfach bei den Gesetzen der Wahrscheinlichkeit angekommen sind, kann man die Chance, daß sich eine neutrale Mutation durchsetzt, berechnen. Diese lautet 1/2 N, wobei N die Anzahl der Individuen einer Population ist. Niemand bezweifelt diese Kalkulation. Sie gibt nur an, wie hoch die Chance, daß sich eine neutrale Mutation durchsetzt, wenn sie auftritt, ist. Vielleicht aber auch nicht. Es ist also umstritten, ob neutrale Mutationen häufig genug auftreten, um die Molekularevolution, um die es ging, zu begründen.

Neutralismus und Selektionismus sind ungefähre Vorstellungen. Man könnte sie gleichermaßen auf die Morphologie und die Moleküle beziehen. Hin und wieder wurden viele morphologische Unterschiede als selektiv neutral angesehen. Somit beantwortet allein unser Interesse an der Neutralismus-Selektionismus-Kontroverse nicht die Frage, warum wir uns mit der Evolution der Moleküle beschäftigen. Hier nun ein besserer Grund dafür. Kimura wendet seine Theorie nur auf die Molekularevolution an. Er meint, morphologische Evolution sei durch Selektion gesteuert, doch die Molekularevolution größtenteils nicht. Daß morphologische Evolution hauptsächlich neutral verläuft, das glaubt nun wirklich kein angesehener Biologe.

Es gibt noch einen zweiten Grund dafür, sich auf die Moleküle zu konzentrieren. Die Evolutionsforschungen sind auf dem Gebiet der Moleküle wesentlich weiter vorangeschritten als auf dem Gebiet der Morphologie. Genauere Überprüfungen der Vorstellungen sind möglich. Warum, könnten wir fragen. Die Antwort lautet, meiner Meinung nach, wir kennen die Beziehung zwischen einer Veränderung in der Aminosäuresequenz eines Proteins und der Mutation, die diese verursacht haben muß. Mutationen sind Veränderungen in der Struktur der Erbsubstanz, der DNS. Wenn sich die Struktur der DNS ändert, verursacht dies eine Veränderung im Protein, das aus der DNS abgelesen wird. Da die exakte Translation zwischen DNS und Protein bekannt ist, kann man beurteilen, wieviele Mutationen notwendig sind, um eine bestimmte Veränderung in den Proteinen zweier verschiedener Arten hervorzurufen.

Für derart große Merkmale von Organismen wie Zähne oder Gliedmaßen können keine vergleichbaren Schätzungen vorgenommen werden. Wir können die Unterschiede zwischen (zum Beispiel) den Gliedmaßen zweier Arten messen, doch da die Beziehung zwischen Gliedmaßen und den Genen, die ihren Code enthalten, nicht bekannt ist, können wir nicht einschätzen, wieviele Mutationen eine einzelne Veränderung innerhalb eines Gliedes hervorrufen. Wir wissen nicht, ob der Unterschied zwischen einem Hundebein und dem Flügel eines Vogels von 300 oder 30000 genetischen Veränderungen hervorgerufen wurde. Aber ziemlich genau wissen wir, wieviele Mutationen Hunde-Hämoglobin in Hühner-Hämoglobin umwandeln würden. Die Menge der genetischen Veränderung ist in der Evolutionstheorie eine entscheidende Variable. Deshalb kann die Molekularevolution tiefer erforscht werden als die morphologische Evolution.

Kehren wir zurück zur Frage des Polymorphismus, die Moleküluntersuchung mit Hilfe der Stärkegelelektrophorese hat gegenüber der Untersuchung großer morphologischer Merkmale einen besonderen Vorteil. Ziel ist es, die durchschnittliche Menge genetischer Variation für alle Gene einer Art zu messen. Es sind zu viele Gene — vielleicht 50000 in einem Menschen —, als daß es möglich wäre, die Variation aller zu messen. Wir müssen es ausprobieren, und wünschen uns dabei, daß die Probe so groß und repräsentativ wie möglich ist.

Die Stärkegelelektrophorese ist sowohl vom Umfang als auch wegen ihrer Repräsentation her von Vorteil. Sie ist auch schneller als die alte Mendelsche Methode der Untersuchung großer Merkmale. Man könnte ohne weiteres viele Merkmale mit der Mendelschen Methode untersuchen, um zu einer Einschätzung zu gelangen, wieviele genetische Varianten es durchschnittlich pro Merkmal pro Spezies gibt. Es würde nur lange dauern, das ist alles. Die Variantenanzahl eines Proteins jedenfalls kann schneller gemessen werden. Das wäre der Vorteil bezüglich des Umfanges. Und worin liegt der Repräsentationsvorteil? Vergleichen wir eine Probe von (sagen wir) 30 Proteinen mit einer von 30 morphologischen Merkmalen. Welche ist repräsentativer? Jede dieser beiden Proben wäre ungünstig beeinflußt, wenn sie variable Gene und keine durchschnittlichen Gene enthielte. Aber es gibt einen Grund, weshalb die Probe von Proteinen, analysiert mit Hilfe der Stärkegelelektrophorese wahrscheinlich weniger ungünstig beeinflußt ist. Da wir sie vor der Analyse nicht in den Tieren sehen können, ist eine unbewußte Selektion unmöglich. Morphologische Merkmale kann man sehen bevor man sie mißt, was eine unbewußte Selektion ermöglicht. Deshalb könnten sich Vorurteile auf Messungen der Morphologie eher auswirken als auf Messungen der Moleküle. Das ist alles, was es über die Gründe zu sagen gibt, weshalb Moleküle untersucht werden. Wenden wir uns jetzt den Fakten und deren unterschiedlichen neutralistischen und selektionistischen Interpretationen zu.

Wenn zwischen Selektionismus und Neutralismus der entscheidende Unterschied darin liegt, daß die Träger unterschiedlicher Proteintypen unter einer bestimmten Umgebung eine unterschiedliche Anzahl von Nachkommenschaft erzeugen laut ersterer Theorie, dagegen laut letzterer deren Anzahl gleich ist, dann besteht der direkteste Weg, dies zu überprüfen, darin, daß man den Reproduktionserfolg von Trägern unterschiedlicher Proteintypen mißt. Leider gibt es nur sehr wenige Beweise dieser Art. Der Industriemelanismus bei Faltern (siehe S. 40) ist ein Beispiel. Eine Faltervariante (die melanisierte) ist auf dunklem Hintergrund im Vorteil und die andere (die gesprenkelte) auf einem anderen. In diesem Falle ist Neutralismus falsch. Doch wird diese Art von Beweis den Meinungsstreit nicht beilegen. Proteine aber gibt es zu viele und jedes zu untersuchen, dauerte zu lange. Die allgemeinen Theorien von Neutralismus und Selektionismus beziehen sich auf Hunderte, ja Tausende von Proteinen und Beweise abzuleiten von einigen wenigen (egal, welche Theorie sie bestätigen), führt zu keiner Lösung. Kein Neutralist würde sich von der Demonstration der natürlichen Selektion bei ein oder zwei (oder zehn oder zwanzig) Proteinen beunruhigen lassen. Die Theorie bezweifelt nicht, daß die natürliche Selektion bei einigen wenigen Genen wirkt, besonders jenen, die große und sichtbare Wirkungen hervorrufen. Sie besteht nur darauf, daß die übergroße Mehrzahl molekularer Unterschiede selektiv neutral ist. Ebenso bestreiten die Selektionisten auch nicht, daß einige wenige genetische Unterschiede (wenigstens zeitweise) selektiv neutral sein können. Sie sagen nur, die Mehrheit ist es nicht. Es ist keine Frage des Neutralismus oder des Selektionismus, sondern wieviel von jedem.

Es ist völlig berechtigt, daß die beiden Theorien in dieser Form bestehen. Die Extrempositionen sind ganz sicher falsch, und niemandem darf man Vorwürfe machen, der eine Theorie, die ganz sicher falsch ist, fallen läßt. Das Schwierige dabei ist, daß dadurch die Überprüfung so kompliziert wird, wir können nicht einzelne Proteine untersuchen. Wir müssen mit allgemeineren, weniger direkten Beweisen arbeiten.

Kimura schlug seine Theorie auf Grund von drei Hauptbeweisen vor: die hohe Geschwindigkeitsrate der Molekularevolution, die Konstanz dieser Rate und die große Bedeutung des Proteinpolymorphismus. Was die hohe Rate bei Aminosäureveränderungen in Proteinen anbetrifft, so kommt es beim Hämoglobin zu einer Veränderung pro eine Milliarde Jahre und bei den Fibrinopeptinen zu 8,3 Veränderungen pro eine Milliarde Jahre. Kimura behauptete, daß die natürliche Selektion die Evolution nicht mit solch hoher Rate steuern kann, doch ist diese Argumentation verworren und nicht überzeugend, und wir werden sie hier nicht weiter berücksichtigen. Die Beständigkeit molekularer Evolution liefert eine klarere Argumentation. Aminosäureveränderungen scheinen sich im Laufe der Evolutionszeit mit einer fast konstanten Rate zu summieren. Wenn sie durch die natürliche Selektion in das Molekül aufgenommen werden, dann müssen sie einen fast konstanten Druck ausüben.

Von den Untersuchungen der morphologischen Evolution ausgehend, hatten die Evolutionsbiologen nicht angenommen, daß der natürliche Selektionsdruck über die Zeit hinweg konstant war. Morphologische Evolution verläuft mit unberechenbarer Rate. Die Gließmaßen der Wirbeltiere betreffend, war der Übergang von Flosse zu tetrapoden Gliedmaßen innerhalb weniger Millionen Jahre im Devon abgeschlossen und hat sich seitdem über lange Zeiträume hinweg nur wenig geändert. Als sich die Gliedmaße zur Vogelschwinge entwickelte, war der Übergang wieder relativ abrupt, und ihm folgte eine viel längere Periode, während der sich die Schwinge, nachdem sie vollendet war, wenig veränderte. Veränderungen vollzogen sich schnell (allerdings über viele Millionen Jahre hinweg), worauf Perioden der Stabilität folgten. Das Modell der Molekularevolution sieht anders aus. In einem Molekül wie Hämoglobin treten Veränderungen mit ziemlich konstanter Rate auf. (Auf Grund dieses Unterschiedes zwischen der Evolution bei Molekülen und bei großen Morphologien wendet KIMURA seine Neutral-Theorie nur auf Moleküle an und überläßt die höheren Stufen der Organismen der natürlichen Selektion.) KIMURA zufolge verläuft die Molekularevolution mit einer konstanten Rate, denn sie ist ein Prozeß neutraler Zufallsdrift. Wir hatten schon erwähnt, mit welcher Wahrscheinlichkeit sich eine neutrale Mutation innerhalb der Population durchsetzt. Sie lautet 1/2 N. Damit ist es einfach, die neutrale Evolutionsrate zu errechnen, sie beträgt die Entstehungsrate neutraler Mutationen multipliziert mit der Möglichkeit, daß sich eine durchsetzt. Wenn neutrale Mutationen mit einer Rate m pro Gen entstehen, und es sind zwei Gene pro Individuum vorhanden, dann beträgt die Gesamtgeschwindigkeit, mit der neutrale Mutationen innerhalb einer Population auftreten, 2 Nm. Die Rate der neutralen Evolution ist dann $2\,Nm \times 1/2\,N$, 2 N kürzen und wir erhalten einfach m. Die neutrale Evolutionsrate ist gleich der neutralen Mutationsgeschwindigkeit.

Die soeben ermittelte Rate der neutralen Evolution (gleich der neutralen Mutationsrate) war die Durchschnittsrate. Eine wichtige Frage lautet nun, wie variabel ist diese Rate. Mutation (wie wir auf S. 36 gesehen haben) ist Zufall. Über einen langen Zeitraum hinweg läuft ein Zufallsprozeß mit fast konstanter Geschwindigkeit ab. Deshalb müßte neutrale Evolution (wenn sie auftritt) eine annähernd konstante Rate aufweisen. Wie wir schon sahen, ist die Rate der Molekularevolution beinahe konstant, doch ist das leider kein sehr überzeugender Beweis für die Neutral-Theorie. Es handelt sich nur um eine Übereinstimmung von Theorie und Praxis auf hoher Stufe. Schließlich könnte auch die natürliche Selektion die Molekularevolution mit einer konstanten Rate steuern. Der natürliche Selektionsdruck auf die Morphologie mag anders sein als auf die Moleküle. Die konstante molekulare Evolutionsrate stimmt mit der Neutral-Theorie überein, beweist sie jedoch nicht.

Selbst bei Übereinstimmung von Theorie und Praxis auf hoher Stufe besteht für die Neutral-Theorie eine Schwierigkeit. Die molekulare Evolutionsrate ist fast konstant (obwohl auch das umstritten ist, doch wollen wir es gelten lassen), doch konstant bezogen auf die Zeit, nicht die Anzahl von Generationen. Da die Mutationsrate sicher proportional zur Anzahl der Generationen und nicht zu den Jahren ist, würde die Neutral-Theorie für Spezies mit kürzeren Generationszeiten eine schnellere Molekularevolution voraussagen. In Wirklichkeit jedoch hängt bei allen untersuchten Molekülen die Evolutionsrate nicht von der Generationszeit ab. Sie ist bei Mäusen, Walen, Kaninchen und Elefanten gleich. Die Neutral-Theorie kann nur mit Hilfe einer nicht plausiblen **ad hoc**-Hypothese gesichert werden, und zwar, daß (aus bestimmtem Grunde) neutrale Mutationen mit einer konstanten Rate pro Jahr und nicht wie andere Mutationen pro Generation entstehen.

Bislang haben wir die Evolutionsveränderungen der Moleküle im Verlaufe der Zeit untersucht. Wenden wir uns jetzt dem Proteinpolymorphismus zu. Die für die Neutralismus-Selektionismus-Kontroverse entscheidende Beobachtung ist die durch die Stärkegelelektrophorese aufgedeckte hohe Menge an Polymorphien. Bei den ersten Untersuchungen 1966 an der Fruchtfliege *Drosophila* durch Lewontin und Hubby und am Menschen durch Harris wurde herausgefunden, daß ein großer Teil der Gene innerhalb einer Population polymorph ist. Es gibt zwei Hauptmaßeinheiten der Variabilität, die ‚Heterozygotie‘ und den ‚prozentualen Polymorphismus‘, wobei letzterer leichter zu verstehen ist. Er ist einfach der Prozentsatz von Genen, die in einer Spezies in mehr als einer Form existieren. (Wenn es nur eine Genvariante gibt, nennt man sie monomorph.) Typische Werte, prozentualen Polymorphismus‘ für natürliche Populationen belaufen sich auf ungefähr 20–25%. Die ralen Werte müssen sogar noch höher liegen, da die Stärkegelelektrophorese nicht alle Varianten ermittelt.

Wie kann nun dieser hohe Polymorphismus-Wert erklärt werden? KIMURA nannte die Frage ‚das offene Problem der heutigen Populationsgenetik'. Seine Neutral-Theorie liefert die gleiche Antwort wie für die Molekularevolution. Ihr zufolge sind Proteinpolymorphismen zu einem bestimmten Zeitpunkt zeitweilige neutrale Formen, von denen eine auf dem Wege des Glücks ist, sich durchzusetzen. Für den Durchschnittswert des unter neutraler Drift zu erwartenden Polymorphismus kann eine Formel abgeleitet werden, doch ist diese Ableitung zu kompliziert, um sie hier durchzuarbeiten. Die Formel beinhaltet schon allein Populationsgröße und neutrale Mutationsrate, welche für keine Spezies bekannt sind. Setzt man ungefähre (doch nicht völlig unrealistische) Zahlen in die Formel ein, kann beinahe jede Polymorphismusstufe erklärt werden. Das Übereinstimmen von Theorie und Praxis bedeutet, daß die Neutral-Theorie nicht durch einfache Beobachtung der Polymorphismusstufen widerlegt werden kann. Aber das ist kein stichhaltiger Test, da die Theorie mit beinahe jeder Polymorphismusstufe in Einklang steht.

Auch die Theorie der natürlichen Selektion kann die Fakten begründen. Im wesentlichen sind drei Wege bekannt, über die die natürliche Selektion Polymorphismus erzeugen kann. Einer ist der des vorübergehenden Polymorphismus. Zeitweilige Polymorphien treten auf, solange eine genetische Variante unter natürlicher Selektion häufiger wird und deren Alternative seltener. Nach dem Auftauchen eines begünstigten Mutanten wird es zu einer kurzen Zeitspanne von einigen Tausend Generationen kommen, während der er seine Alternative ersetzt. Wenn man eine Population innerhalb dieser Zeitspanne einer Probe unterziehen würde, wäre der Polymorphismus zu sehen. Zeitweiser Polymorphismus dient dazu, eine verschwindend kleine Anzahl von Polymorphien zu erklären, da man es für unwahrscheinlich hält, daß Neuerungen während einer bestimmten Zeit in vielen Merkmalen einer Spezies aufrecht erhalten werden könnten.

Ein zweiter Umstand, weshalb die natürliche Selektion Polymorphismus unterstützt, ist dann gegeben, wenn die Heterozygote begünstigt ist, eine als Heterozygotenvorteil bezeichnete Bedingung. Nehmen wir die drei möglichen Formen eines Gens, das wiederum in zwei Formen auftritt. Herkömmlich werden sie mit **AA**, **Aa** und **aa** bezeichnet. Heterozygoter Vorteil heißt, daß **Aa**-Typen mehr Nachkommen hinterlassen als **AA** und **aa**. Wenn die natürliche Selektion somit die Heterozygote begünstigt, wird die Population polymorph sein. Sie wird beide enthalten, **A** und **a**. Niemand bezweifelt, daß ein gewisser Polymorphismus durch Heterozygotenvorteil aufrechterhalten wird. Ein bekanntes Beispiel einer Hämoglobinvariante gibt es, die dadurch in einigen Humanpopulationen aufrechterhalten wird. Sie ist für die Sichelzellenanämie verantwortlich. (In bestimmten Gegenden Westafrikas neigen Homozygote, die ein normales Hämoglobingen enthalten, dazu, an Malaria zu erkranken. Homozygote des Sichelzellenhämoglobingens sterben an Anämie, doch Heterozygote neigen weder zu Malaria noch zu Anämie und sind deshalb begünstigt.) Umstritten ist, ob der heterozygote Vorteil alle oder zumindest viele der Polymorphien einer natürlichen Population verursachen kann. Einer (von mehreren) Gründen dies zu bezweifeln, liegt darin, daß bei dem Bakterium *Escherichia coli* die normal hohe Polymorphierate vorliegt, obwohl das Bakterium nur eine Kopie von jedem seiner Gene trägt (anstelle der normalen zwei wie bei der üblichen Mendelschen Vererbung von Erbsen). Der Polymorphismus bei *E. coli* kann keinem heterozygoten Vorteil zugeschrieben werden, da es keine Heterozygoten besitzt. Im Fall der *E. coli* benötigen wir eine andere Erklärung, und was auf die *E. coli* paßt, könnte auch auf andere Arten zutreffen. Natürlich auch nicht — *E. coli* könnte ein Spezialfall sein. Wir sind der Annahme, daß eher eine allgemeine Erklärung gefunden werden kann als eine Vielzahl verschiedener Erklärungen für verschiedene Spezies.

Der dritte Mechanismus ist die frequenzabhängige Selektion. Wir kennen sie schon von der Untersuchung der Adaptionen bei Grabwespen. Frequenzabhängige Selektion bedeutet, daß der Vorteil eines Types abhängig ist von seiner Frequenz innerhalb der Population. Negative Frequenzabhängigkeit ist notwendig, um den Polymorphismus aufrechtzuerhalten, was heißt, sein Vorteil muß zurückgehen, sobald die Frequenz der Variante ansteigt. Dann, wenn eine Variante häufiger wird, wird die natürliche Selektion gegen diese und zum Vorteil ihrer Alternative arbeiten. Die Proportion kehrt zu ihrem polymorphen Gleichgewicht zurück.

Die natürliche Selektion kann mit Hilfe einer gewissen Kombination dieser drei Mechanismen den Proteinpolymorphismus erklären. Die reine Beobachtung des Polymorphismus kann deshalb nicht allein zwischen den beiden Theorien entscheiden. Damit ist unsere Überprüfung der drei Ausgangsargumente KIMURAS für seine Neutral-Theorie abgeschlossen. Keines davon ist schlüssig. Eine andere Probe ist erforderlich.

Eine neuere Entdeckung deutet darauf hin, daß zumindest eine bestimmte Klasse von Molekularevolution neutral ist. Abgesehen davon, daß der Beweis nur relativ überzeugend ist (obwohl auch das bezweifelt werden könnte), lohnt es sich doch, ihn zu diskutieren, da er eine wichtige Spitzfindigkeit der Neutral-Theorie illustriert. Die von uns bisher behandelte Neutralismus-Version ist eine grobe Vereinfachung, was KIMURA als Theorie der Pan-Neutralität bezeichnet. Pan-Neutralität besagt, daß alle unterschiedlichen Formen eines Proteins neutrale Alternativen sind. Es gibt einen Beweis, daß Pan-Neutralität falsch ist und, indem wir sehen, wie KIMURA mit dem Beweis umgeht, werden wir auch seine verfeinerte Neutral-Theorie entdecken.

Der Beweis bezieht sich auf die Synonym-Mutationen. In Triplett-Molekülen, sogenannten Basen, ist der Erbcode eingeschrieben. Vier verschiedene Basen (symbolisiert mit A, C, G und U) und 64 verschiedene Tripletts gibt es. Jedes Triplett enthält den Code für eine einzige Aminosäure. Da es aber 20 Aminosäuren gibt, ist der Code dreifach redundant. Einige Basenveränderungen rufen keine Aminosäureveränderung hervor, sie werden als Synonym-Mutationen bezeichnet. Beispiel für eine Synonym-Mutation ist die Veränderung von der Basensequenz GCU in GCC, die beide den Code für die gleiche Aminosäure, Alanin, enthalten. Eine Mutation von GCU zu GCC wird keine Veränderung in der Aminosäuresequenz desProteins verursachen. Viele Jahre lang hieß es bei den Neutralisten, Synonym-Mutationen seien selektiv neutral, doch war dies bis in die 70er Jahre, als die DNS-Sequenzanalyse entwickelt wurde, nicht überprüfbar. Die Tests mit DNS-Sequenzen sind überzeugend. Schon der erste, den wir durchführen können, reicht aus, den Pan-Neutralismus zu widerlegen. Und zwar folgendermaßen: Wenn synonyme Veränderungen wirklich neutral sind, dann müßten die unterschiedlichen Synonymbasen in annähernd gleichem Verhältnis vorhanden sein. GCU, GCC, GCA und GCG zum Beispiel verschlüsseln alle das Alinin. Wenn es egal ist, welche verwendet wird, müßten sie in gleichem Maße vorhanden sein. Und sind sie es? Wir haben Beweismaterial von drei Spezies: *E. coli*, Hefe und Mensch. Bei *E. coli* treten die vier zu ungefähr gleichen Teilen auf, aber bei Hefe und Mensch gibt es große Disproportionen. GCU und GCC sind viel häufiger als GCA und GCG. Wenn man alle synonymen Veränderungen zusammen in Betracht zieht, so sind die Frequenzen verschiedener Tripletts äußerst zufallsunabhängig. Die einzige Fluchtmöglichkeit für die Pan-Neutralitäts-Theorie wäre dann die Hoffnung, daß die verschiedenen Tripletts verschiedene Mutationsraten hätten. Das aber ist eine an den Haaren herbeigezogene Erklärung und ist weder durch einen Beweis noch von der Wahrscheinlichkeit gestützt. Wir können entscheiden, daß der Pan-Neutralismus falsch ist. Die synonymen Tripletts sind selektiv nicht äquivalent. Die natürliche Selektion kann diese Tatsachen begründen. Der Selektionist würde behaupten, daß aus einem bestimmten Grunde die häufiger vorgefundenen Tripletts öfter von der Selektion begünstigt worden sind. Mutationen der begünstigten Klasse sind deshalb durch die natürliche Selektion in die Population eingebracht worden. Späterer Forschung wird es überlassen sein, genau herauszufinden, warum einige Tripletts öfter begünstigt werden. In der Zwischenzeit können dafür aber reichlich Hypothesen angeboten werden.

Jetzt können wir uns Kimuras Neutral-Theorie zuwenden. Sie erklärt die unterschiedlichen Raten der Molekularevolution mit Unterschieden im Grad des Selektionsdrucks. Seit langem ist zum Beispiel bekannt, daß die Evolutionsraten bei enzymatischen Proteinen an der ‚aktiven Stelle‘, dem Teil des Proteins, wo seine Funktion ausgeführt wird, langsamer sind als an den abseits gelegenen Teilen. Kimura erklärt dies mit der Annahme, daß die exakten Aminosäuren an der aktiven Stelle entscheidend seien, aber nicht so entscheidend irgendwoanders im Molekül. Veränderungen sollen neutral sein in den entfernteren Bereichen von der aktiven Stelle, an der die Evolution entsprechend schneller verläuft. Evolutionäre Veränderungen sollen, wenn sie auftreten, immer noch neutral sein, doch nicht in allen Teilen der Moleküle mit gleicher Wahrscheinlichkeit auftreten.

Dies mag den Anschein erwecken, daß die Neutral-Theorie gerettet werden soll, indem sie in den Selektionismus verkehrt wird, doch an dem ist es nicht. Um zu verstehen weshalb, benötigen wir den Unterschied zwischen negativen und positiven Formen der natürlichen Selektion. Negative Selektion (siehe S. 72) ist dazu da, unvorteilhafte Mutationen am häufigen Auftreten zu hindern. Die Frequenzerhöhung einer vorteilhaften Mutation ist der positiven Selektion zuzuschreiben. Mit diesem Unterschied ausgerüstet, können wir den Unterschied zwischen KIMURAS Neutral-Theorie und dem Selektionismus neu formulieren. Beide Theorien sind sich einig bezüglich des Vorhandenseins negativer Selektion. Beide bestätigen, daß bestimmte Mutationen unvorteilhaft sind und daß die Ursache für ihr Nichterscheinen in bestimmten natürlichen Populationen darin liegt, daß die negative Selektion sie verhindert. Der Unterschied zwischen beiden Theorien betrifft nur die Ursachen evolutionärer Veränderungen. Der Selektionismus besteht darauf, daß die Evolution durch positive natürliche Selektion gesteuert wird, KIMURAS Neutral-Theorie darauf, daß sie von der Zufallsdrift gesteuert wird.

Kehren wir zu jenen synonymen Tripletts zurück. GCU und GCC treten häufiger auf als GCA und GCG. Pan-Neutralität kann diese ungleichen Frequenzen nicht erklären, aber die natürliche Selektion. Doch was ist mit KIMURAS Neutral-Theorie? Sie kann es auch erklären. Sie würde sagen, daß GCA und GCG niedrigere Frequenzen aufweisen, da die negative Selektion öfter gegen sie gerichtet ist. Mutationen von GCC oder GCU zu GCG oder GCA sind nicht neutral: Sie sind unvorteilhaft. Mutationen von GCC zu GCU (und zurück) sind laut KIMURAS Theorie neutral. Wann auch immer eines für das andere im Verlaufe der Evolution substituiert wurde, es geschah durch Zufallsdrift. Die relative Häufigkeit synonymer Tripletts kann nicht länger als Prüfstein für Neutralismus und Selektionismus gelten. Wir sind wieder zur Wegscheide zurückgekommen. Jetzt , da wir den Gedanken der negativen Selektion in den Neutralismus eingebaut haben, ist er genauso vage und unbeständig wie der Selektionismus geworden. Er kann alle relativen Frequenzen von Genen oder Basentripletts erklären, indem er verkündet, daß die negative Selektion am Werk ist.

Der Beweis der relativen Frequenz synonymer Tripletts widerlegte die Theorie der Pan-Neutralität, aber nicht den Selektionismus und auch nicht KIMURAS Neutral-Theorie. Sie zu überprüfen, müssen wir uns einer weiteren Eigenschaft der Basen-

Tripletts zuwenden: den Evolutionsraten ihrer einzelnen Positionen. Ein Triplett nimmt eine erste, eine zweite und eine dritte Position ein. Der genetische Code ist dergestalt, daß nahezu alle synonymen Veränderungen in der dritten Position konzentriert sind. Mit anderen Worten, eine Veränderung in der ersten oder zweiten Position verändert nahezu immer die verschlüsselte Aminosäure, in der dritten Position jedoch oftmals nicht. Die dritte Position (KIMURA zufolge) ist deshalb selektiv weniger begrenzt. Die negative Selektion ist gemildert. Wenn er recht hat, dann müßte sie sich mit einer höheren Rate entwickeln als die beiden anderen. KIMURA hatte seine Voraussage 1968 getroffen, doch ein Jahrzehnt später wurde es erst möglich, sie zumindest provisorisch zu überprüfen. Die Fakten sprachen nun zu seinen Gunsten. Die Evolutionsrate ist in der dritten Position viel höher als in den beiden anderen, was am einfachsten zu erklären ist, wenn synonyme Veränderungen selektiv neutral sind. Die Selektionisten haben sich Gründe ausgedacht, wieso synonyme Veränderungen nicht neutral sein könnten, doch keiner von ihnen hat jemals behauptet, daß die Evolution an sich schneller sein könnte als der Durchschnitt synonymer Veränderungen.

Pseudogene liefern einen ähnlichen Beweis. Ein Pseudogen ist (wahrscheinlich) ein molekulares Äquivalent des menschlichen Wurmfortsatzes. Es ist ein funktionsloses Rudiment früherer Funktionsgene. Zum Beispiel fehlt einigen Pseudogenen ein Bestandteil, den ein Gen benötigt, um in ein Protein übersetzt zu werden. Wenn ein Gen nicht übersetzt wird, muß es in seinem Träger schlummern. Dann wäre, laut Neutral-Theorie, jegliche negative Selektion beseitigt und die Gene müßten frei sein, sich mit sehr hoher Geschwindigkeit zu entwickeln. Ist es aber tatsächlich so? Das Wenige, was bisher bekannt ist, deutet darauf hin, daß Pseudogene eine hohe Evolutionsrate aufweisen, was wiederum mit dem Neutralismus übereinstimmt. Aber gibt es auch eine selektionistische Erklärung? Es ist schwer, sich eine vorzustellen. Warum sollte die positive natürliche Selektion in einem funktionslosen Molekül die Evolution besonders schnell steuern? Leicht vorstellbar ist nur, wie auch für die Neutralisten, warum die Selektion eine schnelle Evolution eigentlich nicht verhindern sollte. Tatsächlich ist die Evolutionsrate bei Pseudogenen sogar noch höher als an der jeweils dritten Basenstelle, was darauf schließen läßt, daß diese synonymen Veränderungen bis zu einem gewissen Grade durch negative Selektion begrenzt sind.

Die hohe Evolutionsrate in Pseudogenen und synonymen Basenveränderungen erklärt sich am besten, zumindest für die meisten Bestandteile, als neutrale Drift. Aber wir haben immer noch das Problem der Molekularevolution als Ganzes zu erklären. Wären diese beiden Fälle für die gesamte Molekularevolution repräsentativ, könnten wir damit abschließen, daß die Neutral-Theorie zutreffend ist. Wir können aber nicht sagen, daß sie repräsentativ sind, sie könnten Ausnahmen sein. Ebenso wie die geringe Anzahl der Fälle, in denen die natürliche Selektion bestätigt wurde, lösen auch sie insgesamt das Problem nicht. Beide Theorien sind auf der zu beobachtenden Ebene ziemlich wacklig, was ihre Überprüfung erschwert. Wir können abschließend sagen, daß, obwohl die Untersuchung der Molekularevolution viel präziser erfolgt, als die vieler anderer Evolutionsaspekte, sie noch nicht präzis genug ist. Der Streit von Neutralismus und Selektionismus ist nicht beigelegt worden.

# 6. Klassifikationsprinzipien

Worin besteht der Zusammenhang von Evolutionstheorie und Klassifikation der Lebewesen? Am besten wäre sicher ein Zusammenhang praktischer Notwendigkeit, wenn also eine Klassifikation praktisch ohne Evolutionstheorie nicht möglich wäre. Die Geschichte zeigt aber, daß dies nicht zutrifft. Die Menschen klassifizierten Tiere und Pflanzen schon zwei Jahrtausende lang, ehe die Evolution überhaupt erkannt wurde. Die einfachste Form der Klassifikation erfordert nun wirklich keine Theorie, geschweige denn eine Evolutionstheorie. Sie erfordert nur das Erkennen, die Definition und die Benennung von Gruppen. Eine Gruppe in diesem einfachen Sinne ist eine Sammlung von Organismen, die ein bestimmtes besonderes Merkmal gemeinsam aufweisen. Die Gruppe *Chordata* zum Beispiel umfaßt alle Tiere, die eine Chorda dorsalis, einen hohlen Rückennervenstrang und segmentierte Muskeln besitzen. Die Klassifikation als Definition und Benennung von Gruppen ist im Prinzip einfach, aber auch wichtig. Sie ist sogar unentbehrlich. Biologen könnten weder ihre Entdeckungen mitteilen noch diese überprüfen, wenn ihre Exemplare nicht in allgemein anerkannte Gruppen eingeteilt wären.

Wäre die Kommunikation der alleinige Zweck der Klassifikation, wäre es egal, welche Gruppen festgelegt worden sind, vorausgesetzt, man ist sich über die Definitionen einig. Die Chordaten sind zufällig eine Gruppe, die allgemein anerkannt ist, doch auf die gleiche Weise könnten wir weitere Gruppen definieren, die nicht allgemein anerkannt sind. Zum Beispiel könnten wir die Ocellaten als eine Gruppe von Lebewesen definieren, die Augen besitzen. Sie würde die meisten Wirbeltiere, viele Insekten und Krustentiere, einige Mollusken und Würmer und auch noch eine Reihe kurioser Wirbellose umfassen. Soweit ich weiß, sind die Ocellaten niemals als taxonomische Gruppe erachtet worden. Wenn es aber bei der Klassifikation nur um das Definieren und Benennen von Gruppen geht, könnten wir fragen, warum nicht.

Diese Frage führt uns zum Grundproblem der Klassifikation. Unterschiedliche Merkmale bestimmen unterschiedliche Gruppen. Einige Gruppen könnten wir einfach akzeptieren und andere nicht. Wir könnten zustimmen, daß die Ocellaten an sich ebenso gut eine Gruppe sind, aber erklären, daß wir uns nun einmal dazu entschieden hätten, die Chordaten anzuerkennen aber nicht die Ocellaten. Dann wäre die Klassifikation subjektiv. Gäben wir uns damit zufrieden, wäre die Evolution nicht nur praktisch sondern auch absolut unnötig, denn dann ginge es allein um die Handhabung der Klassifikation.

Die meisten Biologen jedenfalls geben sich nicht so leicht zufrieden. Sie ziehen eine nach Prinzipien getroffene Wahl der Gruppen einer subjektiven vor. Dann aber, wenn wir zwar die Chordaten, nicht aber die Ocellaten anerkennen, muß dies auf Grund eines Prinzips geschehen, das uns anzeigt, daß die Chordaten eine akzeptable Gruppe sind, die Ocellaten aber nicht. Ein absolut perfektes Prinzip würde unzweideutig aufzeigen, ob eine Gruppe akzeptabel ist und auch keinerlei Widerspruch zwischen akzeptablen Gruppen zulassen. Keine Gruppe würde dann subjektiv ausgewählt werden. Sie alle wären somit unter Berücksichtigung dieses Prinzips ausgewählt worden. Ein Prinzip könnte, selbst wenn dieses perfekte Prinzip fehlt, immer noch nützlich sein, wenn es die Zahl der akzeptablen Gruppen einschränkt. Sobald die Notwendigkeit eines Prinzips für die Merkmalsauswahl anerkannt ist, eröffnet sich ein dritter Zusammenhang von Evolutionstheorie und Klassifikation zwischen praktischer Notwendigkeit und völliger Wertlosigkeit. Wenn die Evolution das einzig gültige Auswahlprinzip für Merkmale lieferte, wäre sie philosophisch gesehen für die Klassifikation notwendig, oder wenn sie nur eines unter vielen Prinzipien sei, philosophisch wünschenswert. Wir haben gesehen, daß die Evolution praktisch nicht vonnöten ist. Von jetzt an wollen wir uns damit befassen, ob sie philosophisch notwendig, philosophisch wünschenswert oder völlig unnötig ist.

Wir können voraussetzen, daß die Klassifikation der Lebewesen auf alle Fälle hierarchisch ist. Hierarchische Klassifikation (wie wir in Kapitel 1 sahen) heißt, daß (speziellere) Gruppen komplett und ohne Überlappung in allgemeineren Gruppen enthalten sind. Der Mensch (zum Beispiel) gehört der Gattung **Homo** an, die in der Ordnung der Primaten enthalten ist, die wiederum zur Klasse der Säugetiere zählt, die in den Unterstamm der Wirbeltiere gehört, der zum Stamm der Chordaten zählt, der wiederum dem Tierreich zugeordnet ist. Rein prinzipiell gesehen, könnten biologische Klassifikationen auch nicht hierarchisch aufgebaut sein, praktisch sind es aber fast alle. Einen umstrittenen praktischen Zweck wollen wir dabei nicht ignorieren.

Was könnte dann noch ein Prinzip liefern für die hierarchische Klassifikation des Lebens? Zwei Antworten stehen zur Verfügung: eine **phänetische** und eine **phylogenetische** Hierarchie. Eine phänetische Hierarchie gründet sich auf Formenähnlichkeit der klassifizierten Gruppen und ist gekennzeichnet durch solche Merkmale wie Beinlänge, Hautfarbe, Wirbelanzahl des Rückgrates oder einer Kollektion dieser. Eine phylogenetische Hierarchie ist ein Muster evolutionären Ursprungs. Gruppen werden auf der Basis der auftretenden Neuheit bei gemeinsamen Vorfahren gebildet.

Phänetische und phylogenetische Prinzipien können übereinstimmen oder auch nicht, je nach zu untersuchender Spezies. Abbildung 4 zeigt die phänetischen und die phylogenetischen Beziehungen von drei Gruppen zu je drei Spezies. Phänetische und phylogenetische Klassifikation sind gleich, wenn die Evolutionsrate ungefähr konstant und deren Richtung divergent ist, was sicher für den Menschen, den Schimpansen und das Kaninchen zutrifft (Abb. 4a). Mensch und Schimpanse haben einen jüngeren gemeinsamen Vorfahren und ähneln einander stärker als jeweils dem Kaninchen. Beide Prinzipien weichen voneinander ab im Falle von Divergenz oder unterschiedlicher Raten divergenter Evolution. Entenmuschel, Napfschnecke und Hummer illustrieren den Fall der Konvergenz (Abb. 4a). Entenmuschel und Napfschnecke sind phänetisch einander näher, doch hat die Entenmuschel mit dem Hummer einen jüngeren gemeinsamen Vorfahren. Die Entenmuschel hat sich im Verlaufe der Evolution einer Molluskenform genähert. Lachs, Lungenfisch und Kuh illustrieren den anderen Grund der Abweichung (Abb. 4b). Ein Lungenfisch ist phänetisch einem Lachs ähnlicher als einer Kuh, doch hat er mit der Kuh einen jüngeren gemeinsamen Vorfahren als mit dem Lachs. Die evolutionäre Linie, die vom Lungenfisch zur Kuh führt, hat sich derart schnell verändert, daß Kühe jetzt völlig anders aussehen als ihre fischartigen Vorfahren. Der

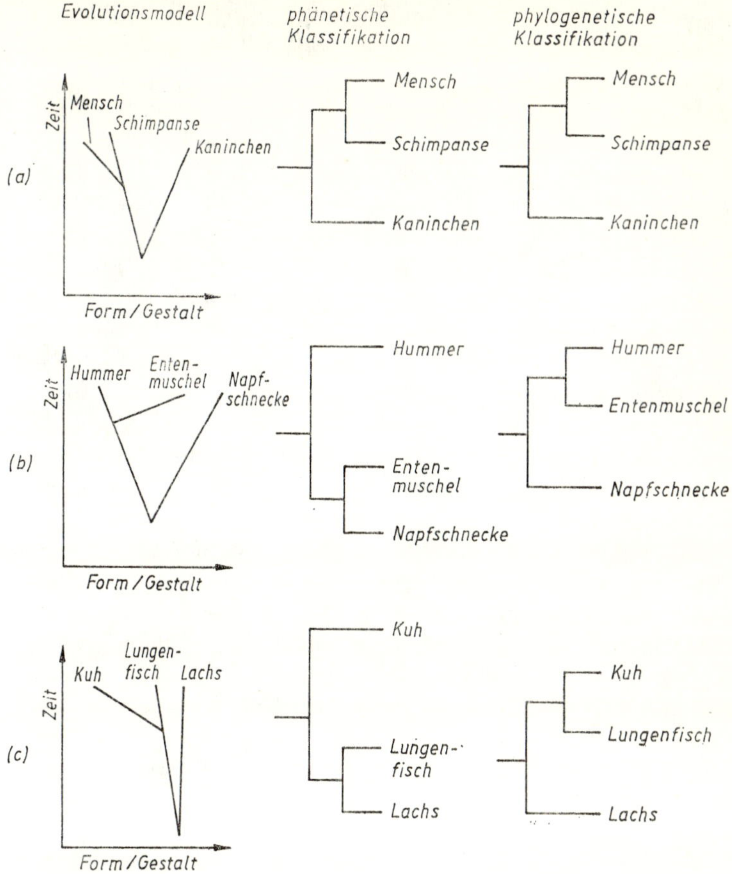


Abb. 4. Phänetische und phylogenetische Klassifikation
Das Evolutionsmodell (links), phänetische Klassifikation (mitte) und phylogenetische Klassifikation (rechts) in drei Fällen. Phänetische und phylogenetische Klassifikation stimmen im Fall (a) Mensch, Schimpanse und Kaninchen überein, weichen aber bei Konvergenz wie im Fall (b) Entenmuschel, Napfschnecke und Hummer oder bei unterschiedlicher Divergenz wie im Fall (c) Lachs, Lungenfisch und Kuh voneinander ab.

Lungenfisch hat sich auch tatsächlich in den letzten 400 Millionen Jahren kaum verändert und wird oft als lebendes Fossil bezeichnet.

Offenkundig ist Evolution eine notwendige Voraussetzung der phylogenetischen Klassifikation. Würden zwischen Organismen keine evolutionären Zusammenhänge bestehen, könnten wir sie nicht diesen entsprechend klassifizieren. Evolution ist aber keine Voraussetzung des phänetischen Systems. Wir könnten Organismen ihrer ähnlichen Erscheinung nach klassifizieren, egal ob sie nun einen gemeinsamen Vorfahren hatten oder sich unabhängig voneinander herausbildeten. Beim phänetischen System führen Ähnlichkeiten im Erscheinungsbild und nicht die Evolution zur Klassifikation. Wenn das phylogenetische Prinzip nicht anwendbar ist, so wird die Evolution für die Klassifikation völlig unnütz sein. Wenn aber beide Prinzipien gültig sind, wird die Evolution im philosophischen Sinne wünschenswert sein. Trifft jedoch allein das phylogenetische Prinzip zu, wird die Evolution im philosophischen Sinne notwendig. Sollte keines von beiden zutreffen, müssen wir auf das der Subjektivität zurückgreifen, dem wir versuchten zu entkommen. Hierin liegt die Bedeutung der Frage, ob die beiden Prinzipien zutreffend sind.

Sowohl die phänetische als auch die phylogenetische Klassifikation haben sich zu einer richtigen Schule herausgebildet, ausgestattet mit eigenen philosophischen Rechtfertigungen, Methoden und Verfechtern. Die phänetische Klassifikation wird von der Schule der numerischen Taxonomie verfochten, die phylogenetische nennt sich Kladistik. Es gibt aber noch eine weitere bedeutende Schule der Klassifikation. Oft wird sie als evolutionäre Taxonomie bezeichnet und hat mehr Anhänger als die numerische oder die kladistische Taxonomie. Ungeachtet ihrer Bedeutung brauchen wir sie hier nicht zu untersuchen. Ihre hierarchische Klassifikation ist eine Mischung phänetischer und phylogenetischer Komponenten. Die ‚evolutionäre' Klassifikation von Entenmuschel, Napfschnecke und Hummer ist phylogenetisch, doch die von Lungenfisch, Lachs und Kuh phänetisch. Indem wir die beiden Extrema behandeln, werden wir auch die Argumentation der gemischten Schule behandeln. Wir wollen wissen, wie die numerische Taxonomie die phänetische und wie die Kladistik die phylogenetische Klassifikation rechtfertigen. Wenden wir uns zuerst der phänetischen Klassifikation zu.

Wir stießen bereits auf Schwierigkeiten bei der Klassifikation nach einem willkürlich gewählten Merkmal. Und zwar bestimmen spezifische Merkmale die eine Gruppe, andere wieder andere. Das Auge bestimmt die (herkömmlich nicht anerkannten) Ocellaten, die Chorda dorsalis die (herkömmlich anerkannten) Chordaten. Bestünde unser einziges Prinzip darin, Merkmale herauszupicken und nach ihnen Gruppen zu bestimmen, befänden wir uns in der Lage, subjektiv zwischen Gruppen wie der der Ocellaten und der der Chordaten zu wählen. Die Schule der numerischen Taxonomie, die sich Ende der 50er Jahre bis in die 60er hinein großen Zustroms erfreute, glaubte, eine Antwort auf dieses Problem gefunden zu haben. Man wolle nicht nach einzelnen Merkmalen, sondern nach so vielen als möglich klassifizieren. Dutzende, ja Hunderte von Merkmalen sollten untersucht werden, von denen dann der Durchschnitt errechnet werden soll, um Gruppen zu bestimmen. Heraus kam ein Sammelsurium statistischer Verfahren, mit Hilfe derer die Zielstellung erreicht werden sollte. Im allgemeinen besteht es aus multivariablen Clusteranalysen. Aus vielen eingegebenen Messungen vieler Merkmale der zu klassifizierenden Einheiten errechnete man mit Hilfe der Clusteranalyse den Durchschnitt aller Messungen, um Gruppen (oder ‚Cluster') von Einheiten auf der Grundlage der Ähnlichkeit all ihrer Merkmale zu bilden. Die Gruppen dieser Klassifikation sollen von ihrer ‚morphologischen Ähnlichkeit insgesamt bestimmt' sein. Wenn man viele Merkmale benutze, so glaubte man, würden die von der Clusteranalyse ermittelten Gruppen weniger willkürlich sein. In Anbetracht dessen, daß bei nur wenigen unterschiedlichen Merkmalen bestimmte Gruppen sehr unterschiedliche Angehörige enthalten können, wie bei den Chordaten und Ocellaten, würden jedoch Gruppen, die durch eine große Anzahl von Merkmalen gekennzeichnet sind (so dachte man), eine eher geschlossene Mitgliedschaft aufweisen.

Untersuchen wir eine Clusteranalyse eingehender. Entsprechend der sogenannten ‚Distanz' zwischen klassifizierten Einheiten setzen sich die Cluster zusammen. Distanz in diesem Sinne ist nicht der Abstand zwischen zwei Orten, wie etwa fünf Meilen, sondern der zwischen den Merkmalwerten zweier Gruppen. Angenommen, wir klassifizieren zwei Spezies. Weist eine Spezies eine durchschnittliche Beinlänge von 15 cm auf, die andere eine von 10 cm, dann beträgt die Distanz zwischen beiden Spezies bezüglich der Beinlänge 5 cm. Die numerische Taxonomie arbeitet jedoch nicht nur mit einem Merkmal. Sie verwendet Dutzende und somit ist die Distanz zwischen den Gruppen ein Durchschnittsmaß aller Merkmale. Hätten wir ebenfalls die Hautfarbe beider Spezies gemessen und deren Distanz würde 0,3 Einheiten betragen, ergäbe sich eine Durchschnittsdistanz für Beinlänge und Hautfarbe zusammen von $(2 + 0{,}3)/2 = 1{,}15$ Einheiten. Diesen Wert bezeichnet man als ‚mittlere Merkmal-Distanz'. Die Euklidsche Distanz, die in zwei Dimensionen nach dem Satz des Pythagoras ermittelt wird, könnte man ebenso anwenden. Diese Methode ist auf eine unbegrenzt große Anzahl von Merkmalen und Spezies (oder welche Einheit auch immer) anwendbar. Die Clusteranalyse kann daraufhin ihre Funktion aufnehmen.

Eine Clusteranalyse bildet Gruppen (oder ‚Cluster') durch sukzessives Sammeln von Einheiten mit den kürzesten Distanzen voneinander. Die Hierarchie von Clustern entsteht, indem mehr und mehr voneinander entfernte Einheiten dazugerechnet werden. Die numerische Taxonomie oder phänetische Klassifikation von Spezies wird dann genau festgelegt sein. Die Klassifikation ist das hierarchische Ergebnis der Analyse.

Die numerische Taxonomie behauptet für sich, ihre Vorteile seien Objektivität und Wiederholbarkeit. Jeder Taxonom könne sich die gleiche Gruppe von Tieren oder Pflanzen vornehmen, viele Merkmale quantitativ messen, diese Meßergebnisse in eine Clusteranalyse eingeben, und jedesmal würde die gleiche Klassifikation herauskommen. Die numerischen Taxonomen behaupteten, daß im Gegensatz dazu die Methoden zur Rekonstruktion phylogenetischer Abstammungen hoffnungslos vage und verschwommen wären. Bei diesen Verfahren sind wir noch nicht angekommen; schauen wir uns erst einmal an, wie gut die Methode der numerischen Taxonomie ihren eigenen Kriterien standhält. Ist die numerische Taxonomie und damit die daraus resultierende phänetische Klassifikation wirklich objektiv und wiederholbar?

Die Antwort lautet nein. Der Grund dafür ist abstrakt, doch zu wichtig als daß wir ihn ignorieren könnten. Am prägnantesten wies 1968 der australische Entomologe L. A. S. Johnson darauf hin. Als ich weiter oben schrieb, daß die Clusteranalyse eine Hierarchie einfach durch nacheinanderfolgendes Dazuzählen der naheliegendsten Gruppe bildet, ließ ich ein Problem unbeachtet.

Es gibt mehr als nur eine Clusteranalyse, denn es gibt mehr als nur einen Weg, die ‚nächstliegende' Gruppe zu ermitteln. Wir werden sehen, daß diese unterschiedlichen Clusteranalysen unterschiedliche Gruppen kennzeichnen. Wenn die numerische Taxonomie absolut objektiv ist, so muß ihr eigenes Prinzip ihr diktieren, welche Clusteranalyse angewandt und welche Klassifikationsgruppen ermittelt werden. Wenn nicht, ist der eigene Anspruch auf Wiederholbarkeit erloschen. Dann fällt sie in die selbst gegrabene Grube.

Was gemeint ist, können wir anhand zweier Analysen illustrieren, einer sogenannten Analyse des nächsten Nachbarn und einer Analyse des durchschnittlichen Nachbarn. Es sind nur zwei unter vielen, das Problem eher noch komplizierenden Analysen als nachfolgend dargestellt, doch können wir mit zweien davon, wenn schon nicht den vollen Umfang des Problems, so doch dessen Wesen illustrieren. Analysen des nächsten Nachbarn ergeben sukzessive immer geschlossenere Gruppen durch Kombination der Untergruppen mit dem nächstgelegenen Nachbarn. Dies erkennen wir anhand der Abbildung 5, neben der Analyse des durchschnittlichen Nachbarn, die sich nicht aus diesen Untergruppen mit dem nächsten **nächsten** Nachbarn ergibt, sondern aus den Untergruppen mit dem nächsten **durchschnittlichen** Nachbarn.

Laut Abbildung 5 ergeben die Clusteranalysen des nächsten Nachbarn und des durchschnittlichen Nachbarn verschiedene Hierarchien, die oftmals die gleiche Form aufweisen, selbst wenn beide quantitativ unterschiedlich sind. Manchmal aber auch nicht. Dann liefern sie verschiedene Klassifikationen. (Die Abbildung weist nur zwei Dimensionen auf, welche, sagen wir, Beinlänge und Hautfarbe sein könnten. Wie wir bereits sahen, berufen sich die numerischen Taxonomen auf viel mehr Merkmale als nur zwei. Diese Vereinfachung ist ein Zugeständnis an die Druckseite, ändert aber nichts am Kern der Sache. Das Problem verschlimmert sich eher noch, je mehr Dimensionen einbezogen sind.)

Das Prinzip der numerischen Taxonomie liefert keine Orientierung für die unterschiedlichen Clusteranalysen. Es beinhaltet keinerlei Kriterium, nach dem unter den verschiedenen, aus unterschiedlichen Analysen ermittelten, Hierarchien auszuwählen ist. Das numerische Taxonomieprinzip lautet, anhand ‚gesamt-

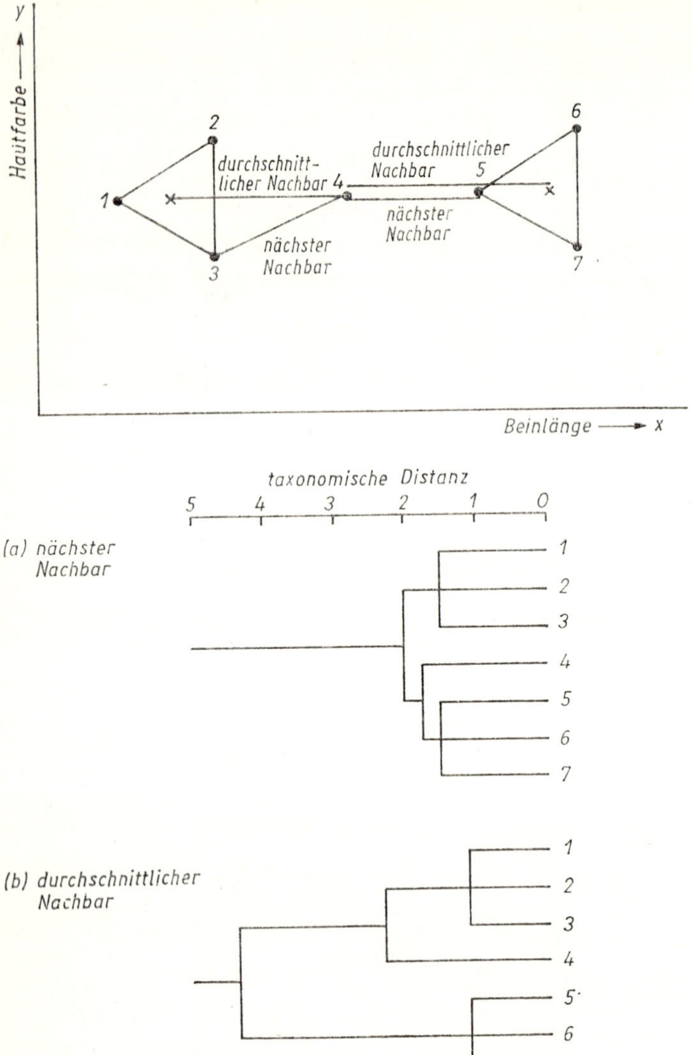


Abb. 5. Zwei widersprüchliche Clusteranalysen

Sieben Spezies (Nr. 1–7) sind nach zwei Merkmalen, Beinlänge und Hautfarbe, vermessen und in einem Koordinatensystem graphisch dargestellt worden, wobei die x-Achse die Beinlänge und die y-Achse die Hautfarbe darstellt. Zur Klassifizierung dieser sieben Spezies benutzte man zwei Clusteranalysen, die Analyse des nächsten Nachbarn und die morphologischer Ähnlichkeit' zu klassifizieren, doch eine gesamtmorphologische Ähnlichkeit kann nur mit Hilfe einer Clusteranalyse ermittelt werden. Es ist kein höheres Maß gesamtmorphologischer Ähnlichkeit vorhanden, mit dem die unterschiedlichen Clusteranalysen verglichen werden könnten. Widersprechen verschiedene Analysen einander, so hat praktisch der numerische Taxonom zu entscheiden, welche er bevorzugt. Er kann die Wahl treffen, selbstverständlich, doch diese wird subjektiv sein.

Somit ist das Prinzip der phänetischen Klassifikation nicht anwendbar. Die numerische Taxonomie beseitigte erfolgreich die Subjektivität bei der Auswahl der Merkmale, doch nur, um sie plötzlich wieder auftauchen zu lassen (in weniger offensichtlicher, doch gleich destruktiver Form) bei der Auswahl der Clusteranalyse. Wenn nun die phänetischen Zusammenhänge kein stichhaltiges Prinzip für die hierarchische Klassifikation von Lebewesen liefern können, wie sieht es dann bei der Phylogenese aus?

Hier besteht mehr Hoffnung. Anders als die Hierarchie der phänetischen Ähnlichkeiten (oder gesamtmorphologischer Ähnlichkeit) existiert die phylogenetische Hierarchie unabhängig von Meßverfahren. Der phylogenetische Baum ist eine einzigartige Hierarchie. Es trifft wirklich zu, daß jeweils zwei Spezies immer einen gemeinsamen jüngeren Vorfahren entweder aufweisen oder nicht aufweisen im Vergleich zu einer weiteren Spezies. Bei der phylogenetischen Klassifikation besteht das

des durchschnittlichen Nachbarn. Nachfolgend die sich daraus ergebenden Klassifikationen: (a) nach dem nächsten Nachbarn, (b) nach dem durchschnittlichen Nachbarn. Beide Analysen ermitteln zunächst zwei Gruppen, eine Gruppe der Spezies 1, 2, 3 und eine der Spezies 5, 6, 7. Bezüglich der Klassifikation der Spezies 4 stimmen sie nicht überein. Die Analyse des nächsten Nachbarn ordnet sie der Gruppe mit dem nächsten **nächsten** Nachbarn zu. Sie vergleicht die Distanzen zu den nächstgelegenen Nachbarn, wobei die zu Spezies 5 kürzer ist. Spezies 4 wird den Spezies 5, 6 und 7 zugeordnet (Klassifikation (a)). Die Analyse des durchschnittlichen Nachbarn ordnet sie der Gruppe mit dem **durchschnittlich** nächsten Nachbarn ein. Die beiden mit x markierten Punkte bezeichnen die durchschnittlichen Distanzen von Spezies 4 zu jeder Gruppe. Die Analyse des durchschnittlichen Nachbarn vergleicht die Distanzen zum durchschnittlichen Nachbarn. Die Distanz zu Gruppe 1, 2 und 3 ist kürzer, und somit wird Spezies 4 dieser zugeordnet (Klassifikation (b)).

Problem der subjektiven Auswahl unter verschiedenen möglichen Hierarchien nicht. Es gibt nur eine richtige Phylogenese. Wenn der Beweis darauf schließen läßt, daß eine Klassifikation ihr ähnlicher ist als eine andere, dann ist die zu wählen. Die Chordaten sind erlaubt, die Ocellaten aber nicht, da die Gruppe der Chordaten einen gemeinsamen Vorfahren aufweist, die Gruppe der Spezies, die Augen haben aber nicht. Manchmal werden die Beweise nicht ausreichen um sagen zu können, ob eine Klassifikation phylogenetischer ist als eine andere. Dann müßten wir entweder eine provisorische subjektive Wahl treffen oder uns weigern zu wählen, bevor nicht mehr Beweise zugänglich werden. Der Vorteil des phylogenetischen Prinzips liegt darin, daß es im Besitz eines höheren Kriteriums ist, mit dem die Beweise verglichen werden können: der phylogenetischen Hierarchie. Dieser Vorteil wurde von vielen Evolutionstaxonomen nur unklar erkannt, dem deutschen Entomologen HENNIG aber gelang es als erstem, dies völlig zu durchdenken. Die Kladistik wird manchmal auch als Hennigsche Klassifikation bezeichnet.

Jetzt, nach der Lösung des philosophischen Problems, bleibt uns noch das praktische. Wie kann man phylogenetische Zusammenhänge aufdecken? Die Evolution fand in der Vergangenheit statt. Anders als die phänetischen Zusammenhänge kann man die phylogenetischen nicht direkt beobachten. Sie müssen abgeleitet werden. Aber wie?

Für jede Spezies müssen wir herausfinden, mit welch anderer sie den jüngsten gemeinsamen Vorfahren hat, denn dies müßte die Spezies sein, mit der sie eingeordnet werden sollte. Wie können wir dies ermitteln? Die von HENNIG vorgeschlagene Methode (und zuvor von vielen anderen angewandt) ist die Suche nach evolutionsinnovativen Merkmalen. Im Verlaufe der Evolution veränderten sich die Merkmale von Zeit zu Zeit. Ein Merkmal bezeichnet man dementsprechend, ob es einen früheren oder späteren Evolutionszustand darstellt als ein primitives oder abgeleitetes Merkmal. Die meisten Merkmale durchlaufen mehrere Evolutionszustände, und ob ein bestimmter Zustand primitiv oder abgeleitet ist, hängt davon ab, mit welchem anderen Zustand er verglichen wird. Primitiv ist er bezüglich späterer Zustände und abgeleitet bezüglich früherer. Nehmen wir als Beispiel die Evolution der Wirbeltiergliedmaßen. Deren Nichtvorhandensein ist der allerprimitivste Zustand, dann, beim Fisch erscheinen sie als

Flossen. Bei den Amphibien entwickelten sich die Flossen zu tetrapoden pentadaktylen (fünffingrigen) Gliedmaßen. Bei den meisten Wirbeltieren blieben sie so erhalten, doch bei einigen Eidechsen und unabhängig davon bei einigen Huftieren hat sich die Zahl der Zehen von fünf auf vier, drei, zwei oder sogar (bei Pferden) auf eine reduziert. Wenn wir die Amphibien mit den Fischen vergleichen, so ist die pentadaktyle Gliedmaße der abgeleitete und die Flosse der primitive Zustand dieses Merkmals. Vergleichen wir aber eine Amphibie mit einem Pferd, so wird der Fünf-Zehen-Zustand zum primitiven und der Ein-Zehen-Zustand beim Pferd zum nunmehr abgeleiteten Merkmal. Ähnlich verläuft der Vergleich der menschlichen Hand mit dem Vorderhuf des Pferdes, die pentadaktyle menschliche Hand ist der primitive Zustand in Relation zum einzehigen Pferdehuf.

Dies zum Bedeutungsinhalt von primitivem und abgeleitetem Zustand. Diese Unterscheidung ist in HENNIGS System notwendig, damit die abgeleiteten Merkmale für die Klassifikation ausgewählt werden können. Da gleichzeitig auftretende abgeleitete Merkmale, im Gegensatz zu gleichzeitig auftretenden primitiven Merkmalen, auf einen gemeinsamen Vorfahren hinweisen, werden diese ausgewählt. Bleiben wir bei unserem Beispiel. Angenommen wir wollten eine fünfzehige Eidechse, ein Pferd und einen Affen in Beziehung zueinander klassifizieren. Der Affe und die Eidechse weisen beide das Merkmal ‚fünfzehig' auf, doch deutet dies nicht darauf hin, daß beide einen jüngeren gemeinsamen Vorfahren haben als jeweils mit dem Pferd. Das Merkmal ist primitiv und indiziert keinen gemeinsamen Vorfahren innerhalb der Gruppe Pferd—Affe—Eidechse. Wenn es eine evolutionäre Innovation gibt, dann wird diese (bis zur nächsten evolutionären Veränderung) von den Spezies bewahrt, die von den Innovationsspezies abstammen. Gleichzeitig auftretende abgeleitete Merkmale indizieren einen gemeinsamen Vorfahren. Und deshalb werden sie für das Aufspüren phylogenetischer Zusammenhänge verwendet.

Nun können wir einen Schritt weiter gehen auf unserer Suche nach einer Methode. Das jetzige Problem besteht darin, primitive Merkmale von abgeleiteten zu unterscheiden. Im Fall der Wirbeltiergliedmaßen gingen wir davon aus, daß der Evolutionsverlauf bekannt ist. Doch wie konnte dieser überhaupt aufgedeckt werden? Dafür gibt es mehrere Verfahren, die wir nicht alle untersuchen müssen. Schauen wir uns eines zur Demonstration, wie die Unterscheidung vorgenommen werden kann, genauer an. Untersuchen wir den Fremdgruppen-Vergleich. Im einfachsten Fall haben wir ein Merkmal in zwei Zuständen bei zwei Spezies. Zum Beispiel das Auftreten bzw. Nichtauftreten der Laktation beim Pferd und bei der Kröte. Ein Problem ist, ob die Laktation bei Pferden abgeleitet ist hinsichtlich ihres Nichtauftretens bei Kröten oder, ob ihr Nichtauftreten bei Kröten abgeleitet ist hinsichtlich ihres Auftretens bei Pferden. Beim Fremdgruppen-Vergleich offenbart sich die Lösung, indem der Zustand einer verwandten Spezies, der sogenannten Fremdgruppe, untersucht wird. Die Fremdgruppe sollte eine Spezies sein, die mit keiner der beiden Spezies enger verwandt ist, weshalb sie als Fremdgruppe bezeichnet wird. Sie unterscheidet sich von den zu untersuchenden Spezies. In diesem Fall könnte man jeden Fisch oder jedes wirbellose Tier nehmen, doch nicht die Kuh, da sie mit dem Pferd enger verwandt ist als mit der Kröte. Beim Fremdgruppen-Vergleich wird das Merkmal als primitiv angenommen, das in der Fremdgruppe zu finden ist. Egal ob wir uns für die Spezies Fisch oder Wirbellose entschieden, die Antwort wäre jeweils gleich. Die Fremdgruppe weist keine Laktation auf und ist damit der abgeleitete Zustand.

Das Ergebnis des Fremdgruppen-Vergleiches ist ungewiß. Es wird immer dann falsch sein, wenn eine nicht erkannte Konvergenz vorliegt. Wenn wir das Merkmal ‚Körperform' bei Delphinen und Hunden mit einer solchen Fremdgruppe wie dem Fisch verglichen hätten, müßten wir festlegen, daß der Hund die abgeleitete Form aufweist. In Wirklichkeit weist sie aber der Delphin auf. Im Fall von Delphin und Fisch wird sich niemand irren, doch gibt es gewiß andere, subtilere Konvergenzfälle, die nicht so leicht erkennbar sind, und bei denen der Fremdgruppen-Vergleich irreführend sein wird. Doch, obwohl es falsch sein kann, ist es sicher besser als gar nichts. Gemeinsam aufgewiesene Merkmale sind sicher öfter auf einen gemeinsamen Vorfahren zurückzuführen als auf Konvergenz, jedoch nur öfter, nicht immer.

Die Verfechter der Phänetik behaupten oft, daß eine phylogenetische Klassifikation unmöglich sei, weil sie auf zirkelschlüssigen Verfahren aufbaue. Beim Fremdgruppen-Vergleich zum Beispiel müßten wir, um das Verfahren anwenden zu können, wissen, daß die Fremdgruppe (der Fisch) genauso wenig mit der Kröte und dem Pferd verwandt ist wie beide untereinander. Es hat den Anschein, als müßten wir die Klassifikation kennen bevor wir die Verfahren anwenden können, was ziemlich problematisch sein dürfte, da das Verfahren ja angewandt werden soll, um die Klassifikation aufzudecken. Dieses Problem ist jedoch nicht so destruktiv wie es scheint.

Die Argumentation des Fremdgruppen-Vergleichs ist nicht zirkelschlüssig. Sie beruht auf der oft als sukzessive Annäherung bezeichneten Methode, nach der in allen Naturwissenschaften Theorien aufgestellt werden. Sobald neue Tatsachen zusammengestellt und untersucht wurden, werden sie im Licht dieser Theorie überprüft. Stimmen sie überein, erhöht sich das Vertrauen in die Theorie. Wenn nicht, könnten sie auf eine neue Theorie hinweisen, die für die Untersuchung weiterer Beweise verwendet werden kann. Eine Theorie wird kontinuierlich anhand neuer Beweise einer Wiederholungsprüfung unterzogen, und wenn sich die Theorie verändert hat, so müßten sich ebenso unsere Interpretationen aller vorherigen Beweise ändern. Es werden keine Zirkelschlüsse gezogen, sondern es wird eine Theorie überprüft. Beim Fremdgruppen-Vergleich können wir von einer groben Vorstellung davon, was eine Fremdgruppe sein könnte, ausgehen. Passen dann weitere Beweise in diese grobe Vorstellung, so ist die Hypothese (provisorisch) bestätigt und kann zur Interpretation weiterer Fakten verwendet werden. Untersuchen wir ein hypothetisches Beispiel.

Nehmen wir an, wir hätten sechs Spezies und vermuten, daß eine davon weniger eng mit den anderen fünf verwandt ist als diese untereinander. Diese eine kann als Fremdgruppe angesehen werden. Der Vergleich mit dieser kann zum Klassifizieren der anderen fünf, deren Zusammenhänge noch nicht bekannt sind, genommen werden. Als erstes untersuchen wir ein Merkmal in allen sechs Spezies. Den Zustand der Fremdgruppe setzen wir als primitiv an im Vergleich zu der Fünfer-Gruppe. Abbildung 6 zeigt das Verfahren. Dabei sind zwei Dinge zu erwähnen. Erstens, man kann von einem sehr unklaren Punkt aus starten. Wir benötigen keine feste Klassifikation für den Fremdgruppen-Vergleich. Und zweitens, sollten weitere Beweise es erforderlich machen, so können wir unsere anfänglichen Vorstellungen modifizieren. Wenn ein Merkmal nach dem anderen darauf hin-

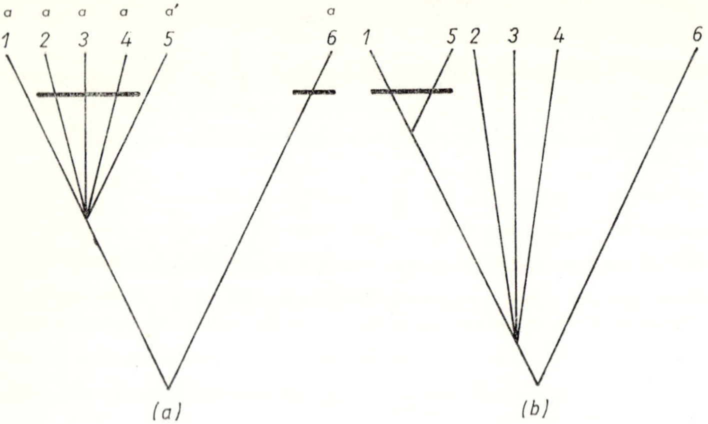


Abb. 6. Fremdgruppen-Vergleich durch sukzessive Annäherung
(a) Fünf Spezies (Nr. 1–5) sind zu klassifizieren, und es wird angenommen, daß eine weitere Spezies (6) mit diesen weniger verwandt ist als diese fünf untereinander. Merkmal **A** wird bei allen sechs Spezies verglichen: Die Spezies 2, 3 und 4 weisen es im Zustand **a** auf wie auch Spezies 6, doch die Spezies 1 und 5 den Zustand **a'**. Anhand des Fremdgruppen-Vergleichs wird ermittelt, daß **a'** der abgeleitete Zustand ist. (b) Die Spezies 1 und 5 werden infolge Aufweisens eines gemeinsamen Merkmals zusammen klassifiziert. Die Beziehungen der Spezies 2, 3 und 4 bleiben unbekannt; das Verfahren kann aber wiederholt werden, sobald Beweise für neue Merkmale zur Verfügung stehen.

weist, daß die Spezies 6 **nicht** von den Spezies 1–5 isoliert ist, dann können wir die Klassifikation modifizieren und Nummer 6 an ihren richtigen Platz bringen. Alle vorherigen Schritte müßten dann wiederholt untersucht werden. Da die Analyse jeglichen Fehler, der anfangs gemacht wurde, beibehält, wirkt dieser sich negativ aus. So werden die Anfangsfehler nach und nach aufgedeckt und deren nachteilige Auswirkungen beseitigt. Soweit zur Methode der sukzessiven Annäherung. Sie ist eine gebräuchliche Methode wissenschaftlicher Theorienbildung. Nur Wissenschaften ohne jegliche Theorie können ohne die Rückkopplung zwischen Fakteninterpretation und Theorienüberprüfung auskommen.

Der Fremdgruppen-Vergleich ist nicht die einzige kladistische Methode. Andere gehen davon aus, daß während der Ausbildung eines Organismus evolutionär abgeleitete Zustände nach den primitiven auftreten. Das Rückgrat der Wirbeltiere ist ein abgeleiteter Zustand in Relation zum Nichtvorhandensein in Wirbellosen. Und das Rückgrat entwickelt sich im Wirbeltierembryo erst später. Wie der Fremdgruppen-Vergleich, so ist auch das embryologische Kriterium mangelhaft, doch besser als nichts. Eine weitere Methode besteht darin, die Reihenfolge des Auftretens der Merkmale in der fossilen Dokumentation zu ermitteln. Am vorteilhaftesten ist es, all diese Methoden zusammenzunehmen und alles verfügbare Beweismaterial zu verwenden. Wir möchten keinesfalls den Eindruck erwecken, daß die Verfahren zur Rekonstruktion der Phylogenese vollkommen seien. Davon sind sie weit entfernt. Viele Probleme bleiben bestehen, insbesondere wie man widersprüchliche Informationen aus unterschiedlichen Merkmalen in Einklang bringen kann. Trotz aller Mängel des Systems ist es sicher nicht ganz unpraktisch. Der kladistische Beweis weist darauf hin, daß der Mensch mit dem Schimpansen einen jüngeren gemeinsamen Vorfahren aufweist als mit dem Schmetterling, und nur wenige Biologen würden bezweifeln, daß in diesem Fall der Beweis falsch sei.

Abgeleitete Merkmale können somit von primitiven unterschieden und Gruppen mit Hilfe gemeinsam auftretender abgeleiteter Merkmale festgelegt werden. Das kladistische System der phylogenetischen Klassifikation ist funktionstüchtig. Doch obwohl kladistische Gruppen erkannt und definiert werden können, und obwohl die Klassifikation (soweit sie phylogenetisch ist) im philosophischen Sinne brauchbar ist, gilt sie nur für eine bestimmte Zeitspanne. Evolution läuft aber kontinuierlich ab, und die Merkmale von Stammbäumen verändern sich kontinuierlich. Was eine Gruppe zu einem bestimmten Zeitpunkt kennzeichnet, mag für einen anderen nicht gelten. Gruppen kennzeichnende Merkmale sind zeitweilig möglich, aber nicht wesentlich. Biologische Gruppen weisen kein ‚Wesen‘ auf im Sinne Aristoteles'. Die phylogenetische Gruppe Wirbeltiere kann gegenwärtig einfach durch den Besitz von Knochen (oder Knorpeln) gekennzeichnet sein, was jedoch in einer Million Jahren vielleicht nicht mehr wahr sein könnte. Ein Nachkomme einer Wirbeltierspezies könnte keine Knochen mehr haben, und das Merkmal wird aufhören, weiter eine evolutionäre Gruppe zu kennzeichnen. Gruppendefinierende Merkmale bestehen weder ewig noch zwangsläufig. Sie sind manchmal einfach nur nützlich.

Aus eben diesem Grunde entstehen Schwierigkeiten, wenn

Spezies unterschiedlicher Zeiten (besonders fossile und gegenwärtige Spezies) in die gleiche Klassifikation eingebracht werden. Man kann es tun, doch ist es oft unbeholfen. Da sich Merkmale kontinuierlich verändern, können Mitglieder von Gruppen aus mehr als einer geologischen Epoche nicht anhand konstanter Merkmale bestimmt werden. Umsomehr, da (wie wir im nächsten Kapitel sehen werden) Spezies im Raum variieren können, gelten die für die Klassifikation benutzten Merkmale streng für einen Ort. Räumliche Variation, die jedoch begrenzter ist als zeitliche Variation, ist aber das geringere praktische Problem. Räumliche und zeitliche Veränderungen bei Merkmalen sind nur praktische, nicht philosophische Probleme der phylogenetischen Klassifikation. Die phylogenetischen Zusammenhänge der Spezies bleiben real. Schwierig ist es, sie aufzudecken. Sie müssen aus gemeinsamen abgeleiteten Merkmalen zu schließen sein. Da Merkmale aber in Raum und Zeit nicht konstant sind, ergeben sich aus ihnen keine absolut zuverlässigen Hinweise auf die wirklichen phylogenetischen Beziehungen der Spezies.

Da phylogenetische Klassifikationen durch gemeinsame Merkmale gekennzeichnet sind, könnte man versucht sein anzunehmen, daß die phylogenetische Klassifikation tatsächlich eine Form der phänetischen Klassifikation sei. Ein Körnchen Wahrheit ist an dieser Vorstellung. Die phylogenetische Klassifikation ist gekennzeichnet durch gemeinsame Merkmale, und bis zu diesem Punkt ist sie phänetisch. Aber anders könnte es auch gar nicht sein. In diesem Sinne sind alle Klassifikationen phänetisch. Die angemessene Darstellung eines Klassifikationssystems als phylogenetisch oder phänetisch sollte nicht anhand der benutzten Verfahren vorgenommen werden, sondern anhand der Hierarchie, die sie präsentieren soll. Hinter beiden Systemen stehen völlig verschiedene Philosophien. Die eine versucht das Evolutionsmodell der Verzweigung zu behaupten, die andere das Modell der morphologischen Ähnlichkeit.

Außerdem sind phylogenetische und phänetische Klassifikation durch unterschiedliche **Arten** von Merkmalen gekennzeichnet. Die phylogenetische Klassifikation geht davon aus, daß einige Merkmale — insbesondere gemeinsame abgeleitete Merkmale — bessere Evolutionsindikatoren sind als andere. Sie benutzt, zumindest bei der kladistischen Variante, nur gemeinsame abgeleitete Merkmale. Die phänetische Klassifikation dagegen verwendet sowohl primitive als auch abgeleitete, beide aus weltanschaulichen als auch aus verfahrenstechnischen Gründen, weshalb es irreführend wäre, die phylogenetische Klassifikation als eine Form der phänetischen Klassifikation zu bezeichnen.

Die phylogenetische Klassifikation ist philosophisch ihrer Konkurrentin, der phänetischen Klassifikation, vorzuziehen. Und sie ist durchführbar. Die Hauptprobleme liegen in ihren Verfahren, die bisher weit davon entfernt sind, vollkommen zu sein. Doch sind die Verfahren der Kladistik bereits innerhalb der kurzen Zeit ihres Bestehens verbessert worden und weitere Arbeiten, speziell auf dem Gebiet der Moleküle, werden sie ständig verbessern. Das Hindernis für die phänetische Klassifikation ist grundlegenderer Natur. Ihr Anspruch, objektiv zu sein, ist falsch. Ihre Attraktivität beruht nur noch auf wenigem. Die phänetische Klassifikation sollte meiner Meinung nach möglichst vermieden werden. Klassifikationen müssen, wenn sie objektiv sein wollen, die Phylogenese darstellen.

Wenn diese Schlußfolgerung richtig ist, sind Evolution und Klassifikation eng miteinander verwandt. Der Zusammenhang besteht mit philosophischer Notwendigkeit. Evolution ist erforderlich, um die Art der Klassifikation, die angewandt wird, zu rechtfertigen. Evolution ist nicht mehr einfach nur wünschenswert, sondern notwendig, da die Phylogenese das einzig bekannte Prinzip der Klassifikation ist. Würden wir uns mit rein subjektiver Klassifikation zufrieden geben, so wäre die Evolution unnötig. Wenn aber nicht — wenn wir eine prinzipielle Klassifikation haben wollen — wird die Evolution wesentlich. Die Einbeziehung von Evolution garantiert eine komplexe Herangehensweise an phylogenetische Klassifikation. Ohne die Evolution wären phylogenetische Klassifikation und ihre Methode der Suche nach abgeleiteten Merkmalen genauso subjektiv wie jedes andere Verfahren. Nur auf Grund unserer Voraussetzung, daß es Evolution gibt (laut Kapitel 1), können wir beginnen, über eine phylogenetische Klassifikation nachzudenken. Somit benötigen wir Verfahren, um die Phylogenese aufzudecken. Solche Verfahren resultieren aus unserem Verständnis dafür, wie Merkmale sich im Laufe der Evolution verändern. Somit garantiert Evolution nicht nur die Philosophie der Klassifikation, sondern sie ist auch die Kinderstube taxonomischer Verfahren.

# 7. Warum gibt es Arten?

Man klassifiziert Lebewesen, um die als Spezies bezeichneten Einheiten zu unterscheiden. Womit kann diese Praktik gerechtfertigt werden? Treten Spezies in der Natur tatsächlich als Einheiten auf? Oder ist dies nur eine von den Taxonomen erfundene Einteilung? Diese Fragen wurden von den Philosophen schon zwei Jahrtausende bevor der Darwinismus aufkam diskutiert, denn sie sind Spezialfälle einer weitreichenderen philosophischen Frage, der Frage, warum wir überhaupt etwas klassifizieren. In der Biologie tauchte diese Frage viel öfter bezüglich der Art als bezüglich jeder anderen Kategorie auf, vielleicht weil Arten in der Natur als allgemeinverständliche Einheiten auftreten, wie Schimpansen, Löwen, Wölfe, Rotkehlchen oder Hering. Vorwiegend zwei Antworten wurden darauf vorgelegt, aus denen sich wiederum zwei Artkonzeptionen ergeben: die Realismuskonzeption, wonach Arten in der Natur als diskrete Einheiten existieren und die Nominalismuskonzeption, wonach dies nicht gilt.

Diese beiden Möglichkeiten bieten sich uns, aber wie wollen wir nun herausfinden, welche richtig ist? Unserer Methode zufolge müssen wir erst einmal feststellen, was das Wort Art bedeutet, und dann ist die Natur zu untersuchen, um herauszufinden, ob Spezies in diesem Sinne in der Natur auftreten. Wenn ja, dann sind Spezies etwas Reales. Wenn nicht, dann müssen die als Spezies bezeichneten Einheiten etwas Künstliches sein.

Was also beinhaltet nun dieses Wort Art? Die Biologie erkennt im wesentlichen zwei Bedeutungen an, die als reproduktive Artkonzeption und als morphologische (oder phänetische) Artkonzeption bezeichnet werden können. Der reproduktiven Artkonzeption zufolge sind Arten Gemeinschaften sich fortpflanzender Organismen. Ein Individuum gehört der Art an, mit deren Mitgliedern es sich erfolgreich fortpflanzen kann. Eine auf Ernst Mayr zurückgehende gebräuchliche Artdefinition lautet, daß Arten ‚Gruppen von sich — tatsächlich oder potentiell — fruchtbar kreuzenden natürlichen Populationen sind, die von anderen solchen Gruppen reproduktiv isoliert sind.' Was wir hier als reproduktive Artkonzeption bezeichnen, wird (von den Enthusiasten) auch die biologische Artkonzeption genannt. Das jedoch ist als verbale Eitelkeit abzulehnen, denn die Morphologiekonzeption ist ebenso biologisch wie die Reproduktionskonzeption. Der Morphologiekonzeption zufolge sind Arten durch ihre Erscheinung gekennzeichnet. In der Natur entsprechen Individuen, so heißt es, allein infolge ihrer Genotypübereinstimmungen diskreten Kategorien. Dieser Konzeption zufolge ist das Kriterium für die Zugehörigkeit zu einer Art die hinlängliche Ähnlichkeit mit anderen Mitgliedern dieser Art.

Wirkliche Arten existieren in der Natur in beiderlei Hinsicht. Zum Beispiel ist es (vermutlich) wirklich zutreffend, daß sich alle Menschen mit anderen Menschen fortpflanzen können, aber nicht mit anderen Individuen. Es könnte möglich sein, mit Hilfe entsprechend raffinierter Verfahren, daß ein Mensch und ein Schimpanse einen lebensfähigen Nachkommen zeugen könnten, doch kommt so etwas derart selten vor und ist so unnatürlich, daß man es praktisch ignorieren kann. Eine Fortpflanzungsgemeinschaft von Individuen, die Spezies Mensch, tritt in der Natur auf. Somit muß die Reproduktionskonzeption die realistische Artentheorie der nominalistischen vorziehen. Wären Arten der Natur künstlich aufgedrängte Einheiten, wie es der Nominalismus erfordere, dann müßte jedes Lebewesen (einer jeglichen Spezies) in der Lage sein, sich mit jedem beliebigen Lebewesen des anderen Geschlechts einer anderen Art fortzupflanzen. Zumindest müßten sich allmähliche Veränderungen zeigen, da eine Kreuzung zwischen immer entfernteren Artmitgliedern immer weniger effektiv würde. Wie wir wissen, gibt es das in der Natur nicht. Lebewesen treten in völlig diskreten Einheiten auf, innerhalb derer sie sich mit hohem Wirkungsgrad fortpflanzen können und außerhalb derer so gut wie gar nicht.

Also gibt es in der Natur reale reproduktive Einheiten, aber ebenso auch morphologische. Nominalismus ließe darauf schließen, daß die Unterteilung in Arten willkürlich gezogene Linien durch eine nahtlose Folge seien. Dies kann man durch physikalische Messungen überprüfen, woraus sich ergibt, daß Organismen in der Natur jederzeit und überall in relativ diskreten physikalischen Formenkreisen auftreten, unterteilt durch zumindest statistische Lücken.

Weitere Beweise kommen aus der Anthropologie. Wären Arten künstliche Einteilungen, müßten unterschiedliche voneinander unabhängige Klassifikationen auch unterschiedliche Arten anerkennen. Naturstämme, die nichts von westlicher Klassifikation wissen, müßten demzufolge die Lebensformen anders als die westlichen Taxonomen einteilen. Dies ist aber nicht der Fall. Die Papua Neuguineas zum Beispiel unterscheiden 174 Arten von Wirbeltieren, von denen alle bis auf vier mit denen von westlichen Taxonomen anhand von Museumsexemplaren ermittelten Arten übereinstimmen. Die Erklärung dafür liegt auf der Hand. Arten sind in gewissem Sinne etwas Reales, in diesem Fall in vermutlich morphologischem Sinne. Weder die Museumstaxonomen noch die dortigen Stämme werden die Reproduktionskonzeption angewandt haben, da diese viel zu unpraktisch und viel zu raffiniert ist.

Somit existieren Arten real, egal ob man sie sich als reproduktive oder morphologische Einheiten vorstellt. Doch was ist mit den höheren taxonomischen Stufen? Sind Gattung, Familie und Ordnung ebenfalls etwas Reales? Hier nun hängt die Antwort von der Unterscheidung zwischen Reproduktionskonzeption und Morphologiekonzeption ab. Letzteres gilt gleichzeitig für alle Stufen der Klassifikationshierarchie, die Reproduktionskonzeption aber logischerweise nur für eine. Wenn Arten durch ihre Fortpflanzungsfähigkeit unterschieden werden, so kann man das nicht auch für die höheren Ebenen wie Gattung, Familie (usw.) geltend machen, denn da sich Angehörige verschiedener Arten nicht miteinander vermehren können, können es somit nicht alle Angehörigen einer Gattung. Aus diesem Grunde argumentieren Biologen, die Arten als reproduktive Einheiten definieren, daß diese die einzig reale Kategorie der taxonomischen Hierarchie seien und alles weitere nur unnatürliche Übereinkünfte. Die Morphologietheorie realer Einheiten jedenfalls trifft auf die verschiedenen Stufen zu. Ebenso wie die Arten Formenkreise mit statistischen Lücken dazwischen sind, so können Gattungen pauschalere, ebenfalls durch statistische Lücken separierte Formenkreise sein. Somit argumentieren oftmals Biologen, die die Arten morphologisch definieren, die anderen Stufen der Hierarchie seien ebenso real wie die Arten.

Da Arten wiederum aus anderen Arten hervorgegangen sind, ist das Auftreten von diskreten reproduktiven und morphologischen Arten nur bezüglich der Formenkreise zu einer bestimmten Zeit zutreffend. Heute zum Beispiel sind Schimpanse und Mensch zwei verschiedene Arten, verfolgen wir aber die kontinuierliche Evolutionsreihe ihrer Vorfahren zurück, so verschwindet der Unterschied allmählich, und irgendwann gelangen wir zu einem Zeitpunkt (vielleicht vor fünf Millionen Jahren), da die Vorfahren eine einzige Population bildeten, in der die Schimpansenvorfahren von den Menschenvorfahren weder reproduktiv noch morphologisch unterscheidbar waren. Das Auftreten einer bestimmten Art ist ein zeitweiliger Zustand, was heute real existiert, mag es vor fünf Millionen Jahren nicht gegeben haben oder wird es in fünf Millionen Jahren vielleicht nicht geben. Arten würden dann nicht real existieren, wenn man sie, um sie als real existierend ansehen zu können, **immer** von anderen unterscheiden könnte.

Jetzt wird verständlich, warum viele Evolutionsbiologen des 19. Jahrhunderts einschließlich DARWIN die reale Existenz von Arten bestritten. Ihre Vorstellung von wirklich hieß zeitlos. Wenn wir die gesamte Evolutionsfolge in Betracht ziehen, so sind Arten künstliche Unterteilungen. Ich denke aber, daß jene Biologen zugestimmt hätten, daß Arten in dem Sinne, wie wir sie verstehen, nämlich nur in bezug auf eine bestimmte Zeitspanne, real existieren. Eine ähnliche Argumentation könnte für den Raum geführt werden. Im Fall einer kontinuierlichen geographischen Variation einer Ring-Art (siehe S. 16) zum Beispiel, existieren Arten nur an einem bestimmten Ort.

Doch selbst zu einem bestimmten Zeitpunkt könnten manche Arten nicht unterscheidbar sein, da sie sich zu eben diesem Zeitpunkt in zwei aufspalten. Diese existieren zugegeben nicht real, doch ist dies wohl eher die Ausnahme als die Regel. Die Anzahl von Arten, die sich zu einem bestimmten Zeitpunkt gerade aufspalten, ist sicherlich gering, da die Evolution im Vergleich zur Dauer eines Menschenlebens langsam verläuft. Die Mehrheit der Arten existiert reproduktiv und morphologisch real.

Die Frage, ob Arten real existieren, haben wir nun geklärt. Wir müssen zugeben, es ist an dem. Fragen wir nun, warum. Wieder treffen wir im wesentlichen auf zwei Vorstellungen, die man angedeutet, wenn nicht gar direkt mit der reproduktiven und der morphologischen Artkonzeption in Verbindung bringen kann. Eng verbunden mit der morphologischen Artkonzeption ist die Vorstellung, daß Arten deshalb bestehen, weil ihre Angehörigen sich untereinander, aber nicht mit Mitgliedern anderer Arten fortpflanzen und daß Artenidentität auf dem sogenannten Genfluß beruht. Vermehren sich zwei Individuen miteinander, so fließen die Gene von beiden Elternteilen in ihre gemeinsamen Nachkommen. Bei ständiger Fortpflanzung unter Individuen einer Art werden die Artgene (von Generation zu Generation) beständig in den Mitgliedern zirkulieren. Dieser Theorie zufolge schützen konstante Fortpflanzung und der daraus resultierende Genfluß die Art vor dem Aufspalten. Bezeichnen wir sie als Genfluß-Theorie. Sie besagt, daß morphologische Einheiten nur deshalb existieren, weil sie Fortpflanzungsgemeinschaften sind. Darauf werden wir gleich wieder zurückkommen, doch vorerst noch zu der anderen Vorstellung, die wir Adaptions-Theorie nennen wollen. Sie besagt, daß Arten nur deshalb existieren, weil bestimmte Formenkreise der von ihnen besetzten Umwelt angepaßt sind. Die natürlichen Nischen (so behauptet die Adaptions-Theorie) gliedern sich in Zonen — oft auch als adaptive Zonen bezeichnet — auf, die jeweils von einer Art besetzt sind. An Lücken zwischen den Nischenzonen angepaßte Zwischenformen von Arten würden infolge natürlicher Selektion eliminiert werden, für sie gäbe es keine Nischen. Der Genfluß-Theorie zufolge werden Arten durch Fortpflanzung aufrechterhalten, der Adaptions-Theorie zufolge durch natürliche Selektion.

Diese beiden Theorien müssen nicht alternativ sein, wie wir sehen werden, doch gab es ihretwegen oft Dispute als seien sie es. Um die Argumente besser verstehen zu können, ist es günstig, beide Theorien anhand eines Extremfalls zu untersuchen, so als seien sie Konkurrenten. Später dann können wir sie zusammenfügen. Kehren wir zurück zur Genfluß-Theorie und stellen die Frage, wie sie nun genau erklärt, warum Arten existieren. Angenommen, ein Fortpflanzungsformenkreis (eine reproduktive Art) besetzt einen Raum, in dem unterschiedliche Umweltbedingungen herrschen. Nehmen wir weiter an, die von der natürlichen Selektion begünstigte exakte Form unterscheidet sich von Ort zu Ort, wie zum Beispiel im Fall des Birkenspanners (S. 40). Nach der industriellen Revolution war die melanisierte Variante dieser Spezies in Industriegebieten begünstigt und die gesprenkelte Variante in nicht verschmutzten Gebieten. Die melanisierte Form trat dort, wo sie begünstigt war, häufiger auf.

Der Genfluß nun bewirkt an verschiedenen Orten die Verminderung von Artdivergenz. Wie MAYR sagt, kann sich eine Population nicht drastisch verändern, solange sie den ausgleichenden Einflüssen des Genflusses ausgesetzt ist. Dem würde kein Biologe widersprechen, außer daß man sich über die genaue Bedeutung des Wortes drastisch streiten könnte. Fraglich ist, ob der Genfluß ausreichend stark ist, die Identität einer Art aufrechtzuerhalten. Der Theorie zufolge ja. Mehr noch, Genfluß erhält nicht nur eine Art aufrecht, sondern bewirkt ihr Entstehen. MAYR als größter Verfechter der Genfluß-Theorie meint, daß die vom Genfluß verursachte stetige und hohe Genaufnahme der Hauptfaktor für eine genetische Kohäsion unter den Populationen einer Spezies sei. (Genetische Kohäsion bedeutet, daß die Bestandteile einer Art nicht voneinander divergieren.)

Den genauen Mechanismus können wir anhand des Birkenspanners untersuchen. In den Gebieten mit favorisierter schwarzer Variante nahm die Frequenz der Gene zu, die die Farbe schwarz verschlüsseln und wo die gesprenkelte Variante favorisiert war, die Gene für die Sprenkelung. Die Genfrequenzen hätten dann jedenfalls begonnen, geographisch zu variieren und die Art sich aufzuspalten. So wirkt sich die natürliche Selektion aus, doch wie nun die Vermehrung? Infolge Falter-Migration und des Faktes, daß die natürliche Selektion nicht ausreicht, alle Genträger im Verlauf einer Generation zu eliminieren, treten an bestimmten Orten beide Varianten auf. Wenn sich nun Falter auf gut Glück hinsichtlich der Farbe (wie es die Birkenspanner tun) paaren, so kreuzen sich gesprenkelte und melanisierte Variante. Dort, wo die melanisierte Variante favorisiert ist, werden aber in den Nachkommen dieser Paarungen gesprenkelte Gene fortbestehen. Die Fortpflanzung bewirkt also eine Reduktion der durch die natürliche Selektion begünstigten Divergenz. Der Genfluß innerhalb der Regionen eines Artbereiches bewirkt die Normierung der Genfrequenzen.

Die Normierung der Art infolge Genflusses bleibt nicht ohne Auswirkung auf deren Anpassung. Anstelle einer perfekten Anpassung an einen bestimmten Ort kommt die Art als Ganzes in den Besitz einer groben durchschnittlichen Anpassung, welche über den gesamten Bereich hinweg gute Dienste leistet. Die Teile des Bereiches, wo eine Art in relativem Überfluß auftritt, werden den größten Einfluß ausüben. Aus diesem Areal werden mehr

Migranten ausgesandt und andere Areale mit dieser Variante überflutet, die dem Überschußgebiet angepaßt sind.

Mayr erweitert diese Argumentation zur Erklärung der relativ stabilen Artgrenzen. Wenn die natürliche Selektion die Formen der Art steuere, sagt er, müßten wir erwarten, daß die Grenzen sich allmählich ausweiten, sowie sich die Individuen an der Artgrenze über Generationen hinweg an ihre örtlichen Bedingungen anpassen. Wird aber die Form einer Art durch den Genfluß gesteuert, so müssen wir erwarten, daß seltene Formen an der Grenze von zahlenmäßig überlegenen, aus dem Bereichszentrum kommenden, Migranten überflutet wird. Die Art wäre dann nicht in der Lage, sich auf die Grenzbedingungen einzustellen. Im Bereichszentrum wäre sie am besten angepaßt und zur Peripherie hin allmählich immer schlechter. An einem Punkt erreicht die Adaption dann den Nullpunkt, was dann die Grenze wäre. Ob Artgrenzen tatsächlich stabil sind, ist unbekannt, da die Evolution im Vergleich zum menschlichen Leben viel zu langsam voranschreitet. Doch selbst wenn sie stabil sind, ist dies kein zwingender Beweis für die Genfluß-Theorie, da man die Stabilität von Artgrenzen auch mit Hilfe der natürlichen Selektion erklären kann. Der Gedanke aber illustriert die Genfluß-Theorie in Aktion, ob er nun richtig ist oder nicht.

Die Adaptiv-Theorie in ihrer Extremform leugnet die Aufrechterhaltung von Arten infolge Fortpflanzung. Sie erklärt das Auftreten diskreter natürlicher Arten mit Hilfe der natürlichen Selektion. Arten sind an die Nischen angepaßt, in denen sie leben. Bilden die Nischen keine zusammenhängenden Zonen, so wird die natürliche Selektion einen Zuwachs nichtzusammenhängender Arten, die sie nutzen, bewirken. Sind die Nischen zusammenhängend verteilt, so wird die natürliche Selektion innerhalb der Arten zusammenhändende Variationen ausbilden, um ihren Nischen zu entsprechen. In der Natur ist die zusammenhängende Variation üblich. Im allgemeinen trifft man sie entlang eines geographischen Gradienten an, sie wird als Kline bezeichnet. Kline haben gewöhnlich einen ziemlich begrenzten Umfang, wobei die Extremfälle zumeist nicht mehr als eine subspezifische Unterscheidungsebene repräsentieren, vermutlich weil Nischen nur über einen geringen Zeitraum hinweg zusammenhängend variieren.

In Wirklichkeit ist wenig bekannt über die Variation der

Nischen in der Natur oder, was das anbetrifft, über die genaue Wirkungsweise der natürlichen Selektion in bezug auf bestimmte Muster der Nischenvariation. Normalerweise erzeugt die natürliche Selektion keine diskreten Arten, wenn die Nischenverteilung zusammenhängend ist, doch kann dies unter speziellen Umständen geschehen. Die Adaptions-Theorie könnte voraussetzen, daß entweder diese speziellen Umstände so selten sind, daß man sie ignorieren kann oder ausgehend von der Tatsache, daß Arten oftmals als diskrete Einheiten existieren, die Behauptung umdrehen und zu der hypothetischen Erklärung gelangen, daß diese Einheiten Anpassungen an eine diskrete Verteilung der Nischen repräsentieren. Wie auch immer, die Theorie bleibt bei ihrer Erklärung der Arten. Ich möchte noch anfügen, daß die Adaptions-Theorie in der sogenannten evolutionären Artkonzeption verkörpert ist, die von G. G. SIMPSON definiert wurde als Stammbaum (eine Vorfahr-Nachkomme-Sequenz von Populationen), der sich unabhähgig von anderen und mit eigener evolutionärer Rolle und eigenen Tendenzen entwickelte.

Jetzt, da wir beide Theorien umrissen haben, ist es unsere Aufgabe herauszufinden, welche richtiger ist. Sie sollen erklären, warum es Arten gibt. Beide bestehen die Prüfung bezüglich der reproduktiven als auch bezüglich der morphologischen Bedeutung der Art. Die beiden Theorien würden sogar auf den ihnen eigenen Wegen, die morphologische und die reproduktive Konzeption einschließend, auf einen einzigen Faktor hinauslaufen. Die Genfluß-Theorie erklärt das morphologische Muster durch Fortpflanzung, womit die morphologische Konzeption überflüssig wird. Das Fortpflanzungsmuster ist die grundlegende Variable.

Der Adaptiv-Theorie zufolge werden beide Konzeptionen anhand eines Faktors der natürlichen Selektion erklärt. Wie wir soeben sahen, erklärt sich das Morphologiemuster infolge Anpassung an Nischenzonen. Und wie ist das mit dem Fortpflanzungsmuster? Da gibt es keine Schwierigkeiten. Reproduktive Artkonzeption bedeutet, daß Individuen sich andere Individuen zur Paarung suchen, die ihnen relativ ähnlich sind. Die natürliche Selektion kann ja das Reproduktionsverhalten ebenso beeinflussen wie jedes andere Merkmal. Zum Beispiel hat man das Reproduktionsverhalten der Fruchtfliege *Drosophila* durch künstliche Selektion verändert. Die natürliche Selektion stellt sicher, daß Individuen ihre Paarungsgefährten so auswählen, daß sie die bestmöglichen Nachkommen zeugen. Fließen infolge Immigration regelmäßig Gene in ein Areal ein, an das sie nicht gut angepaßt sind, so verhindert die natürliche Selektion, daß die Ortsansässigen sich mit den Immigranten paaren. Ortsansässige, die sich mit anderen Ortsansässigen paarten, hinterlassen besser angepaßte Nachkommen als Ortsansässige, die sich wahllos vermehrten. Hierdurch schafft die natürliche Selektion reproduktiv gute Arten. Somit kann die reproduktive Artkonzeption in die Adaptions-Theorie eingebaut werden.

Beide Theorien stimmen darin überein, daß Reproduktionsaspekt und Morphologieaspekt der Arten real existieren und miteinander in Wechselbeziehung stehen. Für die Wechselbeziehung aber bieten sie unterschiedliche kausale Erklärungen an. Der Genfluß-Theorie zufolge liegt die Ursache im Reproduktionsmuster, deren Folge morphologische Anpassungsmuster sind. Der Adaptions-Theorie jedoch zufolge liegt der kausale Zusammenhang genau umgekehrt. Die natürliche Selektion begünstigt ein morphologisches Anpassungsmuster, und das Fortpflanzungsmuster hält man für angeglichen (ebenfalls durch natürliche Selektion), um mit dem begünstigten Morphologiemuster übereinzustimmen. Da in der Natur Reproduktions- und Morphologieaspekt eng miteinander verbunden sind, ist keine allgemeine Überprüfung der beiden Theorien möglich. Leider ist aber die natürliche Wechselbeziehung nicht vollkommen. In einigen wenigen Fällen begünstigen die natürliche Selektion und der Genfluß unterschiedliche morphologische Muster und anhand dieser können wir erkennen, welcher Faktor stärker wirkt. Das Ergebnis könnte darauf hindeuten, welche Variable die Ursache ist bei dieser im allgemeinen unlösbaren Wechselbeziehung von Fortpflanzung und morphologischer Anpassung.

Wir haben dabei zwei Untersuchungen im Sinn. Im einen Fall existiert Genfluß, doch begünstigt die natürliche Selektion die Divergenz, und im anderen existiert kein Genfluß, doch fördert die natürliche Selektion die Uniformität. Die Voraussagen beider Theorien lauten diametral entgegengesetzt. Die Genfluß-Theorie besagt, daß angesichts von Genfluß keine Divergenz auftreten kann, die Adaptions-Theorie aber besagt, daß es so ist. Erstere besagt auch, daß Uniformität an unterschiedlichen Orten einen Genfluß zwischen diesen voraussetzt, und letztere besagt, daß natürliche Selektion dies allein bewerkstelligen kann. Dies ist das Prinzip unserer Untersuchung. Versuchen wir es nun anzuwenden.

Die britische Bergbauindustrie türmte riesige Schlackeberge von unterirdischem Abraum auf. Vielfach enthalten diese Schlackeberge eine hohe Konzentration an Metallen wie Kupfer, Blei und Zinn, die gewöhnlich das Wachstum von Pflanzen verhindern. Sie bleiben kahl und häßlich. Einige merkwürdige Gräser, wie die Art *Agrostis tenius* bringen es aber fertig, darauf zu wachsen. *A. tenius* wächst ebenfalls unter normalen Verhältnissen, und Experimente haben ergeben (im wesentlichen von A. D. Bradshaw und seinen Kollegen), daß es zwei Typen dieses Grases gibt. Die auf den Schlackebergen wachsende Variante ist Metallen im Substrat gegenüber toleranter als die normalen Mitglieder der gleichen Spezies. Wie Kreuzungsexperimente ergaben, ist die höhere Toleranz auf eine genetische Differenz zu normalem Gras zurückzuführen.

Eindeutig ist starke Selektion zugunsten der Divergenz vorhanden. Auf Schlackebergen können nur tolerante Gräser überleben, doch ist auf dem sie umgebenden Boden keine Toleranz gegenüber Metallen erforderlich (sie wird sogar ausselektiert). Der Selektionsdruck wird wirksam infolge rapider Divergenz. Die Divergenzraten sind auf der windzugewandten und auf der windabgewandten Seite der Schlackeberge unterschiedlich, doch jeweils hoch. Auf dem windabgewandten Hang erstreckt sie sich über ca. 150 Meter, auf der windzugewandten aber nur über einen oder zwei Meter — und nach wenigen Schritten ist anstelle der toleranten Variante *Agrostis tenius* nur noch die intolerante zu finden. Das Auftreten der natürlichen Selektion und das Morphologiemuster sind nachgewiesen, doch wie steht es mit unserem dritten Faktor, dem Genfluß? Er ist immens. Pollenstaub fliegt hin und her in diesem engen Raum, auf dem das Gras zwischen metalltolerant und normal variiert. Zumindest im Fall der *A. tenius* auf Schlackebergen hat der Genfluß die durch die natürliche Selektion begünstigte extrem hohe Divergenz nicht verhindert. Der Unterschied in der Divergenzrate an beiden Hängen zeigt aber auch, daß der Einfluß des Genflusses keineswegs irrelevant ist. Ebenso sind Anzeichen dafür zu finden, daß die natürliche Selektion bemüht ist, eine Speziation zwischen der metalltoleranten und der normalen Variante von *A. tenius* auszubilden. Beide Formen blühen durchschnittlich zu verschiedenen Zeiten und befruchten sich bis zu einem gewissen Grade selbst. Diese beiden Faktoren bewirken eine Verminderung von Kreuzungen, verhindern sie aber nicht. Beide Varianten gehören immer noch der gleichen reproduktiven Art an.

Die Adaptions-Theorie läßt sich anhand der *Agrostis* ziemlich gut aufzeigen, doch kann kein Zweifel darüber bestehen, daß der Genfluß stark genug ist, die Divergenz zwar nicht zu verhindern, so doch einzuschränken. Untersuchen wir jetzt den anderen Fall. Divergieren morphologische Muster ohne Kreuzung? Den besten Beweis dafür haben wir bei einer ungeschlechtlichen Fortpflanzung. Wenn die Adaptions-Theorie richtig ist, müßten ungeschlechtliche Organismen ebenso Arten bilden wie geschlechtliche, da die natürliche Selektion bei beiden wirkt. Stimmt jedoch die Genfluß-Theorie, dürften ungeschlechtliche Organismen keine diskreten Arten bilden wie ihre geschlechtlichen Verwandten. Soweit zu den entgegengesetzten Voraussagen. Die Tatsachen sprechen unzweifelhaft für die Adaptions-Theorie. Ungeschlechtliche Organismen bilden ebenso wie geschlechtliche Arten erkennbare morphologische Einheiten.

Untersuchen wir es anhand einer sich geschlechtlich fortpflanzenden Art. Die *Cepaea nemoralis* ist eine kleine Landschnecke mit zahlreichen bunten Streifen auf ihrem Haus. Sie ist in den meisten Regionen Europas zu Hause, ebenso in den Pyrenäen. Dort wurde von Steve JONES und seinen Kollegen eine für unsere Zwecke geeignete Studie angefertigt. Die *Cepaea* besiedelt relativ niedrige Höhenlagen: Über 1500 m ist sie selten anzutreffen und über 2000 m niemals. Sie lebt in durch Berge getrennten Flußtälern, und somit sind die meisten Talpopulationen von den anderen Talpopulationen isoliert. Daß zwischen diesen kein Genfluß existiert, dessen können wir ziemlich sicher sein. Die Schnecken weisen sowohl in den Proteinen als auch im Farbmuster ihrer Gehäuse Variationen auf.

Die entscheidende Frage lautet nun, ob die Populationen in den einzelnen Flußtälern uniform sind oder ob sie untereinander divergieren. Beim Gehäusemuster ist die Antwort einfach. Sie sind uniform. Die Frequenzen der einzelnen Gehäusevarianten sind in allen Populationen so ziemlich gleich. Beim Proteinpolymorphismus ist die Antwort etwas komplexer. Die Frequenzen verschiedener Proteinformen divergierten in einzelnen Arealen, aber zu einem Muster, das die den Genfluß verhindernde Gebirgsbarriere überschreitet. Anhand der mit hoher Frequenz auftretenden Proteine sind drei große Areale zu erkennen, doch innerhalb jedes dieser drei Areale gibt es mehrere durch Berge voneinander getrennten Flußtäler. Die Uniformität innerhalb dieser drei Areale kann nicht allein dem Genfluß zugeschrieben werden.

Sowohl die Gehäusevarianten als auch die Proteine besagen beide das gleiche. Verschiedene Populationen ohne Genfluß untereinander können uniform bleiben. Diese Tatsache steht im Widerspruch zur Antwort der Genfluß-Theorie, warum es Arten gibt. Sie stimmt aber mit der Adaptions-Theorie überein, wobei die Übereinstimmung nur auf einer abstrakten Stufe zu finden ist, und die Theorie nicht wesentlich bekräftigt wird. Um das zu erreichen, müßten wir herausarbeiten, wie sich die natürliche Selektion auf Gehäusevarianten und Proteine auswirkt und dann feststellen, ob die Kraft der natürlichen Selektion in den Flußtälern mit ähnlichen *Cepaea*-Populationen ebenso wirkt. Über die Auswirkung der natürlichen Selektion auf den Protein-Polymorphismus bei *Cepaea* ist praktisch nichts bekannt. Dafür aber ziemlich viel über die natürliche Selektion bezüglich der Gehäusemuster, was jedoch trotz allem ziemlich verwirrend ist. Viele Faktoren — mehrere klimatische und Vogelfraß — erwiesen sich als selektierend bei bestimmten Gehäusemustern. Gehäuse mit hellerer Färbung (so zeigt JONES auf) genießen dort einen Vorteil, wo das Sonnenlicht stärker einfällt. Die örtlichen Variationsmuster der Gehäusefärbung in den Pyrenäen könnte von Intensitätsmustern des Sonnenlichts bewirkt worden sein, denn an unterschiedlichen Orten mit gleichem Sonnenlichteinfall scheinen Schnecken die gleiche Färbung aufzuweisen. Obwohl diese Erklärung richtig sein kann, ist sie im einzelnen noch nicht ausreichend bestätigt worden, als daß man Schlußfolgerungen mit Sicherheit ziehen kann.

Beide Beispiele liefen zugunsten der Adaptions-Theorie aus. Sowohl die *Agrostis* als auch die *Cepaea* in den Pyrenäen waren nur Illustrationsbeispiele, die hier für viele weitere stehen. Ein Enthusiast der Genfluß-Artentheorie könnte vielleicht ein Beispiel nach dem anderen auseinanderpflücken, doch ist kaum anzunehmen, daß die natürliche Selektion sich bei keinem einzigen auswirkt. Aber, auch wenn es so aussieht als sprächen die Tatsachen für die Adaptions-Theorien und nicht für die Genfluß-

Theorie, sollten wir nicht zu dem Schluß kommen, erstere sei richtig und letztere falsch. Das wäre unklug, nicht nur weil die Überprüfungen bisher unvollkommen sind, sondern weil in der Natur auch oft die wiederholte Dichotomie von Genfluß und natürlicher Selektion falsch ist. Untersuchen wir diesen Punkt nun als letztes.

Welche Beziehung besteht zwischen Genfluß und natürlicher Selektion? Sie können in der von uns diskutierten Weise einander entgegengerichtet sein. Oftmals jedoch vielleicht auch nicht. Wenn die natürliche Selektion das Genfluß-Niveau einpegelt, damit es mit dem Muster morphologischer Anpassung übereinstimmt, dann wären sie nicht einander entgegengerichtet. Mehr noch, die natürliche Selektion könnte vielleicht somit das Genfluß-Niveau infolge ihres Einflusses auf die Paarungswahl einrichten. Ich sage vielleicht, weil dies zum gegenwärtigen Zeitpunkt durch keinerlei Tatsachen belegt ist und zumindest ein Sachverständiger, Mayr, bezweifelt es. Doch recht einleuchtende Gründe könnten dafür angeführt werden. Nehmen wir beispielsweise das Gras *A. tenuis*. Bei dieser Art muß jede Kreuzung zwischen metall-toleranten und metall-intoleranten Formen in jeder Generation eine große Anzahl nicht-adaptiver Varianten hervorbringen: metall-intolerante *A. tenius* auf den Abraumhalden und metall-tolerante davor. In Wirklichkeit wissen wir, daß in diesem Fall eine Kreuzung unterhalb des möglichen Maximalwertes liegt, doch nehmen wir einmal an, nur um der Argumentation willen, es sei nicht an dem. Nehmen wir an, daß sich die beiden Formen ungehemmt kreuzten. Wenn es so war, dann würde die natürliche Selektion eine entscheidendere Wahl des Reproduktionspartners begünstigen. Wir brauchten nur die Reproduktionserfolge beider zu vergleichen, das einer ungehemmten hypothetischen *A. tenius* und das einer hypothetischen *A. tenius*, die sich mit ihrer eigenen Variante gekreuzt hat (also metall-tolerant mit metall-tolerant und metall-intolerant mit metall-intolerant, aber nicht metall-tolerant mit metall-intolerant). Die ungehemmte *A. tenius* erzeugt viele Nachkommen, die nicht an ihr Substrat angepaßt sind, wogegen die meisten Nachkommen der wählerischen *A. tenius* gut angepaßt wären. Eine wählerische *A. tenius* hinterließe mehr lebensfähige Nachkommen und wäre von der natürlichen Selektion begünstigt. Das Genfluß-Niveau würde reduziert.

Dann müßte man aber fragen, weshalb die beiden Formen der *Agrostis* sich überhaupt miteinander kreuzen, anscheinend wäre es doch besser, sie täten es nicht. (Derartige Tatsachen sind Bestandteil der Begründung, weshalb solche Experten wie MAYR bezweifeln, daß die natürliche Selektion das Genfluß-Niveau in der von uns diskutierten Weise einpegeln.) Es gibt mehrere Möglichkeiten, diese Frage zu beantworten. Die eine lautet, sie kreuzen sich weiterhin, weil die natürliche Selektion, aus einem bestimmten Grund, unfähig ist, das Kreuzungsniveau zu reduzieren. Warum sie lahmgelegt sein sollte, können wir nicht sagen, wenngleich wir uns auf die in Kapitel 4 erörterten Grenzen berufen könnten. Eine andere Antwort könnte lauten, daß die natürliche Selektion das Niveau des Genflusses langsam reduziert, doch noch nicht genügend Zeit verstrichen ist, um den Nullpunkt zu erreichen. Schließlich sind die Abraumhalden noch etwas recht Neuartiges in der Umwelt der *Agrostis*, und es dauert schon seine Zeit, bis daß die natürliche Selektion eine Population auf eine Umweltveränderung eingestellt hat. Eine dritte mögliche Antwort wäre, daß aus einem bestimmten unbekannten Grunde es das beste für die *Agrostis* ist, ein Zwischenniveau des Genflusses, unter dem Maximalwert und über Null (wie es der Fall ist), einzunehmen. Welche dieser Antworten richtig ist, wissen wir nicht. Der Fakt, daß Kreuzungen bis zu einem gewissen Grade reduziert sind, deutet darauf hin, daß die natürliche Selektion nicht gänzlich ohnmächtig ist. Sie kann sogar die Steuerung sein.

Akzeptieren wir dies, dann kann die natürliche Selektion in Fällen wie *Agrostis tenuis* sogar das Kreuzungsniveau auf das ortsgebundene Anpassungsniveau einjustieren, und dann sind natürliche Selektion und Genfluß keine sich widersprechenden Faktoren. Daß sie einander entgegengerichtet sind, kann dann nur zeitweilig sein und wird im Evolutionszeitraum als Evolutionseffekt wirkungslos, da stets, wenn sie entgegengerichtet sind, die natürliche Selektion ihr Werk aufnehmen und den Kreuzungswert einpegeln wird.

Eine folgerichtige Darstellung zu bieten, war nur möglich anhand schwacher Untersuchungen und dürftig gefestigter Theorien. Eine befriedigende Lösung dieses Problems kann allein durch weitere genaue Beobachtungen erzielt werden. Sowohl das Genfluß-Niveau als auch die Kraft der natürlichen Selektion können gemessen werden, wenn auch oftmals nur sehr schwer. Dadurch könnte dann quantitativ belegt werden, in welchem Maß Art—Uniformität durch Genfluß bzw. durch natürliche Selektion verursacht wird. Die Extrempositionen von Genfluß- und Adaptions-Theorie könnten dann durch quantitative Werte ersetzt werden. So muß es auch in der Natur sein. Sowohl Genfluß als auch natürliche Selektion wirken zweifelsohne zwischen Populationen, beide müssen die Genfrequenzen beeinflussen. Fraglich ist nur, ob eines von beiden wichtiger ist. Gegenwärtig können wir Schlußfolgerungen nur aus ungewissen Argumentationen und ungenauen Beobachtungen ziehen, doch Beweismaterialien und die Wahrscheinlichkeit deuten letztendlich darauf hin, daß Uniformität und Divergenz von Populationen hauptsächlich von der natürlichen Selektion gesteuert werden.

# 8. Wie kann sich eine Art in zwei aufspalten?

Wenn sich die heutigen Pflanzen- und Tierarten alle aus einem einzigen gemeinsamen Vorfahren entwickelt haben, dann müssen sich die Stammarten millionenfach in zwei oder mehr deszendente Arten aufgespalten haben. Diesen Aufspaltungsprozeß nennt man Speziation, woraus sich zwei allgemeine Fragen ergeben: Unter welchen Umständen kommt es zur Speziation, und worin liegt konkret das Wesen dieses Ereignisses? Die Fragen sind nicht völlig voneinander zu trennen, doch müssen sie für unsere Zwecke durch fünf genauere ersetzt werden. Die Fragen nach den Umständen lauten folgendermaßen: Kommt es zu einer Speziation nur, wenn eine Art geographisch gespalten wird? Sind Populationen, die sich auf dem Wege zur Bildung neuer Arten befinden, besonders klein? Das Wesen des Ereignisses betreffend müssen wir fragen, ob bei der Speziation der Umfang genetischer Veränderungen klein oder groß ist, und ob die Veränderung adaptiv oder zufällig geschieht. Unsere letzte Frage wird lauten: Erfordert die Speziation bestimmte Formen genetischer Veränderungen?

Die Speziation ist ein für die Evolution sehr wichtiger Vorgang. Aus ihm resultiert nicht nur die Bildung neuer Arten, sondern auch die aller höheren Gruppen. Nach genügend Speziationsfolgen werden ausreichend unterschiedliche Formen geschaffen für die Klassifizierung in neuen Gruppen wie Gattung, Familie usw. Welche Prozesse es auch waren, die die Speziation verursachten, sie sind sicher ebenso für die Entstehung höherer Gruppen zuständig. Die Untersuchung der Speziation ist ebenfalls eine Möglichkeit, nach der Bedeutung der natürlichen Selektion für die Evolution zu fragen. Daß natürliche Selektion die Ursache für Adaption ist, haben wir festgestellt. Ist sie aber die Ursache aller Evolution? Wenn ja, dann muß sie die Haupttriebkraft der Speziation sein. Wollen wir die Reichweite der natürlichen Selektion bestimmen, so müssen wir den Speziationsmechanismus verstehen.

Die von uns zu erörternden fünf Fragen drängen sich infolge des sogenannten Speziationsmodells des peripheren Isolats auf. Dieses von Ernst Mayr am geschicktesten verteidigte Modell gibt auf vier von den fünf Fragen eindeutig Antwort. Es war von derart großem, derart starkem Einfluß, daß sich so mancher Biologe gar nicht dessen bewußt ist, daß es umstritten ist. Dem peripheren Isolat-Modell zufolge verläuft die Speziation durch sehr schnelle Evolution in geographisch von der Hauptpopulation der Art isolierten kleinen Populationen. Die genetischen Veränderungen bei der Speziation sind (so heißt es) groß, so groß, daß sie auf eine ‚genetische Revolution' hinauslaufen. Sie können auch in hohem Maße eher zufällig auftreten als durch natürliche Selektion gesteuert sein. Was sich hinter diesem Modell verbirgt, werden wir nachfolgend erörtern, vorerst brauchen wir nur zu wissen, daß es dieses gibt, es von großem Einfluß ist und welche Antworten es auf die fünf Fragen parat hält. Dann können wir dieses Kapitel als kritische Überprüfung des peripheren Isolat-Modells der Speziation einordnen.

Doch vorerst müssen wir die Speziation definieren. Offenkundig ist sie die Herausbildung einer neuen Art, was aber wieder das Problem aufwirft, was eine Art ist. Wie aus dem vorangegangenen Kapitel ersichtlich, gibt es zwei Kriterien dafür, das morphologische und das reproduktive. Ebenso ersichtlich war, daß in der Natur diese beiden Eigenschaften vermischt sind. Wollen wir sie deshalb also auch in unserer Definition vermischen. Definieren wir Speziation als Herausbildung eines neuen diskreten morphologischen Formenkreises, wobei sich die als Formen bezeichneten Unterarten nur untereinander fortpflanzen.

Die Definition ist hier nicht allzu wichtig, denn wir wollen kein Urteil fällen, ob einzelne Fälle als Speziation zu bewerten sind. Wir wollen belegte Tatsachen heranziehen und anhand dieser Fakten Ideen beurteilen. Der erste, in der Speziationsdiskussion des 20. Jahrhunderts vorherrschende, Ideenkomplex betrifft die Geographie. Die Frage lautet: Kommt es nur dann zur Speziation, wenn eine Art in geographisch isolierte Populationen gespalten ist? Der Allopatrie (verschiedene Orte)-Theorie zufolge — ja, der Sympatrie (gleicher Ort)-Theorie zufolge — nein. Zuerst möchte ich die beiden Theorien vorstellen und dann fragen, welche (wenn überhaupt eine) richtig ist.

Der Allopatrie-Theorie zufolge verläuft die Speziation folgendermaßen: Anfangs gibt es nur eine Art in einem zusammenhängenden geographischen Areal. Dann werden, aus irgendeinem Grunde, einige Mitglieder geographisch vom Rest der Art isoliert, weil vielleicht ein Fluß das zuvor zusammenhängende Gebiet einer Art von Landbewohnern oder eine Landbrücke eine zuvor zusammenhängende Wasserfläche durchschneidet. Die Entstehung neuer Flüsse und Landbrücken ist jedoch ein seltenes Ereignis, so daß das Wandern von Organismen selbst häufiger die Ursache sein müßte für geographische Separation. Einige wenige Individuen könnten, nachdem sie gemeinsam aus dem weit entfernten geographischen Artbereich abgewandert sind, zufällig isoliert worden sein. Wie auch immer, eine zusammenhängende Population muß aufgespalten sein. Die nächste Stufe allopatrischer Speziation bedeutet, daß beide Populationen unterschiedliche evolutionäre Veränderungen in ihren unterschiedlichen Umgebungen durchmachen. Wenn sie genügend divergieren, können die beiden Populationen als unterschiedliche geographische Rassen und dann als unterschiedliche Arten klassifiziert werden.

Irgendwann könnten sich dann die geographischen Verbreitungsräume der Populationen wieder ändern, die geographisch separierten Populationen somit wieder zusammenkommen und deren Individuen aufeinandertreffen und sich vermischen. Was nun geschieht, hängt sicherlich davon ab, wie weit sich die beiden Populationen einzeln entwickelt haben. Wenn sie immer noch ziemlich gleich sind, können deren Mitglieder sich paaren und die beiden Populationen gehen einfach ineinander über und bilden wieder eine einzige. Wenn sie aber sehr verschieden voneinander geworden sind, dann könnte es sein, daß sie sich nicht miteinander fortpflanzen, und aus beiden Populationen sind dann zwei Arten geworden.

Soweit zur Theorie der allopatrischen Speziation. Der Sympatrie-Theorie zufolge kann so ziemlich der gleiche Divergenzprozeß auftreten ohne geographische Separation der Populationen. Die erste Stufe gilt der natürlichen Selektion, die die Herausbildung zweier Formen innerhalb eines zusammenhängenden Verbreitungsraumes einer Art begünstigt. Reicht die Kraft der natürlichen Selektion aus, so könnten sich trotz Kreuzung (wie es beispielsweise bei der *Agrostis tenuis* auf den Abraumhalden geschah, s. S. 119) zwei Formen herausbilden. Dauert dieser Prozeß lange genug an, so könnten beide Formen ausreichend divergieren, um als verschiedene Arten angesehen zu werden. Wenn die Nachkommen von Kreuzungen zwischen Individuen der gleichen Form besser überlebten als die Nachkommen von Kreuzungen zwischen unterschiedlichen Formen, dann würde die natürliche Selektion eine Fortpflanzungsreduzierung zwischen den beiden Formen begünstigen. Speziation würde dann aus einer Divergenz, gefolgt von Selektion zur Fortpflanzungsreduzierung, resultieren.

Eine dritte Art der Speziation, die zwischen den beiden Extrema liegt, nennt sich parapatrische Speziation. Bei dieser Form kommt es zur Divergenz innerhalb geschlossener, und nicht zwischen separierten oder überlappenden Populationen. Die parapatrische Artbildung wollen wir hier nicht extra erörtern, da die für bzw. gegen sie sprechenden Argumente fast die gleichen

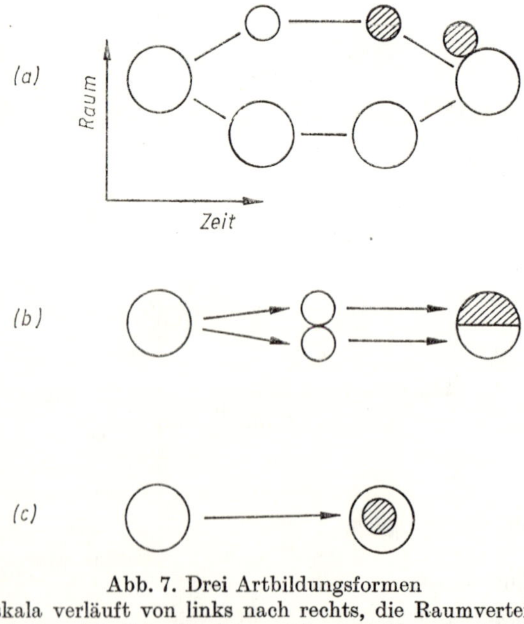


Abb. 7. Drei Artbildungsformen
Die Zeitskala verläuft von links nach rechts, die Raumverteilung von unten nach oben. Die Schraffur kennzeichnet die Formierung einer neuen Art. (a) allopatrisch (b) parapatrisch (c) sympatrisch. Das von einer Art besetzte raumzeitliche Areal bezieht sich auf ‚Gebiet/Bereich' einer Art im Text.

sind, wie im Fall der sympatrischen Artbildung und indem wir diese behandeln, behandeln wir auch zumeist die Hauptargumente der parapatrischen Artbildung. Die drei Speziationsvorstellungen illustriert die Abbildung 7.

Die Evolutionsbiologen spalten sich in zwei große Lager bezüglich dieser Modelle. Einige behaupten, daß sich fast alle Arten allopatrisch herausbilden und andere wieder, daß die Speziation zumindest manchmal sympatrisch oder parapatrisch abläuft. Obwohl auch andere Positionen theoretisch möglich sind, nimmt diese praktisch niemand ein. Niemand bezweifelt, daß sich in zumindest einigen Fällen Arten allopatrisch herausbildeten. Die zur Debatte stehende Frage lautet also, ob sich alle oder nur wenige Arten allopatrisch und dementsprechend ob keine oder einige Arten sich sympatrisch bildeten.

Die allopatrische Speziation ist sowohl theoretisch fest gefügt als auch von Tatsachen untermauert. Den deutlichsten Beweis dafür trafen wir schon in Kapitel 1 an, die Ringarten. Bei Ringarten existieren zwei eng miteinander verwandte Arten nebeneinander an einem Punkt im Raum, wo sie als vollkommene, ordentliche Arten auftreten, doch sind diese beiden Arten über einen zusammenhängenden Bereich sich fortpflanzender Zwischenformen, die ringförmig um die Erde verbreitet sind, miteinander verbunden. Ringarten sind keine typischen Beispiele allopatrischer Artbildung, da die artbildenden Populationen in Wirklichkeit geographisch nicht separiert sind. Aber was sie beweisen, ist, daß geographische Variation hinlänglich ausgedehnt sein kann, um Artbildung zu bewirken.

Niemand bezweifelt zwar, daß sich Arten manchmal allopatrisch herausbilden, doch viele Evolutionsbiologen hatten Bedenken hinsichtlich sympatrischer Speziation. Eine zeitlang war es geradezu orthodox, sie anzuzweifeln. Bekanntester Kritiker der Sympatrie-Theorie ist Mayr, dessen Zweifel in der Genfluß-Theorie, die erklärt, warum es Arten gibt (wir erörterten sie im vorangegangenen Kapitel), wurzeln. Seine Kritik ist umstritten, nicht von Fakten belegt. Er meint, die natürliche Selektion sei eine so schwache Kraft verglichen mit dem Genfluß, daß zwei Formen sich nicht sympatrisch entwickeln könnten. Ständige Kreuzungen unter ihnen würden eine Divergenz verhindern. Divergenz würde nur dann möglich sein, wenn diese beiden Formen in reproduktive Isolation geraten. Das aber ist unter Sympatriebedingungen nicht möglich. Der ‚Isolationsmechanismus‘ (der Mechanismus zur Verhinderung von Kreuzung) müßte sich innerhalb einer unglaublich kurzen Zeitspanne ausbilden und von der natürlichen Selektion durchgesetzt werden, obgleich beide Formen in der Population auftreten. Wenn es überhaupt je zwei Formen gibt, dann nur für die kurze Zeit bevor deren Kreuzung sie wieder zu einer einzigen Variante zusammenschmilzt. Laut MAYR ist die Sympatrie-Theorie zwangsläufig paradox. Das stabile Nebeneinanderbestehen zweier Formen ist ohne reproduktive Isolation nicht möglich, doch kann eine reproduktive Isolation nicht eher entstehen als daß zwei Formen stabil nebeneinander bestehen. Dies ist natürlich ein rein theoretisches Argument und könnte nicht zutreffen. Vielleicht ist die natürliche Selektion stark genug, Divergenz und stabile Koexistenz zweier Formen ohne reproduktive Isolation zu bewirken. Die Isolationsmechanismen könnten sich dann Zeit lassen und später entstehen. Solange Argument und Beweis nicht überzeugend sind, ist es keineswegs unvernünftig, die Meinung zu vertreten, daß Isolationsmechanismen sich unter Sympatriebedingungen infolge natürlicher Selektion herausbilden können. Die sympatrische Artbildung kann theoretisch nicht ausgeschlossen werden.

Untersuchen wir ein Beispiel; das zweier Arten jener attraktiven Insekten, die man (im Englischen) lacewing (Netzflügler der Familie Chrysopidae) nennt. Diese betreffenden zwei kommen in Nordamerika vor, heißen *Chrysopa carnea* und *C. downesi* und wurden von C. J. TAUBER und M. J. TAUBER erforscht. In der Natur verhalten sie sich wie zwei Arten. Sie unterscheiden sich äußerlich, *carnea* ist hellgrün im Frühjahr und im Sommer, nimmt aber im Herbst eine braune Farbe an, und *downesi* ist das ganze Jahr über dunkelgrün. Sie leben in verschiedenen Gegenden – *carnea* besiedelt Gras-, Weideland und Laubbäume, *downesi* lebt nur auf Nadelbäumen (womit beide Arten ihrem Hintergrund entsprechend getarnt sind), und sie pflanzen sich zu verschiedenen Zeiten fort, *Carnea* im Winter und nochmals im Sommer, *downesi* nur im Frühjahr. Hybride zwischen beiden Arten wurden in der Natur nicht angetroffen.

Wenn jedoch beide Arten im Laboratorium zusammengebracht und in Bezug auf die Jahreszeit getäuscht werden, dann paaren sie sich und produzieren fertile Nachkommen. TAUBER und TAUBER nutzten diesen Ausnahmezustand der Natur aus und untersuchten die genetischen Unterschiede zwischen den beiden Arten. Sie ermittelten, daß sie sich in nur drei Genpaaren unterschieden.

Eines von den dreien steuert die Färbung. Es besitzt zwei Allele, die wir mit $G_1$ und $G_2$ bezeichnen können: $G_1G_1$ bewirkt dunkelgrün und weist den Genotyp *downesi* auf, $G_2G_2$ hellgrün von *carnea* und $G_1G_2$ eine in der Natur nicht auftretende Zwischenfärbung (keines der Allele ist dominant). Die beiden anderen Gene steuern die Brutzeit der lacewings, was in Form einer Reaktion auf die Lichteinwirkungszeit geschieht. Wie bei vielen anderen Arten auch ist die Brutzeit der lacewings ebenfalls von der Länge des Tages bestimmt (was als Lichteinwirkungszeit bezeichnet wird). Hier haben wir wieder zwei Allele eines jeden Gens, doch ist diesmal jeweils eines der Allele dominant. Eine lacewing mit zwei rezessiven Allelen eines jeden Gens verhält sich wie *downesi* und ist im Frühjahr paarungsbereit, und eine lacewing mit zumindest einem dominanten Allel paart sich gleichzeitig mit *carnea*.

Der geographische Bereich von carnea umschließt völlig den der *downesi* und (so sagen TAUBER) nichts beweist, daß sie voneinander isoliert worden sind. Statt dessen behaupten sie, die lacewings hätten sich sympatrisch aufgespalten. Sie sind der Meinung, daß zuerst der Farbmorphismus entstand, wobei die dunkelgrünen Individuen auf Nadelbäumen und die hellgrünen auf Laubbäumen und Gräsern heimisch wurden. Dies hieße Divergenz bei Sympatrie angesichts des Genflusses. Da wir bereits andere Beispiele erwähnten, wissen wir, daß dies geschehen kann. Ebenso wissen wir, daß es zu einer kontinuierlichen Schaffung minderwertiger Heterozygoten einer Zwischenfarbe, die weder an Nadel- noch an Laubbäume angepaßt war, kommen mußte. Eine Einschränkung der Kreuzungsmöglichkeiten mußte vorteilhaft sein. Jede Veränderung, die dazu führte (und keinerlei andere Schäden verursachte) würde von der natürlichen Selektion begünstigt werden. Die erste entstandene derartige Veränderung war (so behaupten TAUBER) die Mutation zur Verschiebung der photoperiodischen Reaktion, was die verschiedenen Brutzeiten der lacewings verursachte. Diese Methode zur Verminderung der Kreuzung ist effektiv, womit zwei Veränderungen in drei Genen ausreichten, eine sympatrische Artenbildung bei der *Chrysopa* zu bewirken.

Anhänger der allopatrischen Speziationstheorie könnten sagen, daß die Isolation der beiden *Chrysopa* infolge unterschiedlicher Brutzeiten ‚real' einer allopatrischen Isolation entspreche und daß dies somit eine ‚reale' Form allopatrischer Speziation sei. In gewissem Sinne ähnelt die Brutzeit-Isolation einer geographischen Isolation, doch liegt der bedeutende Unterschied darin, daß es eine sympatrische Isolation ist. Wann immer es zur Artbildung kommt, muß stets eine Isolation der beiden sich herausbildenden Formen vorliegen — das ist laut Definition erforderlich. Wenn man von allen Isolationsformen behauptet, sie seien ‚real' allopatrisch, ob sie es nun wirklich auch sind oder nicht, dann ist der Fall zugunsten der allopatrischen Speziation entschieden, einfach per Definition. Am vernünftigsten ist es, Allopatrie und Sympatrie wie in Abbildung 7 geographisch zu definieren. Wenn eine Art sich innerhalb eines zusammenhängenden Gebietes aufspaltet, dann ist es eine sympatrische Speziation. Und die Speziation der *Chrysopa* (wenn das Taubersche Modell stimmt) war dann wirklich sympatrisch.

Recht glaubwürdige Beispiele gibt es sowohl für die sympatrische als auch die allopatrische Speziation. Jeweils ein Beispiel haben wir behandelt. Doch, wie so oft in der Evolutionsbiologie, liegt das Problem nicht darin, ob ein Prozeß abläuft oder nicht, sondern wie häufig in der Natur. Welche Artenbildung tritt häufiger auf — die allopatrische, die parapatrische oder die sympatrische? Bisher wurden noch nicht genügend Fälle untersucht, als daß man anhand sachlicher Aufzählungen beweisen könnte, welche öfter auftritt als die andere. Die Untersuchungen sind jeweils zu zeitaufwendig. Da uns direkte Beweise fehlen, müssen wir wieder auf weniger direkte Argumentationen bezüglich der den Prozessen innewohnenden Plausibilität oder auf indirekte Beweise zurückgreifen. Beides liegt zugunsten der Theorie allopatrischer Speziation vor.

Ein Argument aus der inneren Plausibilität heraus haben wir schon kennengelernt, das gegen die Theorie der sympatrischen Speziation gerichtet ist. Die natürliche Selektion in Richtung Divergenz (so lautet es) ist zu schwach, um gegen eine Standardisierung infolge Genflusses anzukommen. Der Genfluß kann sicher die Divergenz vermindern, ob er jedoch stark genug ist, sie angesichts natürlicher Selektion zu verhindern, ist etwas anderes. Das Material des vorherigen Kapitels und auch das Beispiel der

*Chrysopa* zeigen ausreichend auf, daß Divergenz trotz Kreuzung zumindest möglich ist. Somit ist das Argument kein Anhaltspunkt. Wie aber sieht es mit dem indirekten Beweis aus? Die Tatsache der geographischen Variation ist oft zugunsten der Theorie allopatrischer Speziation zitiert worden. Lang und breit ist bewiesen worden — die Beweisführung werden wir hier nicht nachvollziehen —, daß alle Fakten geographischer Variation und Verbreitung mit der allopatrischen Speziationstheorie erklärt werden können. Man braucht nur die Divergenz unter Isolation anzuführen und Folgeveränderungen im geographischen Bereich, und jede Tatsache kann erklärt werden. Diese Probe ist jedoch kein Beweis für die Theorie allopatrischer Speziation. Ebenso wie die Allopatrietheorie können auch die beiden anderen Theorien die Fakten begründen. Sympatrische oder parasympatrische Speziation, gefolgt von geographischen Gebietsveränderungen, könnten ebenso alle Fakten geographischer Variation und Verteilung erklären. Sie sind untauglich für die Wahl zwischen den Theorien. Es ist nicht möglich zu schlußfolgern, welcher der Speziationsprozesse häufiger auftritt. Das Problem bleibt ungelöst.

Verlassen wir jetzt die Geographie und wenden uns der Größe der artbildenden Populationen zu. Sind diese groß oder klein, umfassen sie viele oder wenige Individuen. Obgleich wir kein exaktes Kriterium benötigen, was als kleine Population und was als große Population gilt, so könnte man sie aber folgendermaßen grob unterscheiden. Die Populationsgrößen der Arten variieren enorm, doch vielfach liegen sie in der Größenordnung zwischen Tausenden bis Zehntausenden. Beträgt die Populationsgröße einer Art 10000 und spaltet sich diese dann in zwei auf, dann wäre die artbildende Population ‚groß‘, wenn sie ca. 5000 (sagen wir, mehr als 1000) und ‚klein‘, wenn sie weniger als, sagen wir, 50 umfaßt. Dies sind völlig formlose Näherungswerte.

Über welche Fakten verfügen wir? Das ist egal, denn wahrscheinlich sind sie nicht überzeugend, da die Artenbildung selbst nicht einfach beobachtet werden kann — zumeist verlief sie in der Vergangenheit. Beweise müßten von der fossilen Dokumentation kommen oder vielleicht gibt es auch andere Formen indirekter Beweise. Nehmen wir uns jeweils einen vor. Bei detaillierten Fragen bezüglich solcher geologisch schneller Prozesse wie der Speziation wird uns die fossile Dokumentation nicht viel nützen, und sie ist auch im allgemeinen nicht vollständig genug. Aber eine ausnahmsweise detaillierte Studie können wir in Betracht ziehen. Dabei handelt es sich um Schnecken, die von vor fünf Millionen bis vor einer Million Jahren im Rudolfsee (Ostkenia) (lt. Lexikon See im Ostafrikanischen Graben in NW-Kenia, d. Ü.) lebten und von P. G. WILLIAMSON erforscht wurden. Bei den von WILLIAMSON untersuchten Proben scheint Speziation mehrfach stattgefunden zu haben. (Dies ist umstritten. Große Veränderungen bei den Schnecken könnten allein durch Aufwachsen unter verschiedenen Umweltbedingungen induziert worden sein. Die von WILLIAMSON beobachteten und der Speziation zugeschriebenen Veränderungen verlaufen gegenwärtig ähnlich und stellen Stufen dar, die durch Umweltveränderungen induziert wurden. Doch folgen wir hier WILLIAMSON mit der angemessenen Vorsicht.)

Das von WILLIAMSON untersuchte fossile Material war ausreichend vollständig, um die Populationsgröße der artbildenden Populationen grob schätzen zu können. Sie waren sehr groß, umfaßten (wie er schrieb) ‚viele Millionen Individuen'. Diese eine umstrittene Fossilienuntersuchung läßt nicht darauf schließen, daß artbildende Populationen klein sind, doch ist dies kaum überzeugend.

Der zweite Beweis ist viel weniger direkt. Hierbei wird zur indirekten Populationsgrößenschätzung das geographische Gebiet der Art genutzt. Beide entsprechen einander sicherlich annähernd. Indirekt werden hierbei artbildende Populationen ausgewählt, indem die Gebiete von Artenpaaren, die kürzlich aus einem gemeinsamen Vorfahren hervorgegangen sind, miteinander verglichen. Eine von beiden ist sicherlich vor kurzem aus der anderen hervorgegangen. Von Vorteil ist, daß diese Tatsache für viele Arten bekannt ist. Die Populationsgrößen selbst werden kaum gemessen, jedoch oft das geographische Gebiet. Die Speziation selbst kann kaum beobachtet werden, doch wissen wir bei einigen Gruppen, welche Artenpaare am engsten miteinander verwandt sind. Somit kann für eine große Auswahl eine Schlußfolgerung gezogen werden. Sydney ANDERSON und Mary EVENSEN zum Beispiel untersuchten die Beziehungen und geographischen Gebiete aller Wirbeltierarten in Nordamerika. Wenn artbildende Populationen klein sind, so folgerten sie, müßte eine der beiden eng miteinander verwandten Arten ein viel kleineres Areal einnehmen als die andere. Ein dürftiges Argument, doch ist die

Schlußfolgerung vielleicht interessant. Tatsächlich war das Gebiet beider Arten eines jeweiligen Paares im allgemeinen ziemlich gleich groß. ,Bei mehr als der Hälfte der jüngsten divergenten Paare umfaßt das Gebiet der kleineren Art mehr als 30% der umfangreicheren Art'. Und mehr als 30%, das ist keineswegs ausgesprochen klein. Dieser indirekte Beweis läßt darauf schließen, daß artbildende Populationen von gleicher Größe wie nicht-artbildende Populationen behandelt werden können.

Der größenbezogene Beweis artbildende Populationen betreffend ist indirekt und nicht überzeugend, doch ist es lohnenswert ihn zu erwähnen, einfach um zu zeigen, daß kühne Schlußfolgerungen absolut unangebracht sind. Das Problem ist schwer zu lösen, doch denke ich, daß die vorliegenden Beweise darauf hindeuten, daß artbildende Populationen nicht besonders klein sind.

Da wir nun erkannt haben, von welcher Qualität unsere Beweise sind, könnten wir uns fragen, wieso man überhaupt darauf kam, artbildende Populationen seien klein. Auf Fakten kann dieses Argument kaum beruhen, denn es gibt so gut wie keine und die es gibt, sind zu schwach als daß Schlüsse daraus gezogen werden könnten. Grund dafür war, daß diese Schlußfolgerung nicht auf Beobachtung beruht, sondern auf den Verstand. Die geringe Größe artbildender Populationen hielt man für notwendig, um andere Eigenschaften der Speziation zu begründen. Grundgedanke war folgender: Arten (so wurde angenommen) unterscheiden sich in vielen Genen. (Die Argumente, weshalb das so sei, sind verworren, ohne Beweiskraft und man ignoriert sie hier am besten. Lassen wir sie aber um der Argumentation willen gelten.) Die großen genetischen Unterschiede wiederum, so dachte man, entstehen im Verlauf der Speziation, was eine ,genetische Revolution' zur Folge hat. Von der natürlichen Selektion meinte man, sie bringe von Zeit zu Zeit ein Gen hervor und sei als Kraft zu langsam und zu schwach, als daß sie eine genetische Revolution bewirke. Weitere extreme Umstände müßten erforderlich sein. Die vorausgesetzte revolutionäre Situation betraf eine kleine isolierte Population. Hier (so dachte man) würde die Evolution schneller als bei großen Populationen vor sich gehen. Mehr noch, man hielt zufällig Veränderungen für geeignet, das zu verursachen, was die natürliche Selektion nicht könne — eine genetische Revolution — und daß zufällige Prozesse in kleinen

Populationen stärker wirken als in großen. Kurz gesagt, der geringe Umfang artbildender Populationen wurde als gegeben vorausgesetzt, damit zwei der für das periphere Isolatmodell notwendigen Effekte erzielt werden: schnelle und zufällige Entwicklung.

Als nächstes schreiten wir zur Untersuchung der Theorie der genetischen Revolution an sich. Das Problem der Evolutionsrate in kleinen Populationen behalten wir uns für das nächste Kapitel vor. Jetzt wollen wir uns darauf konzentrieren, ob Logik und Beweismittel folgendes demonstrieren (in dieser Reihenfolge): große genetische Unterschiede zwischen den Arten, große genetische Veränderungen bei der Artbildung (im Gegensatz zu jedem anderen Zeitpunkt) und zufällige Entwicklung innerhalb kleiner Populationen. Dabei behalten wir die Frage nach der Größe artbildender Populationen im Auge. Indirekter und fossiler Beweis sind (wie wir gerade sahen) nicht zwingend. Trotzdem müßten wir wieder zu dem Schluß kommen, daß artbildende Populationen klein sind, sobald alle faktischen und theoretischen Voraussetzungen der soeben umrissenen Theorie sich als richtig erweisen. Wollen wir sehen, ob es an dem ist.

Noch bevor wir sagen können, ob genetische Veränderungen bei der Artbildung in großem oder kleinem Umfang auftreten, benötigen wir ein formloses, annäherndes Kriterium für umfangreiche bzw. geringe Veränderungen. Im Genom eines Tieres sind zwischen 50000 und 100000 genetische Orte (Loci) enthalten. Wenn sich von diesen nur ungefähr (sagen wir) 50 bei der Speziation verändern, so zählt dies kaum als Revolution, sondern eher als geringfügige Veränderung. Ändern sich aber Hunderte oder vielleicht gar Tausende von Genen, dann wäre dies schon eher eine umfangreiche Veränderung.

Stellen wir erst einmal etwas Grundsätzliches fest: Neue Arten **müssen** nicht als Folge einer genetischen Revolution entstehen. Sind Arten als reproduktiv definiert, so kann durch eine winzige genetische Veränderung eine neue Art entstehen, und zwar durch eine einzige, die Kreuzung zwischen Mutant und Ahnentyp verhindernde Mutation (die zumindest in zwei Individuen aufgetreten sein muß). Theoretisch könnte dies durch eine einzelne Genveränderung bewirkt werden, doch muß sie, um sich in der Natur durchsetzen zu können, von der natürlichen Selektion begünstigt sein. Somit müssen sich Mutant und Ahnentypen in einer weiteren Hinsicht unterscheiden, derzufolge die natürliche Selektion eine Kreuzungsbeschränkung begünstigt. Beide Typen müssen sich zumindest in zwei Genen unterscheiden: eines, das die Fortpflanzung steuert, und eines, das den Unterschied steuert, weshalb eine Kreuzungsbeschränkung vorteilhaft ist. Prinzipiell gesehen kann sich dann eine neue Art auf Grund genetischer Veränderungen in nur zwei Genen herausbilden.

Mehr aber als nur ein prinzipieller Gesichtspunkt, kann anhand eines Beweises illustriert werden. Die genetische Speziation hatten wir in einem Fall untersucht, dem der lacewings *Chrysopa*. *Chrysopa carnea* und *C. downesi* weisen nur drei unterschiedliche Gene auf, und Veränderungen an nur zweien davon bewirkten die Erschaffung einer völlig neuen Art. Eine genetische Revolution gab es nicht. Im Fall der *Chrysopa* finden wir die eine neue Art schaffende genetische Veränderung in nur einem (oder zwei) Genen, die die photoperiodische Reaktion steuern. Jedoch viele andere kleine Veränderungen könnten zum gleichen Ergebnis führen. Eine Änderung im Balzverhalten, des bevorzugten Paarungspartners, dem Brutort usw., all diese Veränderungen könnten zu einer Reduzierung der Kreuzung innerhalb einer früheren Art führen.

Obwohl das Beispiel der *Chrysopa* zwar demonstriert, daß für die Herausbildung einer neuen Art Veränderungen innerhalb vieler Gene nicht notwendig sind, kann es uns aber nicht die im Normalfall notwendige Anzahl genetischer Veränderungen liefern. *Chrysopa* ist nur ein Fall und könnte eine Ausnahme sein. Einzelbeispiele können zur Veranschaulichung von Regeln dienen, aber sie nicht beweisen. Nachdem wir nun das prinzipielle Problem gelöst haben, müssen wir, wenn wir das faktisch allgemeine Problem in Angriff nehmen wollen, uns einer weiteren Beweisgruppe, die umfangreicher ist, zuwenden.

Ein absolut schlüssiger Beweis muß die während der Speziation stattfindenden genetischen Veränderungen betreffen. Leider sind solche Beweise sehr schwer zu ermitteln. Eine reichlich sprudelnde Quelle diesbezüglicher Beweise ist vorhanden, doch für eine endgültige Lösung sind sie zu indirekt. Es handelt sich hierbei um den Beweis mit Hilfe der Stärkegelelektrophorese von Proteinen. Diese Methode wurde (wie wir gesehen haben) bei der Ermittlung der Genhäufigkeit bei großen Genmengen angewandt. Wenn wir mit den Genhäufigkeiten arbeiten wollen, benötigen wir eine komplexere Maßeinheit für den genetischen Unterschied als bei der Anzahl der Gene, welche in den Arten unterschiedlich sind. Es gibt stärkere und schwächere Unterschiede. Vergleichen wir zwei Allele eines Gens in zwei Arten, so ist es wichtig zwischen folgenden Fällen zu unterscheiden. Einmal, wenn die Allele A und a bei der einen Art in einem Verhältnis von 0,9 zu 0,1 und in der anderen von 0,1 zu 0,9 auftreten und zum anderen, wenn das Verhältnis in der einen Art 0,49 zu 0,51 und in der anderen 0,51 zu 0,49 beträgt. In beiden Fällen unterscheiden sich die Arten, doch ist der Unterschied im ersteren viel größer. Für jedes Allel kann dieser Unterschied als ‚Distanz' gemessen werden (für A beträgt die Distanz im ersten Fall 0,9 − 0,1 = 0,8 und im zweiten 0,51 − 0,49 = 0,02), die für alle untersuchten Gene anteilsmäßig ermittelt werden kann, um eine Messung der genetischen Distanz zu liefern.

Die Stärkegelelektrophorese liefert in großem Umfang ziemlich repräsentatives Beweismaterial und eine annehmbare Beurteilung der durchschnittlichen genetischen Differenz zwischen zwei Arten. Da es jedoch (zumindest theoretisch) sowohl vor und nach als auch während der Artbildung zu einer Akkumulation von genetischen Veränderungen kommen kann, offenbart der Stärkegelelektrophorese-Vergleich nicht, wieviel dieses Unterschieds im Zuge der Artbildung entstand. Doch bestimmt er eine Obergrenze für den Umfang genetischer Veränderungen während der Speziation. Keinesfalls kann die genetische Veränderung im Zuge der Speziation den Gesamtunterschied zwischen beiden Arten überschreiten (doch kann sie natürlich viel geringer sein). Die Beweisführung mit Hilfe der Stärkegelelektrophorese dient der Überprüfung der Theorie genetischer Revolution, doch ist es eine einseitige Überprüfung. Die Theorie kann wiederlegt, aber nicht bewiesen werden. Bestehen zwischen den Arten durchgängig große Unterschiede, so spricht der Beweis weder für noch gegen die Theorie, ist er jedoch desöfteren gering, dann müßte die Theorie der genetischen Revolution durchgefallen sein.

In Tabelle 1 habe ich eine Auswahl von Beweisen zusammengestellt und vereinfacht. (Ausgedrückt wird die genetische Identität, nicht die genetische Distanz. Identität ist einfach die Umkehrung der Distanz: je größer die Identität ist, desto ähnlicher sind die Genfrequenzen.) Die richtige Schlußfolgerung ist, daß der Beweis auf nichts bestimmtes schließen läßt. Zwischen

Tabelle 1

Genetische Übereinstimmungen zwischen Arten in mehreren Gruppen

| Gruppe | | Übereinstimmung innerhalb lokaler Populationen | Art |
|---|---|---|---|
| *Drosophila* (Fruchtfliege) | | 0,97 | 0,35; 0,56* |
| *Lepomis* (Fisch) | | 0,97 | 0,54 |
| Anolis Bimini-Gruppe | (Eidechsen) | 0,97 | 0,21 |
| Anolis Roquet-Gruppe | (Eidechsen) | 0,99 | 0,67 |
| Thomomys | (Säugetiere) | 0,93 | 0,85 |
| Sigmodon | (Säugetiere) | 0,98 | 0,76 |
| Lupinus | (Lupine) | 0,96 | 0,35 |
| Stephanomevia | (Korbblütler) | 0,98 | 0,95 |

Die Übereinstimmungen sind Durchschnittswerte für viele Gene (deren Anzahl je nach Gruppe variiert). Die Übereinstimmung kann sich von 0 bis 1 erstrecken. Beträgt sie den Wert 1, so sind die beiden Populationen genetisch identisch. Aus verschiedenen Quellen ausgewählt und vereinfacht.

* (für *Drosophila*) bezogen auf die Übereinstimmungen für Subspezies und Semispezies innerhalb der *D. willistoni*-Gruppe.

einigen Arten sind die genetischen Unterschiede groß, zwischen anderen klein. Nur dann, wenn die Unterschiede zwischen den Arten ungefähr denen zwischen zwei Populationen einer Art gleichen, kann man sie als klein bezeichnen. Wie die Tabelle zeigt, treten alle Distanzgrade von da an aufwärts auf. In einigen Fällen könnte eine eventuelle genetische Revolution stattgefunden haben, in anderen wiederum nicht.

Prinzipiell sind genetische Revolutionen nicht notwendig, und tatsächlich kann deren Häufigkeit mit vorhandenem Beweismaterial nicht belegt werden. Somit wird die erste Prämisse des peripheren Isolatmodells der Speziation nicht erhärtet. Und wenn die Prämisse zweifelhaft ist, so schwankt das gesamte Gebäude einschließlich der vorausgesetzten Kleinheit artbildender Populationen. Wir können aber immer noch das verbliebene Postulat des Modells, daß zufällige Prozesse innerhalb hypothetisch kleiner artbildender Populationen wirksam werden, untersuchen. Hierbei wird die natürliche Selektion für die Speziation als relativ unwichtig erachtet. Man meint, daß die Herausbildung neuer Arten durch einen anderen Prozeß gesteuert wird als die Entwicklung innerhalb der Arten.

Werden nun innerhalb kleiner Populationen zufällige Prozesse im Gegensatz zur natürlichen Selektion wirksam? Diese Frage ist ebenso theoretisch wie auch ungewöhnlich und bevor sie beantwortet werden kann, muß sie in eine mathematische Form gebracht werden. Entnimmt man also einer Gesamtpopulation N eine Auswahl von n Individuen und tritt ein Gen auf, das in einer größeren Population zwei Allele mit den Frequenzen p und (1 — p) aufweist, mit welcher Wahrscheinlichkeit wird die Auswahl jegliche gegebene Genfrequenz aufweisen? Offensichtlich betragen die Genfrequenzen der Auswahl am wahrscheinlichsten bei einem Allel p und beim anderen (1 — p), doch besteht auch die Möglichkeit, daß die Beispiele andere Häufigkeitswerte aufweisen.

Das mathematische Verfahren ist genau, doch brauchen wir es hier nicht näher zu behandeln. Wir haben nur die eine allgemeine Schlußfolgerung zu ziehen: Die Auswahl muß wirklich sehr klein sein, damit die Chance besteht, daß ein Allel verloren geht. Allele müssen absolut verloren gehen, damit eine Zufallsauswahl evolutionär wirksam werden kann. Wird deren Häufigkeit aber nur verschoben, so kann die natürliche Selektion sie bald wieder auf ihre früheren Werte bringen. Ist ein Allel aber tatsächlich verloren, so kann es durch die natürliche Selektion (bis es infolge Mutation wieder auftaucht) nicht gefördert werden. Enthält die Auswahl nur ein Individuum und ist dieses eine Homozygote, so gehen alle Allele der ursprünglichen Population bis auf dieses eine verloren. Dies ist jedoch ein Extremfall. Es ist unwahrscheinlich, daß so winzige, aus ein oder zwei Individuen bestehende Populationen von großer evolutionärer Bedeutung wären, denn es ist nicht wahrscheinlich, daß sie überleben. Werden diese ein oder zwei Mitglieder getötet, so ist die Population ausgestorben. Größere Populationen sind durch den Tod einzelner Individuen weniger vom Aussterben bedroht. Besteht die Auswahl aber aus mehr als nur einer sehr geringen Anzahl von Individuen, so enthält sie sicherlich auch all die Allele der ursprünglichen Population (selbst ungewöhnlich variable Gene haben in einer Population nur dreißig bis vierzig Allele). Wir können somit zusammenfassen, daß theoretisch die zufällige Auswahl von Genen bei der

Artbildung sicherlich nicht von Bedeutung ist. Die natürliche Selektion steuert weiterhin.

Jetzt ist unsere Überprüfung des peripheren Isolatmodells der Artbildung abgeschlossen, und wir können eine allgemeine Einschätzung vornehmen. Die Einbeziehung der Artbildungsgeographie ist von einer angemessenen, wenn nicht gar ausschließlichen Allgemeingültigkeit. Doch die Einbeziehung der Artbildungspopulationsgenetik ist weniger glaubwürdig. Sie ist weder durch die Logik noch durch Beweise gestützt. Es liegen keinerlei Beweise vor, daß artbildende Populationen klein sind, die zufällige Auswahl ist selbst innerhalb von winzigen Populationen im Gegensatz zur natürlichen Selektion eine zu schwache Kraft, und umfangreiche genetische Veränderungen sind theoretisch nicht notwendig und zumindest in einigen Fällen tatsächlich nicht zu beobachten. Formulieren wir es positiv, dann können wir sagen, daß die natürliche Selektion bei der Artbildung die treibende Kraft ist und eine knappe Verallgemeinerung bezüglich des Umfangs genetischer Veränderungen und der Größe artbildender Populationen unangemessen sein dürfte, da diese wahrscheinlich von Fall zu Fall sehr stark variieren.

Mit einer letzten Frage zur Speziationsgenetik wollen wir abschließen. Bisher fragten wir nach dem Ausmaß der genetischen Veränderungen im Zuge der Speziation, jetzt nach deren Wesen. Gibt es eine besondere **Form** genetischer Veränderung, die für die Speziation charakteristisch ist? Eine Antwort muß als definitiv richtig angesehen werden. Gene zur Steuerung der Fortpflanzung müssen sich bei der Speziation verändern. Doch was ist mit den anderen Genen? Sind noch weitere als die genannten Gene in die Speziation einbezogen? Wenn ja, dann sicherlich solche Gene, für die eine Kreuzung der alternativen Formen nicht vorteilhaft wäre. Änderungen in derartigen Genen (wenn es sie gibt) würden die Artbildung beschleunigen. Diese müßten für die Artbildung von besonderer Bedeutung sein und als Speziationsgene bezeichnet werden. Zeitweise vertraten verschiedentlich Evolutionsbiologen die Ansicht, daß Speziationsgene existieren. Die radikalste Version dieses Gedanken lautet, daß Evolution innerhalb einer Art nur ein Genpaar betrifft und Evolution im Zuge der Speziation ein ganz anderes Paar. Im großen und ganzen bezweifelt die Evolutionsbiologie des 20. Jahrhunderts, daß es derartige separarten Speziationsgenpaare gibt, doch wurde die Irrlehre von vielen verfochten. Der Hauptgrund, weshalb es keine besonderen Speziationsgene gibt, findet sich im Auftreten von gleichartigen Variationen innerhalb einer Art wie auch zwischen den Arten. Ein echtes Speziationsgen dürfte nur von Art zu Art unterschiedlich sein, innerhalb einer jeden einzelnen Art müßte es invariant sein, denn sobald eine Variante entsteht, würde es ausselektiert zur Herausbildung einer neuen Art. Derartige Gene wurden nie identifiziert. Die Theorie der Speziationsgene wird nicht durch Fakten gestützt.

Chromosomenänderungen sind eine Form genetischer Veränderung, von der man ohne ins Ketzertum zu verfallen behaupten kann, daß sie bei der Speziation eine wichtige Rolle spielen. Die wichtigste Beobachtung, die (so wurde behauptet) eine derartige Rolle unterstützt, ist das verschiedenartige Aussehen der Chromosomen verschiedener Arten. Chromosomen kann man unter dem Mikroskop erkennen, sie sind in Form, Größe und Muster der Bänder deutlich strukturiert. Diese Struktur unterscheidet sich von Art zu Art in charakteristischer Weise. Es wurde behauptet, daß die Chromosomen sich deshalb unterscheiden, weil Chromosomenveränderungen die Artbildung verursachen. Doch die alleinige Beobachtung von Chromosomenunterschieden zwischen den Arten untermauert eine derartige Theorie nicht. Auch innerhalb einer Art variieren die Chromosomen, und es ist genauso gut möglich, daß die Speziation aus einem anderen Grunde bewirkt wird und Chromosomenveränderungen unabhängig von der Speziation akkumuliert werden.

Somit unterstützt also die Beobachtung nicht allzu stark die Theorie der Speziation infolge Chromosomenveränderungen, jedoch aber ein anderer theoretischer Gedanke, der zu verstehen ist, wenn wir zur Grundbedingung für die Herausbildung einer neuen Art zurückkehren. Immer dann, wenn die natürliche Selektion gegen hybride und heterozygote Formen arbeitet, kommt es zur wahrscheinlichen Herausbildung einer neuen Art. Im einfachsten Fall – ein Gen mit zwei Allelen (und drei Genotypen **AA**, **Aa** und **aa**) – bedeutet heterozygoter Nachteil, daß **Aa**-Individuen gegenüber **AA**- und **aa**-Individuen benachteiligt sind. Wie funktioniert in diesem Fall die natürliche Selektion? Die **AA**-Homozygoten werden ausselektiert zur Paarung mit **AA**-Homozygoten und nicht zur Paarung mit einem der beiden anderen Genotypen, denn sobald **AA** sich mit **Aa** oder **aa** paart, werden unter den Nachkommen **Aa**-Heterozygoten sein. Gleichermaßen werden die **aa**-Homozygoten ausselektiert, sich untereinander zu paaren. Es ergeben sich zwei Arten, jeweils die einer Homozygote. Unvorteilhafte Paarungen werden dann nicht auftreten.

Soweit ganz grob die Theorie. Wollen wir jetzt sehen, wieso sie besonders auf die Chromosomenveränderungen zutreffen könnte. Wir sind auf der Suche nach einem Grund, weshalb Chromosomenveränderungen für heterozygote Formen nachteilig sein könnten. Eine Form chromosomaler Veränderung wird als Inversion bezeichnet. Dabei ist ein Segment des Chromosoms rückläufig angeordnet, d. h., besitzt das Originalchromosom acht Gene in der Reihenfolge ABCDEFGH, dann wäre ABGFEDCH eine Inversion. Bezeichnen wir die Originalchromosomen mit $\mathbf{C}_1$ und die invertierten mit $\mathbf{C}_2$. (Jetzt steht ein einzelner Buchstabe für ein ganzes Chromosom und nicht mehr wie vorher für ein einzelnes Gen.) Unter der Voraussetzung nun, daß es keine Rolle spielt, in welcher Reihenfolge sich die Chromosomen befanden (was oft der Fall sein kann), würden Originalform und Inversionsform äquivalent sein. Die beiden Homozygoten $\mathbf{C}_1\mathbf{C}_1$ und $\mathbf{C}_2\mathbf{C}_2$ wären erkennbar und würden gleich gute Nachkommenschaften hervorbringen. Nehmen wir jetzt aber die Heterozygote $\mathbf{C}_1\mathbf{C}_2$ mit jeweils einem Original – und einem invertierten Chromosom. Die Heterozygote selbst entspricht einer der beiden homozygoten Formen, und problematisch wird es erst bei der Fortpflanzung (Abb. 8). Bei der Reproduktion sind die Gene im Chromosomenpaar rekombiniert. Die Rekombination kann an jedem beliebigen Punkt im Chromosom stattfinden, somit ist es möglich, daß dies irgendwo im invertierten Segment geschehen kann. In diesem Fall würden den entstehenden Chromosomen einige Gene fehlen oder manche in doppelter Kopie vorliegen. Nachkommen, die keinen kompletten Gensatz aufweisen, sind sicherlich nicht lebensfähig.

Jedesmal, wenn in einer Population eine Chromosomeninversion auftritt, wird diese somit zur Artbildung ausselektiert. Doch sind besondere Bedingungen erforderlich, damit der gesamte Prozeß vom Erscheinen einer Chromosomeninversion als neue Mutation bis zur Speziationsvollendung ablaufen kann. Unter normalen Bedingungen wird die Selektion gegen die Inversionsform $\mathbf{C}_2$ einsetzen und sie so schnell wie sie auftauchte wieder eliminieren. Erstmals wird sie als einzelne Kopie in einer Hetero-

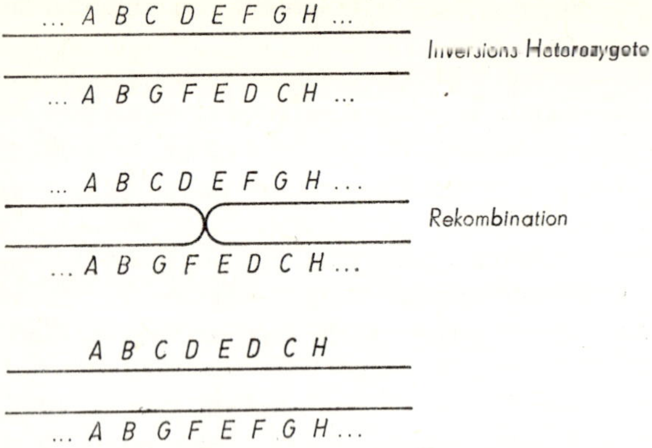


Abb. 8. Gegen Inversions-Heterozygoten gerichtete Selektion
Der heterozygote Organismus mit Chromosomeninversion besitzt einen vollständigen Gensatz (symbolisiert durch A, B, C usw.). Jedoch nach Rekombination können den Nachkommen mehrere Gene fehlen. Ein derartige Chromosomen ererbter Organismus wird sicherlich benachteiligt sein.

zygoten $C_1C_2$ entstehen. Solange keine $C_2C_2$-Homozygoten gebildet werden, kann $C_2$ auch nicht häufiger entstehen. Wenn es überhaupt zur Artbildung kommen soll, dann muß dies schnell geschehen, kurz nachdem der Mutant entstand, noch bevor er als Heterozygote ausselektiert wird. Unter einer Bedingung ist dies möglich: der Kreuzung. Wenn die Nachkommen der mutationsbedingten $C_1C_2$-Individuen sich untereinander paaren, dann müßten sich der Mendelschen Kreuzung zufolge unter ihren Nachkommen $C_2C_2$-Homozygoten befinden. Sind erst einmal $C_2C_2$-Homozygoten entstanden, dann werden diese ausselektiert, sich nur mit $C_2C_2$-Individuen und nicht mit $C_1C_2$- oder $C_1C_1$-Individuen zu paaren. $C_1C_1$ und $C_2C_2$ können sich in zwei Arten spalten.

Kreuzung ist für eine Art, die sich aus einer mutationsbedingten Chromosomeninversion entwickelt, unentbehrlich. Kreuzen sich die Nachkommen des Mutanten nicht, so werden sie sich mit gewöhnlichen $C_1C_1$-Individuen paaren. Bei diesen Paarungen werden keine mutationsbedingten $C_2C_2$-Homozygoten entstehen, und die $C_2$-Inversion wird wohl eliminiert sein bevor überhaupt $C_2C_2$-Homozygoten auftreten.

Die Verbindung von Kreuzung und Chromosomenspeziation führte Bush, Case, Wilson und Patton zur folgenden Voraussage: Manche Tiere in kleinen Gruppen, in denen wahrscheinlich Inzucht besteht, müßten eine höhere chromosomale Evolutionsrate aufweisen als andere Tiere, die in größeren, weniger durch Inzucht geprägten Gruppen leben. Ihre Voraussage überprüften sie an 225 Wirbeltiergattungen und fanden die von ihnen vorausgesagte Verbindung. Der Beweis ist nicht zwingend, doch deutet er darauf hin. Vielleicht ist etwas dran an all diesen spekulativen Gedankengängen. Vielleicht können Chromosomenveränderungen, zumindest manchmal, die Speziation steuern.

Die Artbildung weist viele offene Fragen und wenige Lösungen auf, was zu erwarten sein durfte. Am problematischsten sind präzise Fragen nach Ereignissen, die in der Vergangenheit stattfanden und zumeist im Strom der Geschichte verlorengingen. Schließen wir das Kapitel ab mit einer Zusammenfassung unserer Ungewißheit. Arten bilden sich in der Natur sowohl allopatrisch als auch sympatrisch heraus, wir können aber nicht mit Sicherheit sagen, welche Form häufiger ist. Ebensowenig wissen wir, ob artbildende Populationen im Normalfall groß oder klein sind. Wir können keine positiven Schlußfolgerungen bezüglich des Ausmaßes genetischer Veränderungen im Zuge der Speziation ziehen, sondern nur sagen, daß der Umfang wahrscheinlich variabel ist. Was das Wesen der genetischen Veränderungen bei der Speziation anbetrifft, können wir bloß schlußfolgern, daß Veränderungen im Paarungsverhalten notwendig sind, und das auch nur ganz trivial, da diese definitionsgemäß erforderlich sind. Recht zweifelhaft ist, ob weitere genetische Veränderungen im besonderen mit der Speziation verbunden sind, obwohl dies bei verschiedenen Chromosomenänderungen der Fall sein kann. Der zufällige Verlust von Genen in kleinen Populationen ist schließlich von geringer bzw. keinerlei Bedeutung bei der Speziation. Die Speziation wird wahrscheinlich wie die meisten Evolutionsprozesse von der natürlichen Selektion angetrieben.

# 9. Evolutionsgeschwindigkeiten

Die Definition der Evolutionsgeschwindigkeit ist schnell gegeben. Sie ist einfach die Veränderungsstärke in einem Merkmal geteilt durch die Zeit, die die Veränderung benötigte. Praktisch ist sie aber kaum meßbar. Beweise müßten vom Fossilienmaterial her kommen, doch treten dabei immer wieder Probleme auf, da es nicht vollständig vorhanden ist. Verwendbar sind nur in Fossilien konservierte Merkmale. Somit muß man erst einmal eine geeignete Eigenschaft eines reichlich konservierten Merkmals, wie die Zahnhöhe bei Wirbeltieren heraussuchen, um die Evolutionsgeschwindigkeit zu ermitteln. Dieses Merkmal wird dann bei möglichst vielen Exemplaren aus verschiedenen Zeitepochen gemessen. Die Exemplare sollten Mitglieder eines einzigen evolutionären Zweiges sein, denn sind spätere Formen nicht Nachkommen früherer Formen, ist die ‚Rate' der Veränderung zwischen diesen Nonsens. Angenommen, eine evolutionäre Linie kann erkannt werden, so ist die Evolutionsgeschwindigkeit einfach die Differenz des durchschnittlichen Merkmalszustandes zweier Zeitpunkte, geteilt durch die dazwischenliegende Zeitspanne. Derartige Geschwindigkeiten wurden für viele Merkmale verschiedener Linien ermittelt. Das Problem der Evolutionsbiologen liegt aber darin, die den Geschwindigkeiten zugrunde liegenden Muster zu verstehen, warum sich manche Linien schneller als andere, manche Merkmale schneller als andere und warum individuelle Linien sich zu verschiedenen Zeitpunkten mit unterschiedlicher Geschwindigkeit entwickeln.

Zur Überprüfung der auf der natürlichen Selektion beruhenden Evolutionstheorie könnten auch die Evolutionsgeschwindigkeiten herangezogen werden. Die natürliche Selektion dauert lange. Es kann einige Tausend Generationen dauern, bis sich eine Mutation aus ihrem anfänglich seltenen Auftreten bis zum normalen Gen einer ganzen Population entwickelt hat. Die genaue Zeitspanne kann nach einer Gleichung, die erstmals 1924 von J. B. S. HALDANE aufgestellt wurde, ermittelt werden und ist abhängig von der anfänglichen Häufigkeit eines Gens und seinem selektiven Vorteil. Ein Mutant, der beispielsweise durchschnittlich 1% mehr Nachkommenschaft zeugt als sein alternatives Allel würde 4,266 Generationen benötigen, um von einer Häufigkeit von 0,1% zu 99,9% in der Population zu gelangen. Wäre der selektive Vorteil einer bestimmten Veränderung eines bestimmten Merkmals bekannt, würde HALDANES Gleichung voraussagen, wie schnell dieses sich unter der Bedingung der natürlichen Selektion entwickelt. Prinzipiell ist die Voraussage überprüfbar. Praktisch jedoch ist keine schlüssige Prüfung dieser Art jemals möglich gewesen. Der Beweis ist nicht ausreichend. Unsere Kenntnisse der Genetik und der selektiven Vorteile sind zu gering, von der Qualität des fossilen Beweismaterials ganz abgesehen. Die selektiven Vorteile der meisten evolutionären Veränderungen machen vielleicht nicht mehr als nur einige wenige Prozent aus (vielleicht auch noch weniger). Wir können vorhersagen, daß Evolution nie schneller vonstatten gehen dürfte als ein solcher selektiver Vorteil es gestattet. Die tatsächlich aus dem Fossilienmaterial ermittelten Evolutionsgeschwindigkeiten liegen ziemlich unterhalb dieser Grenze. Dies wird zum Prüfstein für den Darwinismus, denn Evolution könnte möglicherweise schneller ablaufen als der Darwinismus zuläßt und wenn es an dem wäre, brauchten wir eine andere Theorie. Die Tatsache, daß die Geschwindigkeiten nicht allzu hoch sind, ist Beweis für die Darwinismus-Theorie. Der Test jedoch ist ungenau, die der Theorie zufolge erlaubte Spannweite der Fakten groß.

Unser Interesse an den Evolutionsgeschwindigkeiten begründet sich im wesentlichen in etwas anderem. Es ist auf deren Schwankungen innerhalb verschiedener Zeitspannen und verschiedener Gruppen gerichtet. Zuerst sollten wir untersuchen, ob solche Schwankungen wirklich vorhanden sind. Die Interpretation der Evolutionsgeschwindigkeiten hängt mit Erkenntnisproblemen zusammen. Wirbeltiere scheinen sich beispielsweise schneller als Wirbellose zu entwickeln. Speziell von den Säugetieren heißt es, daß sie sich ungefähr doppelt so schnell entwickeln wie Muschelmollusken. Dies könnte ein echter Evolutionsfakt sein, der dann (vielleicht) erklärbar wäre mit einer höheren Konkurrenz und einer stärker veränderlichen Selektionskraft unter den Säugetieren als unter den Mollusken. Andererseits aber könnte sich die unterschiedliche Geschwindigkeit als unwirklich erweisen. Wir selbst sind Säugetiere und (eventuell) Unterschieden gegenüber Kreaturen, die uns ähneln, empfindsamer. Vielleicht können wir die Unterschiede zwischen Muschelmollusken, die objektiv genauso groß sind wie die von uns erkannten bei Säugetieren, nur nicht erkennen. Diese Hypothese anhand fossiler Beweise zu überprüfen, dürfte schwer sein. (Das wäre einfacher anhand molekularer Beweismaterialien, die weniger den Vorurteilen der menschlichen Beobachtung unterworfen sind, wie wir gesehen haben (siehe S. 80).)

Philip GINGERICH entdeckte ein weiteres Erkenntnisproblem für die Untersuchung der Evolutionsgeschwindigkeiten. Im allgemeinen werden die unterschiedlichen Schätzungen der Evolutionsgeschwindigkeiten anhand unterschiedlicher Zeitintervalle ermittelt. Der sich aus dem Zeitintervall ergebende Einfluß (so nahm man stets an) wird mittels der Division durch die Zeit bei Berechnung der Evolutionsgeschwindigkeit beseitigt. Als GINGERICH jedoch viele verschiedene Schätzungen der Evolutionsgeschwindigkeit ins Verhältnis zum Zeitintervall der Schätzung setzte, fand er einen deutlich negativen Zusammenhang heraus: Mit Vergrößerung des Zeitintervalls erhöhte sich auch die geschätzte Evolutionsgeschwindigkeit. GINGERICHS Interpretation dieses Ergebnisses ist die reinste Rebellion. Ihm war aufgefallen, daß in allen Fällen die Gesamtmenge an Evolution gleich ist. Die Geschwindigkeitsunterschiede ergeben sich lediglich aus den Unterschieden in der Zeitspanne zwischen den Exemplaren. Er behauptet, daß wir uns bei unseren Messungen nur einen gewissen Grad an Unterschieden heraussuchen. Sind zwei Exemplare einander sehr ähnlich — wenn zwischen beiden kaum eine evolutionäre Veränderung zu erkennen ist — dann lohnt es sich nicht, diese zu vermessen, sind aber zwei Exemplare sehr verschieden voneinander, sehen sich gar nicht ähnlich, so ist es schwierig, beide miteinander vergleichbar zu vermessen. In beiden Fällen wird man davon absehen, die Evolutionsgeschwindigkeit zu ermitteln. Uns bleiben nur die dazwischenliegenden Evolutionsmengen und genau diese sind ermittelt worden. Ist GINGERICHS Argumentation richtig, so sind die zur Verfügung stehenden ermittelten Evolutionsgeschwindigkeiten absolut nicht objektiv, und viele der Vergleiche könnten an den Haaren herbeigezogen sein.

Evolutionsgeschwindigkeitsvergleiche haben noch die beste Chance realistisch zu sein, wenn man sie bei gleichen Abstammungslinien zu verschiedenen Zeitpunkten vornimmt und nicht bei verschiedenen Linien. Ab sofort befassen wir uns nur noch mit Evolutionsgeschwindigkeiten innerhalb einer Abstammungslinie und stellen folgende Frage: Entwickeln sich Linien mit unterschiedlichen Geschwindigkeiten zu unterschiedlichen Zeitpunkten? Wenn ja, warum? Diese schon vor 100 Jahren gestellten Fragen sind jüngst in einer Kontroverse betreffs der Hypothese vom unterbrochenen Gleichgewicht (punctuated equilibrium) besonders in den Mittelpunkt gerückt worden. Dieser Begriff wurde erstmalig 1972 von Niles ELDREDGE und Stephen GOULD geprägt. Die Theorie des punktuierten bzw. unterbrochenen Gleichgewichts besagt, daß Evolution mit konstantem Tempo mit kurzen Zeitabschnitten schnellerer Evolution (‚Unterbrechungen') voranschreitet, die viel längere Perioden, in denen keine evolutionären Veränderungen auftreten, unterbrechen. Weiterhin besagt sie, daß während dieser kurzen Zeitabschnitte Evolution stattfindet. Beinahe alle evolutionären Veränderungen konzentrieren sich (dieser Theorie zufolge) in kurzen Evolutionsintervallen, in der übrigen Zeit steht die Evolution still. ELDREDGE und GOULD sind der Meinung, das unterbrochene Gleichgewicht sei die richtige Vorstellung von der Evolutionsgeschwindigkeit und vergleichen es mit dem phyletischen Gradualismus. Der Theorie des phyletischen Gradualismus zufolge verläuft Evolution mit konstanter Geschwindigkeit. Ob eine Linie sich aufspaltet oder nicht, die Veränderungsrate ist ähnlich. Extrem ausgedrückt heißt das, in allen Fällen ist die Evolutionsgeschwindigkeit konstant. Diese Extremposition nimmt niemand ein, doch können Extrema begrifflich interessant sein, auch wenn sich niemand findet, sie zu vertreten. Versuchen wir die Extrema festzustellen und sie zu überprüfen. Theorien, die behaupten die gesamte Evolution zu beschreiben, wären aber zu schnell abbrennende Strohpuppen. Grenzen wir sie ein wenig ein. Lassen wir sie nur für die Mehrheit aller Fälle gelten. Natürlich ist Mehrheit ein verschwommener Begriff, aber GOULDS ‚Pi-mal-Daumen-Anspruch von 90%' ist für uns ausreichend. Wir können nun beurteilen, ob die Theorie des unterbrochenen Gleichgewichts richtig ist, wenn sie auf ungefähr 90% aller Fälle zutrifft.

Welche Theorie wird nun von den Fakten belegt? Seit mehr als einem Jahrhundert ist bekannt, daß fossile Linien im allgemeinen ganz plötzlich in der fossilen Dokumentation auftauchen, für mehrere Millionen Jahre bestehen und dann abrupt verschwinden, ohne in irgendeine andere spätere Linie einzugehen. Zumindest seit DARWINS Zeiten wurde diese Erscheinung der Unvollständigkeit nicht dem Evolutionsverlauf, sondern der fossilen Dokumentation zugeschrieben. Weder damals noch jetzt wird angezweifelt, daß es Lücken gibt in dieser fossilen Dokumentation. Sie ist löchrig wie ein Sieb. Niemand bezweifelt auch, was sich daraus ergibt. Diese Löcher lassen die Evolution weniger beständig erscheinen als sie tatsächlich war. Die fossilen Dokumentationslücken erscheinen als Evolutionssprünge. Deshalb müssen wir, wenn wir anhand der fossilen Dokumentation die beiden Theorien überprüfen wollen, erst einmal feststellen, ob sie dafür geeignet ist. Sie muß vollständig genug sein für die Dokumentation eines Modells unterbrochener Evolution, um es vom Modell allmählicher Evolution zu unterscheiden. Untersuchen wir nun, wie vollständig die fossile Dokumentation ist.

Warum die fossile Dokumentation so unzureichend ist, ist bekannt. Damit ein Fossil erhalten bleibt, muß es konserviert sein und sich in einer Sedimentlagerschicht befinden. Beide Prozesse können ausbleiben. Die Konservierung eines Tieres in erkennbarer Form ist tatsächlich ein sehr unwahrscheinliches Ereignis. Es muß entweder dorthin getrieben werden oder dort sterben, wo sich Sedimente ablagern, und diese wiederum müssen sich so schnell ablagern, daß der Kadaver in dieser Zeit nicht verwesen kann, aber auch muß dieser Prozeß so vorsichtig ablaufen, daß das Tier nicht bis zur Unkenntlichkeit zerquetscht wird. Somit braucht es uns nicht zu verwundern bei all diesen notwendigen Voraussetzungen, daß so wenige Tiere selbst in Sedimentablagerungen als Fossilien erhalten blieben. Was aber ist mit dem Sedimentationsprozeß selbst? Offensichtliche Lücken in der Sedimentdokumentation können durch chemische und erscheinungsmäßige Veränderungen aufgedeckt werden. Konzentrieren wir uns aber auf die Regionen, die zwischen den Lücken wohl beständiger waren. Wie vollständig sind nun diese? Mehrere Geologen bemühten sich in der letzten Zeit, diese Frage zu beantworten, indem sie folgende Methode anwandten: Zuerst wird die Kurzzeitrate der Sedimentablagerung an solchen Orten wie Flüssen, Seen und Flußmündungen für eine dem Menschen zugängliche Zeitspanne von 10 bis 100 Jahren ermittelt. Danach werden dann die Dicke einer sedimentären Einheit der fossilen Dokumentation (mit einem Lineal) und die Gesamtdauer dieses Prozesses (mit Hilfe der Standard-Radiometrie) ermittelt. Die ‚Vollständigkeit' kann dann berechnet werden als:

$$\frac{\text{Gesamtdicke}}{\text{Gesamtzeit} \times \text{kurzfristige Ablagerungsrate}}$$

Wenn die kurzfristige Ablagerungsrate über die gesamte Zeitspanne hinweg nicht abgesunken wäre, würde der Quotient eins betragen und die Dokumentation ‚vollständig' sein. Vor kurzem berechnete SCHINDEL die Vollständigkeit mehrerer der besten fossilen Sequenzen, au f die in der Debatte des unterbrochenen Gleichgewichts eingegangen wurde. Seine Ergebnisse stellte ich in Tabelle 2 vereinfacht dar. Das wichtigste an der Tabelle ist, daß alle Werte weit unter eins liegen. Dabei möchte ich betonen, daß diese Zahlen für die am besten erhaltenen Dokumente stehen, über die wir verfügen. Viel typischer werden wohl eher Werte von 0,1; 0,01 oder weniger sein. Das heißt, daß innerhalb von 100 Jahren Echtzeit, sich Sedimente nur für zehn Jahre, ein Jahr oder noch weniger ablagerten. Und, wie wir gesehen haben,

Tabelle 2

Vollständigkeit einiger sedimentärer Dokumente

| Objekt | Quelle | Vollständigkeit |
|---|---|---|
| Säugetiere des Eozän | GINGERICH | 0,28 |
| Foraminiferen /Kammerlinge des Perm | OZAWA | 0,04 |
| Radiolarien /Strahlentierchen des Neogen | KELLOGG | 0,02 |
| Foraminiferen des Neogen | MALMGREN und KENNETT | 0,23 |
| Ammoniten /Ammonshörner der Jurazeit | RAUP und CRICK | 0,03 |
| Pennsylvanische Schnecken | SCHINDEL | 0,34 |
| Mollusken des Plio-Pleistozän | WILLIAMSON 1 | 0,45 |
| | WILLIAMSON 2 | 0,73 |

vereinfacht aus SCHINDEL

kann es geschehen, daß selbst bei stattfindender Sedimentablagerung sich nicht immer auch Fossilien einlagern.

Die fossile Dokumentation ist somit nachweislich unvollständig. Und deshalb glaube ich nicht, daß ein Jahrhundert paläontologischer Empirie bezüglich der Erscheinung fossiler Dokumentation genutzt werden kann, um zu überprüfen, ob Evolution allmählich vonstatten geht oder nicht. Viele Verfechter der Theorie vom unterbrochenen Gleichgewicht beriefen sich zu ihren Gunsten auf die allgemeine Beobachtung des plötzlichen Auftauchens und Verschwindens von Arten in der fossilen Dokumentation. Doch gründen sich beide Theorien auf diese Beobachtung, und damit kann sie nicht zur Entscheidung führen. Die eine Theorie schreibt dies den Lücken in der Dokumentation zu, die andere dem Evolutionsmodus. Weder die eine noch die andere Theorie behauptet, daß Arten nicht plötzlich in der fossilen Dokumentation auftauchen.

Die wenigen Fälle, in denen die Dokumentation relativ vollständig ist, könnten entscheidender sein. Selbst hierbei kann man nicht von absoluter Vollständigkeit reden. Die besten Beispiele liegen bei ungefähr 50% Vollständigkeit, doch verfügen wir über nichts besseres. Der Punctuationist würde behaupten, daß das Veränderungsmuster bei allen mehr oder weniger vollständigen Fällen sich ähneln müßte, der Gradualist dagegen, daß vollständigere Aufzeichnungen Aufschluß über einen sanften Übergang von einer Linie in eine andere geben müßten.

Leider wurden bisher nur wenige Linien mit relativ vollständigen Aufzeichnungen eingehend untersucht. Diese sind unzureichend für Schlußfolgerungen. Zwei Fälle aber sind erwähnenswert, nur um zu zeigen, daß beide Evolutionsmodi vorhanden sind — der einer eventuell unterbrochenen Evolution und der einer eventuell allmählichen Evolution.

Als Beispiel unterbrochener Evolution können wir wieder zu WILLIAMSONS Schnecken zurückkehren, die wir schon im letzten Kapitel kennenlernten. Wie wir sahen, ist seine Interpretation der zeitlichen Veränderungen bei Schnecken umstritten. Manche Experten meinen, dies seien überhaupt keine evolutionären genetischen Veränderungen, sondern phänotypische Umstellungen, verursacht durch Umweltveränderungen. Auch hier wieder wollen wir versuchsweise WILLIAMSONS Interpretation folgen. Die fossilen Schnecken sind über viele Meter von Sedimentschichten im Osten des Rudolfsees in Kenia verteilt. Die Aufzeichnung wurde von SCHINDEL analysiert und, wie aus Tabelle 2 zu erkennen, haben zwei Bestandteile der WILLIAMSONschen Untersuchung eine Vollständigkeit von 0,45 und 0,73 aufzuweisen, was ein ausreichend gutes Ergebnis für uns ist, um von Interesse zu sein. Die Schnecken wiesen ein Evolutionsmuster unterbrochenen Gleichgewichts auf. Es gibt lange Zeiträume, während derer sich die Schnecken nicht verändern, und kurze Zeitabschnitte plötzlicher Veränderung. Nach einer Veränderung sind die neuen Formen ausreichend unterschiedlich, um als neue Arten zu rechnen. Somit entsprechen Unterbrechung und Speziation einander. Die Rudolfsee-Schnecken stimmen mit dem Modell des unterbrochenen Gleichgewichts überein. Später werden wir auf die Erklärung zurückkommen.

Beim Beispiel der graduellen Evolution können wir uns von den Schnecken zu den Säugetieren wenden. GINGERICH dokumentierte graduelle Evolution bei mehreren Arten nordamerikanischer Säugetiere. Die sedimentäre Vollständigkeit beträgt bei seinem Beispiel 0,28, wie die Tabelle ausweist. Sein bekanntester Fall betrifft die ausgestorbene Säugetier-Gruppe Condylarths (condyle — Gelenkkopf), insbesondere die Gattung *Hyopsodus*. Ebenso wie WILLIAMSONS ist auch GINGERICHS Untersuchung, jedoch aus anderen Gründen, umstritten. Wollen wir hier versuchsweise GINGERICHS Interpretation folgen. Seine Messungen beruhen alle auf der Zahngröße. Im untersuchten Zeitabschnitt spalteten sich die *Hyopsodus* drei oder vier Mal. Die Evolutionsgeschwindigkeit bei der Aufspaltung scheint annähernd gleich der Geschwindigkeit zu sein, mit der es zur Veränderung innerhalb einer Art kommt, ohne daß sie sich spaltet. Sowohl Veränderungen innerhalb einer Art als auch die Speziation verliefen graduell. GINGERICHS Condylarths bestätigen die Theorie der graduellen Evolution.

Evolution kann sowohl allmählich als auch in Sprüngen vor sich gehen. Bisher reichen in keinem Fall die Fakten aus, als daß man sagen könne, der eine oder der andere Modus trete häufiger auf, doch hat dieser Mangel an Fakten nicht die Herausbildung von Theorien verhindert. Verschiedene Gründe wurden angeführt, warum die Evolutionsgeschwindigkeit höchst ungleichförmig ist (was nicht bewiesen ist), und warum fast alle evolutionären Veränderungen sich in kurzen Zeitabschnitten der Speziation konzentrieren. Obgleich diese Theorien spekulativ sind und eventuell im wirklichen Leben nicht zutreffen, so verdienen sie es doch, diskutiert zu werden, was wir tun wollen.

Die Erklärung der graduellen Evolution ist weniger umstritten. Vorausgesetzt, die Evolutionsgeschwindigkeit ist nicht so konstant, daß sie auf einen zufälligen Verlauf hindeutet (siehe S. 84), dann wäre die plausibelste Erklärung dafür, daß ziemlich konstanter natürlicher Selektionsdruck die Ursache ist. Dies ist nicht die einzige Erklärung. Im Verlauf der Zeit würde sich auch ein konstanter Trend herausstellen, wenn Exemplare zweier verschiedener Populationen miteinander vermischt würden, wobei sich gerade die Mischung zunehmend verändert. Die erste Population braucht nur eine Art **A** zu enthalten, die zweite nur einige wenige Exemplare einer anderen Art **B**, die sich unerkannt mit der Mehrzahl der Exemplare der Art **A** vermischt hat und dann enthielten spätere Populationen immer mehr Exemplare der Art **B**. Im Durchschnitt würde jede Population graduell von nur **A** zu nur **B** übergehen. Diese Art von Kunstgriff kann überprüft werden, ist aber sicherlich nicht oft von Bedeutung. Die natürliche Selektion ist als Erklärung gradueller Evolutionstrends am wahrscheinlichsten.

Es gibt zwar nur eine einzige unumstrittene Erklärung der allmählichen Evolution, doch viele höchst umstrittene Erläuterungsversuche des unterbrochenen Gleichgewichts. Alle müssen beide Zeitspannen erklären können, sowohl die ohne Veränderungen als auch die gelegentlicher Unterbrechungen und ebenso auch noch, warum Unterbrechungen sich mit der Speziation decken.

Es gibt zwei Möglichkeiten, die Perioden ohne evolutionäre Veränderungen zu erklären: natürliche Selektion und Begrenzung. Mit beiden haben wir uns schon in Kapitel 4 als allgemeine Alternativen beschäftigt. Die Theorie der natürlichen Selektion würde das Fehlen evolutionärer Veränderungen mit der stabilisierenden Selektion (auch als normalisierende Selektion bezeichnet) erklären. Stabilisierende Selektion heißt, die natürliche Selektion begünstigt den Durchschnittstypen. Dies ist wahrscheinlich der Normalmodus der natürlichen Selektion und wurde verschiedentlich demonstriert. Am bekanntesten ist das menschliche Geburtsgewicht. Innerhalb einer menschlichen Population besitzen Babys mit durchschnittlichem Geburtsgewicht eine höhere Überlebenschance als schwerere oder leichtere Babys. Die natürliche Selektion hält das Geburtsgewicht konstant, sie wirkt stabilisierend. Im Gegensatz dazu bestreitet die Theorie der Begrenzungen, daß die natürliche Selektion irgendetwas mit evolutionärer Stabilität zu tun hat. Danach bleiben Arten unverändert, weil sie nicht in der Lage sind, sich zu verändern, da die dazu notwendigen Vererbungsvarianten nicht entstehen können. Warum diese nicht entstehen können, ist allerdings eine andere Frage, auf die es wiederum mehrere Antwortvorschläge gibt: daß Mutationen nicht mit der Art und Weise, wie sich der Organismus entwickelt, konkurrieren können (‚entwicklungsmäßige Begrenzung') oder daß sie genetisch nicht möglich sind (‚genetische Begrenzung') usw. All diese Vorschläge sind spekulativ — für sie gibt es keinerlei Beweise —, doch in manchen Fällen wären sie plausibel.

In charakteristischer Weise fehlt der Beweis, um entscheiden zu können, ob evolutionäre Stabilität im Einzelfall durch stabilisierende Selektion oder durch Begrenzung hervorgerufen wird. Jedoch kann (wie wir auf S. 74 sahen) die Theorie der Begrenzung überprüft werden. Weist das Merkmal Erbvariation auf, dann kann es nicht begrenzt sein, wenn nicht, dann vielleicht. Das menschliche Geburtsgewicht zum Beispiel wird sicherlich nicht als Folge einer Begrenzung konstant gehalten, da bekannt ist, daß es innerhalb von Humanpopulationen schwankt. Der gleiche Gedankengang kann versuchsweise auf die Fossilien angewandt werden. Kennt man eine moderne Form, die einem Fossil ähnelt, so können wir von einer auf die andere schließen. Wir sahen, daß Williamsons Schnecken über lange Zeiträume hinweg konstant blieben. Beruhte das (können wir fragen) auf stabilisierender Selektion oder auf einer Begrenzung? Ähnlich den Rudolfsee-Fossilien variieren die Gehäuse heutiger Schnecken, und diese Variation ist erblich. Wenn die fossilen Schnecken (was wahrscheinlich ist) diese Eigenschaft ebenso wie die heutigen aufwiesen, so war deren evolutionäre Konstanz nicht die Folge einer Variationsbegrenzung.

Zu erläutern waren auch noch die Intervalle schneller Veränderungen, und warum diese mit der Speziation verbunden sind. Ursprünglich erklärten Eldridge und Gould beides mit dem Verlauf der Speziation. Im letzten Kapitel sahen wir, daß das genaue Wesen des Speziationsprozesses nicht bekannt ist. Er kann aber oftmals durch die geographische Aufspaltung einer einzelnen Ahnenart herbeigeführt werden. Untersuchen wir, wie sich allopatrische Speziation in den Sedimenten an einem bestimmten Punkt niederschlagen würde. Anfangs ist da die Ahnenart. Die artbildende Population würde nicht dokumentiert werden bei der Aufspaltung, da sie sich an einem anderen Ort befindet. Nur dann würde die deszendente Art in der Dokumentation auftauchen, wenn sie wieder in das Gebiet ihrer Ahnen zurückkehrte. Falls dies geschah, dann würde sie als völlig neu herausgebildete Art in der Dokumentation plötzlich auftauchen. Wenn sie ihre Ahnen zum Aussterben trieb, so würde sie als plötzlicher Ersatz erscheinen. Und somit würde sich die allopatrische Speziation bei den Fossilien in Form des unterbrochenen Gleichgewichts niederschlagen. Dies würde wiederum unabhängig von der tatsächlichen Evolutionsgeschwindigkeit bei der Speziation geschehen. Die reine Erscheinung schneller Evolution bei der Artbildung in der fossilen Dokumentation muß nicht bedeuten, daß die Evolution dann besonders schnell vor sich geht. Es würde nur bedeuten, daß die Speziation allopatrisch vor sich geht.

Es gibt noch weitere Möglichkeiten. Wir untersuchten, ob artbildende Populationen klein sind. Das spärliche Beweismaterial läßt nicht darauf schließen, doch könnte es falsch sein. Wenn artbildende Populationen klein wären, dann würden sie wahrscheinlich kaum fossile Dokumente hinterlassen, und so hätte die Herausbildung einer neuen Art kaum die Chance, festgehalten zu werden.

Behauptet wurde, daß geringe Populationsgröße noch eine weitere Auswirkung habe, was aber noch weniger gewiß ist. Evolution könne sich in kleinen Populationen schneller vollziehen. Wenn das so ist, hätten kleine Populationen weniger Chancen, Dokumente in Form von Fossilien zurückzulassen. Geht die Entwicklung schnell voran, so dauert jedes einzelne Stadium nur kurze Zeit. Schreitet Evolution aber in kleinen Populationen wirklich schneller voran? Ein einfaches Modell sagt genau das Gegenteil voraus. Hängt die Evolutionsrate von der Entstehungsrate mutativer Verbesserungen ab, so wird die Entwicklung in größeren Populationen schneller vor sich gehen, da die Gesamtanzahl an Mutationen in einer großen Population höher ist als in einer kleinen. Einem komplexeren Modell sind wir schon begegnet (siehe S. 144), demzufolge sich Entwicklung in unterteilten Populationen schneller vollzieht, und zwar, wenn die natürliche Selektion Mutationen in der Heterozygote entgegenwirkt, sie aber als Homozygoten begünstigt. Diese Auswirkung ergibt sich aus der Unterteilung der Population, nicht aus ihrer Gesamtgröße. Theoretisch gibt es keinen Grund zur Annahme, daß Evolution in kleinen Populationen schneller verläuft. Wenn aber artbildende Populationen kleiner als andere Populationen sind, dann kann nur die Größenauswirkung auf die Möglichkeit, ein fossiles Dokument zu hinterlassen, für die Erklärung plötzlicher Veränderungen in der fossilen Dokumentation verwandt werden.

Die Fakten zu erklären, dafür zumindest benötigt man keinen besonderen Speziationsprozeß. Der einzige Fakt, der eine Erläuterung nötig hätte, ist, daß Entwicklung manchmal schneller und manchmal langsamer vonstatten geht. Dies kann nur die natürliche Selektion. Da mehrfach behauptet wurde, daß unterbrochene Evolution im Widerspruch zur natürlichen Selektion stehe, möchte ich betonen, daß es keineswegs schwierig ist, die aus geologischen Unterbrechungen ermittelten Evolutionsraten mit Hilfe der natürlichen Selektion zu erklären. Die natürliche Selektion ist im Vergleich zum menschlichen Leben ein langsamer Prozeß. Bei solchen Organismen wie den Bakterien oder gar den Fruchtfliegen, die kurze Generationsfolgen aufweisen, ist es möglich, bemerkenswerte evolutionäre Veränderungen innerhalb weniger Tage oder Wochen zu erzeugen. Außerhalb des Laboratoriums aber bemerken wir normalerweise keine evolutionären Veränderungen. Tausende von Jahren dauerte es, die heutige Mannigfaltigkeit von Hunderassen zu schaffen, obwohl die Veränderungen wahrscheinlich relativ schnell vor sich gingen. Die natürliche Evolution an sich ist schwerlich wahrnehmbar. Die menschliche Erfahrung ist jedenfalls keine Richtlinie für den geologischen Zeitraum. Geologisch gesehen kann eine Veränderung, die für unser Wahrnehmungsvermögen zu langsam abläuft, einen Augenblick dauern. In einem winzigen Teil der Sedimentsäule konzentrierte sich die Evolution der WILLIAMSONschen Schnecken, doch in Wirklichkeit entsprach dies einer Zeitspanne von 5000 bis 50000 Jahren. Innerhalb dieser Zeitspanne hätte die natürliche Selektion eine noch viel größere Veränderung bewirken können als tatsächlich stattfand. Mehrnoch, die rasanten Evolutionsrunden deckten sich mit Änderungen der Höhe des Meeresspiegels, was stets Zeiten sind mit ungeheuren Umweltveränderungen. Wenn sich die Umwelt ändert, wird die natürliche Selektion sicherlich neue Formen begünstigen. Wenn sich bei WILLIAMSONS Schnecken neue Arten herausbildeten, dann wurde dies sicherlich durch die natürliche Selektion bewirkt. Die Tatsachen allein schließen zumindest die normale natürliche Selekton nicht aus, kein besonderer Evolutionsprozeß oder eine bestimmte Speziationstheorie sind vonnöten. Wenn wir jetzt (was wir tun wollen) auf einige weitere andersartige Gedanken eingehen, dann müssen wir daran denken, daß nicht die Fakten sie erforderlich machen.

Die Makromutation liefert eine andere Erklärung für die Unterbrechung. Makromutation ist eine ausreichend große Mutation, um außerhalb des normalen Artenvariationsbereiches eine neue Art zu schaffen. Diese dürfen definitiv nur selten auftreten, ansonsten fallen sie unter den normalen Bereich der Artenvariation. Die unterbrochene Evolution mit Hilfe der Makromutation zu erklären, ist unkompliziert, Makromutationen sind die Unterbrechung. Entsteht eine dieser Makromutationen und überlebt diese auch, so bewirkt sie eine umfassende und schnelle evolutionäre Veränderung. Da sie selten auftreten, kommt es zu langen Zeiträumen der Stabilität zwischen diesen Makromutationen. Sobald eine Theorie andersartig ist, finden sich Verfechter dafür ein, doch lohnt es sich anzuführen, weshalb die meisten Biologen die Bedeutung von Makromutationen bezweifeln. Als erstes gibt es kaum Beweise für ihre Existenz. Die auf kleinen Variationen basierende Evolution ist im Gegensatz dazu ein vielfach untersuchter und gut verständlicher Prozeß, und darüberhinaus erfordert keine der bekannten Tatsachen eine Erklärung anhand von Makromutationen. Und dann ist es auch schwer zu begreifen, wie eine Makromutation jemals vorteilhaft sein könnte. Ein Organismus ist ein sehr fein gestimmtes Instrument. Es besteht die geringe Möglichkeit, daß sich kleine Berichtigungen als Verbesserungen erweisen könnten, doch kaum große Veränderungen. Dies setzt der Art von evolutionären Ereignissen, die sich im Prinzip mit Makromutationen erklären ließen, bestimmte Grenzen. Die Herausbildung neuer komplexer Adaptionen bedarf vieler Etappen, und dies ist infolge einer Makromutation theoretisch so unwahrscheinlich, daß es unmöglich ist (siehe S. 56). Prinzipiell können Makromutationen schnelle Evolution erklären, wenn sie nicht adaptiv ist, doch keine schnelle Evolution neuer und komplexer Adaptionen.

Der abschließende Einwand ist mehr allgemeiner Art. Jede

Theorie, die darauf besteht, daß Evolution nur nach dem Modell des unterbrochenen Gleichgewichts abläuft und dieses Modell mit Hilfe eines speziellen aber notwendigen Prozesses erklärt, wird bei der Tatsache intra-spezifischer Variation auf Schwierigkeiten stoßen. Die geographische Variation ist eine Form der intraspezifischen Variation. Oftmals verläuft diese allmählich und kann ausreichend umfangreich sein, Speziation hervorzurufen, wie bei der Ringart der Möwen zu erkennen war (siehe S. 17). Geographische Variation ist also, in gewissem Maße, eine genetische . Wenn Evolution graduell, genetisch und ausreichend umfangreich sein kann, räumliche Speziation zu verursachen, dann auch ebenfalls zeitliche, da zwischen räumlicher und zeitlicher Evolution kein grundlegender Unterschied besteht. Jede Theorie, die erklärt, Speziation könne in kleinen Etappen nicht stattfinden, würde von den Ringarten widerlegt werden.

Eine flexiblere Makromutations-Theorie könnte Makromutationen als notwendige Hypothese fallenlassen und nur dafür plädieren, daß sie möglich sind. In der Entwicklungs- und Regulationsgenetik könnte man sich die größten Hoffnungen machen bei der Suche nach Makromutationen. Genetische Veränderungen betreffs früher Entwicklungsstufen könnten sich mit höherer Wahrscheinlichkeit im ausgewachsenen Organismus auswirken als spätere. Ähnlich könnten Veränderungen sich in den Regulaturgenen (Gene, die die Expression anderer Gene steuern) stärker auswirken als Veränderungen in nichtregulativen Genen. Von den bekannten genetischen Unterschieden zwischen den Arten ausgehend, sind diejenigen (so wird behauptet) in den Chromosomen am wahrscheinlichsten regulativ. Es ist möglich, daß regulative Gene in den Chromosomen sozusagen ‚Tür an Tür liegen‘ mit den Genen, die sie regulieren. Eine Inversion (siehe S. 143) könnte demzufolge ein reguliertes Gen von seinem Regulator entfernen, was eine sehr große Veränderung ergeben könnte.

Diese Spekulation können wir um noch eine Stufe weiter ausbauen. Chromosomale Veränderungen könnten, wie wir gesehen haben, partiell zur Herausbildung von Arten führen und eine besonders schnelle Speziation verursachen. Vielleicht stehen alle diese Eigenschaften miteinander in Beziehung. Vielleicht wird hieraus eine großartige Theorie genetischen unterbrochenen Gleichgewichts formuliert. Der Stand der Dinge ergibt aber keinen Grund für die Annahme, daß es dazu kommen wird.

Das Problem, ob die Evolutionsgeschwindigkeit relativ konstant oder ziemlich variabel ist, ist nicht gelöst. Seine Lösung ergibt sich aus den Fakten, doch müssen diese aus außergewöhnlich vollständigen fossilen Dokumentationen kommen, von denen aber zu wenige so umfassend untersucht wurden, als daß man Schlüsse daraus ziehen darf. Tut man es, so warten viele Theorien darauf, sie zu erläutern. Die verschiedenen Theorien des unterbrochenen Gleichgewichts aber können nicht anhand der fossilen Dokumentation überprüft werden, sondern nur anhand von Untersuchungen der Artbildung bei lebenden Formen.

# 10. Makroevolution

Die Beweise für eine evolutionäre Veränderung im großen Maßstab (zweckdienlicherweise als Makroevolution bezeichnet) gründen sich größtenteils auf die fossile Dokumentation. Nur darin können wir Evolution über einen ausreichend langen Zeitraum hinweg beobachten, um Erscheinungen großen Umfanges herauszufinden. Sie enthüllt uns zum Beispiel Auf- und Niedergang von Gruppen auf allen taxonomischen Ebenen: Arten und Gattungen kommen und gehen, und ebenso die Familien, Ordnungen und Klassen, in denen sie enthalten sind. Die größeren und umfassenderen Gruppen halten sich natürlich länger, doch weisen sie alle das gleiche Muster auf. Man trifft auf massenhaftes Aussterben, d. h., mehrere große Gruppen sterben ungefähr zur gleichen Zeit aus. Innerhalb von Stammbäumen können wir auch evolutionäre Trends beobachten, wobei sich die Mitglieder eines Stammbaums kontinuierlich in die gleiche Richtung über einen langen Zeitraum hinweg entwickeln. Dies sind die Phänomene der Makroevolution.

Bei der Erklärung der Makroevolution treten eine Reihe charakteristischer Probleme folgender Art und Weise auf: ‚Warum ging Gruppe B in Gruppe A im Laufe der Zeitspanne T ein?‘ oder ‚Warum starb Gruppe C in der Zeit S aus?‘ Wir wollen uns hier aber nicht mit der Problematik einzelner Gruppen beschäftigen, sondern mit der allgemeineren Frage, ob die Erscheinungen der Makroevolution ebenfalls mit den von uns auf kleinere Veränderungen angewandten Theorien erklärt werden können, oder ob sie mit Theorien auf einer höheren Ebene erläutert werden müssen, die begreiflicherweise nur für die Makroevolution gültig sind. Ist also Makroevolution nur die Summe der Mikroevolutionen über einen langen Zeitraum hinweg, oder wird sie von anderen Prozessen gesteuert?

Befassen wir uns zuerst mit den Evolutionstrends. Was genau ist ein Evolutionstrend? Ein Beispiel dafür ist die Tendenz unter den Tieren, im Laufe der Entwicklung des Stammbaumes größer zu werden, was unter dem Namen Copsche Regel bekannt ist. Diese Regel wurde von dem amerikanischen Paläontologen Edward Drinker Cope nie explizit formuliert, aber er wies, zumindest für die Säugetiere, diese Tatsache nach, weshalb sie nach ihm benannt wurde. Beispiele für die Copsche Regel können in allen Säugetiergruppen gefunden werden mit der eventuellen Ausnahme der Fledermäuse. Die Ahnen der heutigen Beuteltiere waren nicht größer als die heutigen Ratten, und Wölfe sind heutzutage größer als die Hundeartigen. Kamel- und Lamavorfahren im Eozän entsprachen ungefähr der Größe eines Hasen, und der Meoritherium im Eozän, der wahrscheinlich mit den Vorfahren des heutigen Elefanten verwandt war, war so groß wie ein Tapir. Es gibt auch Beispiele dafür, daß manche Säugetiere im Laufe der Evolution kleiner wurden, doch bilden sie die Ausnahme und nicht die Regel.

Man könnte einwenden, daß die Copsche Regel nur auf Säugetiere zutreffe, und die Vorfahren der heutigen Säugetiergruppen seien nur deshalb so klein gewesen, um der Konkurrenz mit den größeren Reptilien zu entgehen, und daß sie nur deshalb an Größe zunahmen, um die vor ihrem Aussterben von den Dinosauriern eingenommenen Reptilien-Nischen zu besetzen. Dies könnte die Erklärung der Copschen Regel im Fall der Säugetiere sein, doch ist die Regel allgemeiner. Evolutionäre Größenzunahme wurde bei allen in der fossilen Dokumentation enthaltenen Haupttiergruppen gefunden. Die Regel trifft auf Cephalopoden (Kopffüßer), Schnecken, Echinodermata (Stachelhäuter) und jene einzelligen Organismen, die sogenannten Foraminiferen (Kammerlinge), die umfangreiche fossile Rückstände hinterließen, zu.

Es könnte sein, daß die Copsche ‚Regel' keine echte Regel ist. Ihre Verfechter könnten aus der Masse der in alle Richtungen weisenden Fälle diejenigen herausgesucht haben, die sie bestätigen. Man schätzt, daß diese Regel nur auf ungefähr zwei Drittel aller Fälle zutrifft, was daran zweifeln läßt, daß sie tatsächlich eine echte Regel ist. Die berechtigte Frage nach ihrer Allgemeingültigkeit ist ein Problem, was wir hier nicht lösen werden. Beabsichtigt ist nur die Verwendung der Copschen Regel als Beispiel für das, was wir versuchen wollen zu erklären. Sie ist (wenn sie zutrifft) ein makroevolutionärer Trend. Aus der fossilen Dokumentation sind auch andere Trends bekannt. Einer dieser Trends bedeutet laut Dolloscher Regel, daß die Evolutionsrichtung unumkehrbar ist. Weiterhin besagt das Willistonsche Gesetz, daß die Evolution bei Organismen mit Extremitäten von einem Stadium, in dem alle Extremitäten mehr oder weniger gleich sind, in Richtung eines Stadiums verläuft, wo diese immer differenzierter werden. Ausnahmen gibt es auch bei diesen wie bei der Copschen Regel. Wir benötigen aber nur ein Beispiel für die theoretische Diskussion, wobei schon ein theoretisches Beispiel ausreichen dürfte. Wahrscheinlich ist die Copsche Regel nicht nur eine bloße Hypothese, sondern sicherlich zum Teil wahr. Nehmen wir nun für die Argumentation an, daß sie wahr genug sei, um sie zur Erläuterung heranzuziehen.

Es gibt zwei Erklärungsmöglichkeiten. Die erste bezieht sich darauf, daß die kontinuierliche Größenzunahme von Art zu Art innerhalb eines Stammbaumes von einer kontinuierlich wirkenden Kraft der natürlichen Selektion zugunsten der Größenzunahme forciert wird. Warum die natürliche Selektion gerade das Größenwachstum begünstigen soll, ist ein anderes Problem. Dafür führte RENSCH mehrere Möglichkeiten auf: Größere Tiere gewinnen im Kampf eher als ihre kleineren Artgenossen, insbesondere da sie sicherlich über größere Waffen verfügen; sie könnten größere Gehirne haben, was sie intelligenter mache; sie könnten länger leben. Alle, keine oder einige dieser Theorien könnten richtig sein. Es gibt auch noch weitere Möglichkeiten, doch wollen wir sie hier nicht alle durchgehen. Es geht einzig und allein darum, wenn die natürliche Selektion die Größenzunahme Jahr für Jahr über Jahrmillionen hinweg begünstigt, daß dann sicherlich ein Trend zur Großwüchsigkeit auftritt. Ergibt sich dieser Trend aus der natürlichen Selektion, dann wird er sich wie im Mittelteil der Abbildung 9 darstellen.

Die zweite Erklärung geht davon aus, daß die natürliche Selektion nicht das Größenwachstum begünstigt. Stattdessen wird der Trend als Auswirkung des Merkmals (in diesem Fall die Körpergröße) auf die Speziationsrate und die Lebensdauer der Art erklärt. Man bezeichnet ihn als Theorie der Artenselektion, welche sich sowohl auf die Speziationsrate als auch auf die Lebensdauer einer Art beziehen kann. Nacheinander wollen wir sie behandeln.

Nehmen wir an, daß die aus größeren Organismen bestehenden Arten sich mit höherer Geschwindigkeit in neue Arten aufspalten als Arten bestehend aus kleineren Organismen. Die Speziationsgeschwindigkeit (wird angenommen) ist nicht höher auf Grund

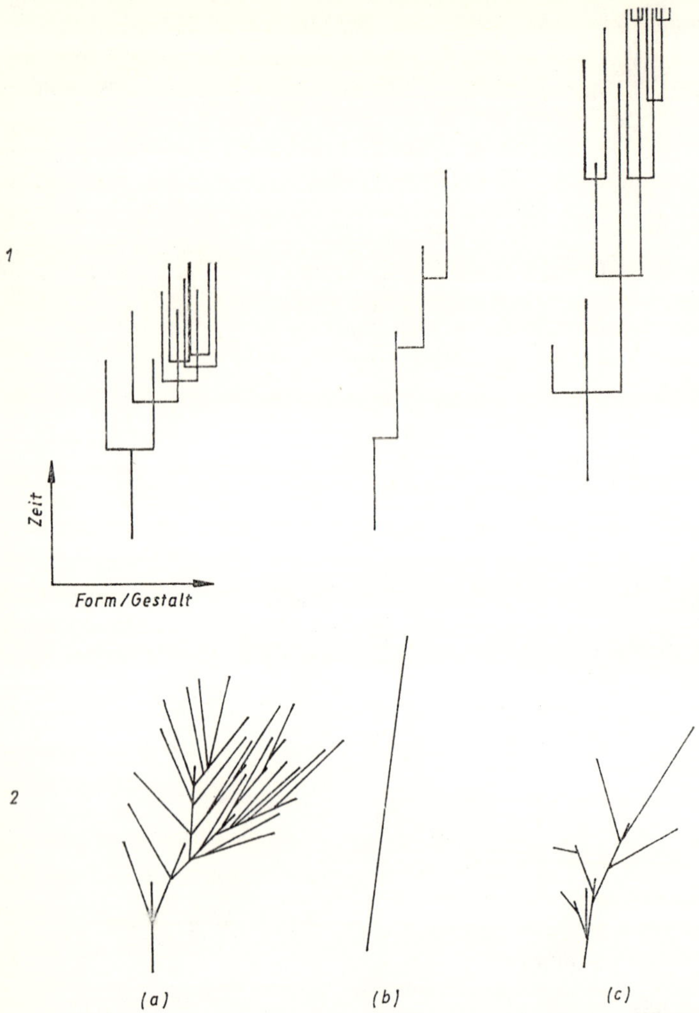


Abb. 9. Evolutionstrends bei Artenselektion und natürlicher Selektion In allen sechs Fällen liegt der Trend zur Großwüchsigkeit vor. Speziation läuft ab, wenn ein Stammbaum sich aufspaltet: (1) In den drei Fällen oben ist die Evolutionsgeschwindigkeit höher, wenn sich ein Stammbaum einer Linie aufspaltet als innerhalb einer Linie zwischen Aufspaltungen. (2) In den drei Fällen unten ist die Evolutionsgeschwindigkeit bei einer Aufspaltung und zwischen den Aufspaltungen annähernd gleich. Diese angeführten Fälle sollen illustrieren, daß die folgende Unterscheidung unabhängig von der Evolutionsgeschwindigkeit während der

einer innerhalb jeder Art die Körpergröße begünstigenden natürlichen Selektion. Es könnte innerhalb der Art stabilisierende Größenselektion wirken, oder die Größe könnte von der natürlichen Selektion überhaupt nicht beeinflußt sein. Die Unterschiede in der Speziationsgeschwindigkeit müßten schon andere Gründe haben. Vielleicht wandern beispielsweise die größeren Mitglieder der Großkörper-Arten nicht so schnell wie die kleineren Mitglieder der Kleinkörper-Arten. Bei kleinerem Bewegungsradius wäre der Genfluß innerhalb der Art eingeschränkt. Die Art würde sich wahrscheinlich schneller in mehrere geographisch isolierte Populationen aufspalten. Und diese wiederum können sich zu neuen Arten entwickeln.

Es geht aber nicht um die genaue Begründung. Das wichtige ist, daß aus irgendeinem Grunde Arten größerer durchschnittlicher Körpergröße sich schneller aufspalten als Arten mit geringerer durchschnittlicher Körpergröße. Artenselektion erzeugt dann einen Trend in Richtung großwüchsiger Arten. Während des reinen Artenselektionsprozesses verläuft die Speziation ungerichtet. Neue Arten, sobald sie entstehen, können ebenso größer als auch kleiner sein als ihre Ahnen. Das muß so sein, da die einzige Kraft, die eine gerichtete Speziation bewirken kann, die natürliche Selektion ist, und diese ist ex hypothesi nicht vorhanden. Der Trend wird durch Selektion unter den Arten hervorgerufen. Jene Arten, deren Mitglieder zufällig großwüchsiger sind, werden schneller neue Arten bilden als diejenigen, deren Mitglieder zufällig kleinwüchsig sind. Somit werden sich die einem größeren Wachstum unterworfenen Arten immer schneller vermehren bis eine Grenze erreicht ist. Wie der linke Teil der Abbildung 9 aufzeigt, wird ein Trend zu immer großwüchsigeren Artmitgliedern zu verzeichnen sein.

---

Aufspaltungen ist. Im Mittelteil (b) wird der Trend von der natürlichen Selektion gesteuert. Die Spezialisationsrichtung entspricht im allgemeinen der Richtung des Gesamttrends. Im linken (a) und rechten (c) Teil wird der Trend von den beiden Formen der Artselektion gesteuert. In beiden Fällen geht Speziation sowohl in die entgegengesetzte Richtung zum Gesamttrend (z. B. links) als auch in die gleiche. (a) Artselektion bei unterschiedlicher Speziationsrate: Die Aufspaltungsrate nimmt mit zunehmender Körpergröße zu. (c) Artselektion bei unterschiedlicher Langlebigkeit der Arten: Die Langlebigkeit der Arten nimmt mit zunehmender Körpergröße der Arten zu.

Ein ähnlicher, ebenfalls Artselektion genannter Prozeß kann die Langlebigkeit von Arten bewirken. Wenn Arten, deren Mitglieder körperlich größer sind, über die Evolutionszeit hinweg länger leben, dann würde sich daraus die Copsche Regel ergeben. Wie im vorherigen Beispiel geht die Theorie von der Annahme aus, daß die natürliche Selektion die Großwüchsigkeit innerhalb der Arten nicht begünstigt und daß mit gleicher Geschwindigkeit Arten kleinerer Tiere ebenso entstehen wie Arten größerer. Arten, die länger leben, werden bei konstanter Speziationsgeschwindigkeit mehr Nachkommenschaft hinterlassen. In diesem Fall nehmen wir an, daß großwüchsige Arten länger als kleinwüchsige leben. Sie produzieren mehr deszendente Arten und vermehren sich dadurch stark. Ein für die Copsche Regel charakteristischer Trend liegt vor. Der rechte Teil der Abbildung 9 illustriert dies.

Artselektion setzt sich ähnlich wie die natürliche Selektion, nur auf einer anderen Ebene durch. Die natürliche Selektion wird anhand unterschiedlicher Überlebenschancen und Fruchtbarkeit von Einzelindividuen sichtbar, die Artselektion durch unterschiedliche Überlebenschancen und Fruchtbarkeit von Arten. Die durch die natürliche Selektion erzielte Variation wird durch genetische Mutation erzeugt, die durch Artselektion erzielte Variation durch Speziation. Ebenso wie Mutation zufällig ist im Sinne, daß deren Richtung unabhängig ist von dem, was die natürliche Selektion begünstigt, so ist bei Artselektion die Richtung der Speziation unabhängig von der Richtung des Evolutionstrends. Und so wie die natürliche Selektion nur bei erblicher Variation in Kraft tritt, so müssen beim Wirken der Artselektion neue Arten ihren Elternarten relativ ähnlich sein. Wie zum Beispiel im Fall der Copschen Regel, müssen die Nachkommen großwüchsiger Arten, obwohl sie sowohl groß- als auch kleinwüchsige Nachkommen hinterlassen, größer sein als die Nachkommen kleinwüchsiger Arten. Wenn die erbliche Variation eines jeden Merkmals im Zusammenhang mit der individuellen Überlebenschance und Fruchtbarkeit steht, dann wird die natürliche Selektion zwangsläufig darauf einwirken. Wenn die Variation eines jeden Merkmals mit der Lebensdauer und der Speziationsgeschwindigkeit in Zusammenhang steht, dann wird darauf zwangsläufig die Artselektion einwirken.

Theoretisch könnten sich natürliche Selektion und Artselektion widersprechen. Letztere könnte einem von der natürlichen

Selektion begünstigten Merkmal entgegengerichtet sein. In solch einem Fall würde die natürliche Selektion den Kampf gewinnen. Das von der natürlichen Selektion begünstigte und von der Artselektion bekämpfte Merkmal würde in der Art überwiegen und zwar aus dem gleichen Grunde, wie wir ihn schon in Kapitel 4 bei der Behandlung der Gruppenselektion antrafen, daß nämlich die natürliche Selektion viel schneller vor sich geht als die Artselektion. Diese Einheiten, auf die die Artselektion zielen muß, entstehen nur selten – nämlich neue Arten, von denen vielleicht eine innerhalb von einigen Tausend Generationen neu entsteht. Die Einheiten, auf die die natürliche Selektion gerichtet ist, sind Einzelorganismen, die in jeder Generation in großer Anzahl entstehen. Die natürliche Selektion muß millionfach schneller vor sich gehen als die Artselektion, womit jeder Wettlauf zwischen beiden leicht von der natürlichen Selektion gewonnen werden wird.

Da die Artselektion ein langsamer Prozeß ist, ist sie ebenfalls als Erklärung für die Evolution komplexer Adaptionen auszuschließen. Die Evolution von Adaptionen erfordert die Selektion vieler kleiner Veränderungen (siehe S. 56), die niemals von einem solch langsamen Prozeß wie der Artselektion zusammengefaßt werden könnten. Selbst wenn die natürliche Selektion durch die Artselektion verdrängt würde, indem diese bestimmte evolutionäre Trends erklären kann, so bleibt aber die natürliche Selektion einzig und allein als Erklärung für die Herausbildung von Adaptionen. Adaptive Trends müssen von der natürlichen Selektion gesteuert sein, so daß die reine Artselektion zumeist nur auf einfache Trends angewandt werden kann. Sie könnten zur Veränderung der Körpergröße führen, aber niemals zur Evolution des Auges.

Wenn die natürliche Selektion parallel gerichtete Veränderungen innerhalb der Arten nicht begünstigt, dann erhält die Artselektion freien Spielraum. Beide Prozesse könnten sich gegenseitig fördern und wären aus diesem Grunde keine strikten Alternativen, obwohl sie sich unterscheiden. Man könnte die Frage stellen, inwieweit ein bestimmter Trend auf der natürlichen Selektion und inwieweit er auf der Artselektion beruht.

Auf einen tatsächlichen evolutionären Trend ist die Theorie der Artselektion noch nicht angewandt worden, doch ist sie überprüfbar. Ein von Artselektion gesteuerter Trend müßte zwei verräterische Kennzeichen innerhalb der fossilen Dokumentation hinterlassen: zum ersten die Veränderungsrichtung, die unabhängig ist von der Richtung des Gesamttrends innerhalb des Stammbaums vieler Arten, immer dann wenn eine neue Art entsteht. Für den Fall, daß der Trend in Richtung Größenzunahme geht, müßten im gleichen Maße kleinwüchsigere Arten entstehen wie die neuen großwüchsigen. Beruht jedoch der Trend auf der natürlichen Selektion, so würde die Speziationsrichtung der des Trends entsprechen. Somit ist die Voraussage der Artselektion klar. Der Trend unterscheidet sich deutlich von dem der natürlichen Selektion. Das zweite Kennzeichen lautet, daß großwüchsigere Arten länger leben oder mit höherer Geschwindigkeit neue Arten bilden. Dies kann ebenfalls überprüft werden, liefert aber keine so strikte Voraussage. Würde der Trend von der natürlichen Selektion gesteuert werden, wäre die gleiche Beobachtung zu erwarten. Bevorzugt die natürliche Selektion Großwüchsigkeit, würden größere Individuen sicherlich länger leben, und man könnte ebenfalls erwarten, daß eine aus größeren Individuen bestehende Art im Evolutionszeitraum länger bestünde. Beide Voraussagen, insbesondere die erste, bestätigende Fakten wären höchst interessant. Leider gibt es aber keine.

Artselektion als Erklärung evolutionärer Trends wurde erstmals von ELDREDGE und GOULD im gleichen Artikel vorgeschlagen, in dem sie ihre Hypothese vom unterbrochenen Gleichgewicht (die wir schon im vorigen Kapitel behandelten) einführten. Den Terminus Artselektion prägten nicht eigentlich sie, dies geschah durch S. M. Stanley. ELDREDGE und GOULD zufolge stehen ihre beiden Hypothesen miteinander in Zusammenhang. Sie behandeln die Artselektion als Konsequenz des unterbrochenen Gleichgewichts. Ihnen folgten viele Evolutionsbiologen, doch irren sie sich da meines Erachtens. Für das Problem, ob evolutionäre Trends von der natürlichen Selektion gesteuert werden oder nicht, ist es egal, ob die Speziation sprunghaft oder graduell vor sich geht.

Die für die Artselektion notwendigen Bedingungen haben wir erörtert und um zu beweisen, daß sie völlig unabhängig sind von der relativen Evolutionsrate bei der Speziation, reicht es aus, sie zu wiederholen. Damit die Artselektion einen Trend hervorrufen kann, müßte die Speziationsrichtung unabhängig von der

Trendrichtung sein. Der Merkmalszustand (dem Trend unterliegend) müßte mit der Speziationsrate oder der Langlebigkeit der Art in Beziehung stehen, und der Trend dürfte nicht der natürlichen Selektion entgegengerichtet sein. Artselektion findet statt, wenn diese drei Bedingungen erfüllt sind. Keine von ihnen hat etwas mit der Evolutionsrate während der Speziation zu tun. Die Hypothesen betreffs Artselektion und unterbrochenem Gleichgewicht sind voneinander völlig unabhängig. In Abbildung 9 habe ich dies veranschaulicht, indem ich die drei Formen evolutionärer Trends sowohl für die graduelle als auch für die unterbrochene Evolution im Zuge der Speziation darstellte.

Soweit zu den Evolutionstrends. Wenden wir uns jetzt der Evolution in einem noch größeren Rahmen zu. Untersuchen wir jetzt den Aufstieg und Niedergang ganzer Artengruppen. Betrachten wir die fossile Dokumentation einer Gruppe wie die der knorpelartigen Fische (heute vom Hai und Rochen repräsentiert), so erkennen wir darin, daß die Anzahl der Arten langsam bis zu einem Maximalwert ansteigt und dann wieder zurückgeht. Auf allen Ebenen ist diese Erscheinung anzutreffen; sowohl in der Familie der Fische als auch in einer ganzen Unterklasse von ihnen. Die einzige Gruppe, von der kein solcher Auf- und Abstieg in der fossilen Dokumentation zu verzeichnen ist, sind diejenigen, die wie die Säugetiere, noch keine Abstiegsphase erreicht haben. Die Anzahl der Säugetierarten nimmt seit ungefähr 60 Millionen Jahren zu, und es ist nicht abzusehen, daß sie ihren Maximalwert erreicht hätte, geschweige ein Absinken. Jedoch haben innerhalb der Säugetiergruppe einige kleinere Gruppen, wie die Notoungulaten (frühere Verwandte der Ungulaten [Huftiere]), ihren Aufstieg und letztendlichen Niedergang vollzogen. Obwohl dieses generelle Muster von zeitweisen Rückschlägen und zweiten Runden der Vermehrung unterbrochen sein kann, ist es doch für einen Erklärungsversuch ausreichend ausgeprägt.

Zum einen entsteht eine große Gruppe, indem sie den Platz einer unterlegeneren einnimmt und dann verschwindet, wenn sie wiederum von einer überlegeneren Gruppe verdrängt wird. Das Grundmuster der Verschiebung (turnover) in der fossilen Dokumentation ergibt sich dann aus der Konkurrenz unter den Gruppen. Innerhalb dieser ersten Hypothese finden sich zwei (alternative) Subhypothesen, warum eine Gruppe konkurrenzmäßig einer anderen überlegen sei. Bezeichnen wir sie als Fortschritts-Hypothese und Umweltveränderungs-Hypothese.

Der Theorie vom Evolutionsfortschritt zufolge besitzt jede erfolgreiche Gruppe einen bestimmten Erbvorteil gegenüber der Gruppe, die sie verdrängt. Die Gangart früherer Reptilien zum Beispiel wird als gespreizt bezeichnet (der Begriff an sich ist schon fragwürdig), wobei die Beine seitwärts aus dem Körper herausragen und dann vom Kniegelenk aus im 90°-Winkel zum Boden gerichtet sind. Die heutigen Eidechsen und Krokodile weisen diese Gangart noch auf. Im Gegensatz dazu ist der Gang der Säugetiere in dem Sinne gerade, daß die Beine direkt vom Körper nach unten gerichtet sind. Infolge sich direkt aus den Gesetzmäßigkeiten der Mechanik ergebenden Gründen kann sich ein Tier mit geradem Gang schneller bewegen (andere Dinge seien gleich) als ein Tier mit gespreiztem Gang. Somit ist es verführerisch, die Evolution des geraden Gangs als Fortschritt anzusehen. Die letztendliche Verdrängung der Reptilien durch die Säugetiere würde sich dann aus dieser (und anderen) Überlegenheiten infolge des Körperbaus der Säugetiere ergeben.

Heutige Evolutionsbiologen jedenfalls sträuben sich dagegen, die Verdrängungen im Laufe der Evolution mit der Hypothese vom Evolutionsfortschritt zu erklären. Ein Grund dafür liegt in der Annahme (wie wir in Kapitel 4 sahen), daß Tiere an ihre Umgebung angepaßt sind. Für alle Merkmale scheint es ausreichend Variationen zu geben, die es der natürlichen Selektion erlauben, jede mögliche Verbesserung zu bewirken. Wäre der aufrechte Gang gut für Krokodile, dann sollten wir annehmen, daß er sich herausgebildet hätte. Der andere Grund für die Ablehnung der Fortschrittshypothese ist mehr praktischer Art. Es ist schwer zu bestimmen, ob eine Veränderung zwischen den Gruppen wirklich eine erbliche Verbesserung ist. Theoretisch ist ‚Fortschritt' leicht zu definieren. Man braucht sich, als gedankliches Experiment, nur vorzustellen, daß man zwei Gruppen miteinander konkurrieren läßt. Dann würden wir die heutigen Säugetiere mit ihren vor 250 Millionen Jahren im Perm lebenden Reptilienäquivalenten konkurrieren lassen, und zwar unter den damaligen Umweltbedingungen. Wäre Evolution progressiv, dann müßten die heutigen Säugetiere ihre Reptilien-Konkurrenz ausschalten. Dieser Konkurrenzkampf wäre genauso ungleich wie eine Schlacht zwischen einem modernen Zerstörer und einem

Krieger aus dem 16. Jahrhundert. Wenn andererseits aber Evolution nicht progressiv ist, würden die Säugetiere nicht gewinnen. Obwohl also die theoretische Bedeutung von ‚Fortschritt' klar ist, so ist weder das praktische Experiment möglich, noch verfügen wir über eine überzeugende Methode, es zu simulieren. Uns bleiben also nur subjektive Einschätzungen, welche Formen progressiv sind bzw. nicht. Naturwissenschaftler haben keine Zeit für subjektive Einschätzungen, und somit kann der Evolutionsfortschritt vorläufig nicht eingehend diskutiert werden.

Die Alternative zum Fortschritt lautet, daß einige Organismusformen besser an bestimmte Umweltbedingungen angepaßt sind als andere. Wenn sich dann die Umweltbedingungen verändern, werden die besser angepaßten Formen die Unterlegeneren verdrängen. Der Unterschied zur Fortschritts-Hypothese ist hierbei, daß die Vorteile einer Gruppe über eine andere bedingt sind und nicht naturgegeben. Wenn eine Gruppe im Vorteil ist, dann nur, weil die Umwelt sie zufällig zeitweise begünstigt. Wären es andere Umweltbedingungen, dann könnte der Vorteil sich ins Gegenteil verkehren. Bezüglich unseres vorigen Gedankenexperiments der Konkurrenz zwischen Perm-Reptilien und heutigen Säugetieren müßte das Ergebnis von den Umweltbedingungen bei der Begegnung abhängen. In einer Perm-Umwelt müßten die Reptilien gewinnen und unter heutigen Umweltbedingungen die heutigen Säugetiere. Dieses gedankliche Experiment in die Tat umzusetzen, ist genauso schwer und demzufolge wissen wir nicht, ob die großen Evolutionsverdrängungen durch Umweltveränderungen gesteuert wurden. Die Hypothese, daß unterschiedliche Gruppen unterschiedlichen Umwelten angepaßt sind, hat zumindest einen praktischen Vorteil gegenüber der Fortschritts-Hypothese. Es gibt Methoden, sie zu überprüfen (welche wir schon in Kapitel 4 behandelten). Diese Methoden können zumindest auf die heutigen Formen überzeugend angewandt werden. Gegenwärtig ist es kompliziert, sie auf die großen evolutionären Umgestaltungen in der Vergangenheit anzuwenden, die demzufolge ungeklärt bleiben. Unbekannt bleibt, inwieweit eine evolutionäre Umgestaltung durch Umweltveränderung bewirkt wird und inwieweit durch progressive Neuerung.

Das sind aber nicht die einzigen Alternativen. Es könnte sein, daß einzelne Gruppen nicht miteinander konkurrieren. Deren Evolution (prinzipiell ist dies möglich) könnte voneinander unabhängig erfolgen und ihr Auf- und Abstieg Sache des Zufalls sein. Zwei derartigen Gedanken wollen wir näher erklären, zuerst einen bescheideneren Gedanken betreffs freigewordener Nischen nach massenhaftem Aussterben und danach eine anspruchsvolle Theorie bezüglich des gesamten Evolutionsmusters in der fossilen Dokumentation.

Ein Massenaussterben ist in der fossilen Dokumentation ein Ereignis, bei dem mehrere verschiedene Gruppen zur gleichen Zeit aussterben. Gruppen sterben immer wieder aus, doch mehrfach überstieg seit dem Beginn der fossilen Dokumentation die feststellbare Aussterbequote das Normalmaß. Wie oft dies jedoch geschah, ist umstritten. Die einen schätzen es auf vier Mal (nach D. M. Raup und J. J. Sepkoski) (Abb. 10). Das bekannteste Massenaussterben fand vor 60 Millionen Jahren am Ende der Kreidezeit statt als plötzlich die Dinosaurier verschwanden.

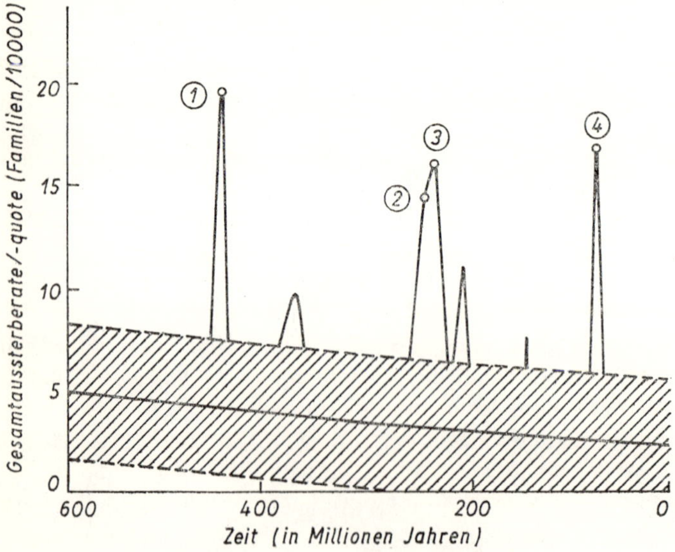


Abb. 10. Aussterbequote (-rate) (pro Jahrmillionen) für Meerestierfamilien bis zur Gegenwart

Die Normalraten /-quoten liegen innerhalb des schraffierten Bandes. Zu bemerken ist, daß die Durchschnittsrate mit der Zeit abnimmt. Ebenso sind vier Kulminationspunkte zur Zeit von Massenaussterben zu erkennen. Nr. 4 zeigt das Aussterben der Dinosaurier am Ende der Kreidezeit.

(vereinfachte Darstellung von Raup und Sepkoski)

Für derartige Erscheinungen des Massenaussterbens gibt es eine Reihe von Erklärungen, doch im allgemeinen bevorzugen die Paläontologen keine bestimmte Theorie. Wir wollen sie hier auch nicht behandeln, sondern nur eine anführen, um die Theorie des turnover von Gruppen zu illustrieren. Angenommen wurde, daß Massenaussterben von seltenen physikalischen katastrophalen Ereignissen wie es die Kollision der Erde mit einem Meteor ist, verursacht werden. Bestimmte Beweise sprechen für diese Theorie, andere wiederum nicht. Es bleibt umstritten. Doch lassen wir sie zugunsten eines anderen Arguments gelten. Die Kollision mit einem Meteoriten und die darauf folgenden Staubwolken und Flutwellen würden Lebewesen unterschiedslos vernichten. Einige wenige Gruppen könnten dies überleben, doch würde dies auf Glücksumständen und nicht auf Adaptionen beruhen. Wenn es an dem wäre, würde die Verdrängung einer Gruppe durch eine andere nicht auf die konkurrenzmäßige Überlegenheit der erfolgreicheren Gruppe über die nicht erfolgreiche zurückzuführen sein, sondern auf das Glück, die Katastrophe überlebt zu haben. Zufälliges Überleben bei einem Massenaussterben ist eine mögliche Erklärung für Verdrängungen in der fossilen Dokumentation.

Jetzt sind wir im Besitz einer überprüfbaren Hypothese. Untersuchen wir sie anhand eines echten Beispiels, dem der Verdrängung der Brachiopoden (Armfüßler) durch die Bivalvia (Muscheln). Anfangs traten in der fossilen Dokumentation die Brachiopoden als häufigerere Gruppe auf. Es gibt sie auch heute noch, doch ziemlich selten im Verhältnis zu den Muschelmollusken. Wenn beide zusammengebracht würden, träten sie sicherlich miteinander in Konkurrenz, da ihre Lebensweise einander ziemlich ähnelt. Warum haben nun die Bivalvia die Brachiopoden verdrängt? Dafür gibt es zwei Hypothesen: Die Bivalvia trieben die Brachiopoden auf Grund konkurrenzmäßiger Überlegenheit zum Aussterben, bzw. die Bivalvia waren die glücklichen Überlebenden eines Massenaussterbens, dem die Brachiopoden zum Opfer fielen. Bei unserem Test haben wir die relative Häufigkeit der Gruppen vor und nach einem jeden Massenaussterben untersucht. (Wenn die Verdrängung im Zeitraum zwischen zwei Massenaussterben stattfand, dann wird eine Hypothese eindeutig ausgeschlossen. Die Verdrängung der Brachiopoden durch die Mollusken fand aber statt zur Zeit des Perm-Trias-Aussterbens.)

Wonach müssen wir nun genau suchen? Erfolgte die Verdrängung infolge konkurrenzmäßiger Überlegenheit, so müßte die überlegene Gruppe kontinuierlich gegenüber der anderen an Umfang zunehmen. Sogar vor dem Massenaussterben müßten die Bivalvia im Verhältnis zu den Brachiopoden sich stärker vermehren. Wäre aber die Verdrängung purer Zufall, so müßte die Relation vor dem Massenaussterben im großen und ganzen konstant sein. Eine der Gruppen müßte dann aussterben (oder beinahe aussterben), in unserem Fall die Brachiopoden, wobei die andere überlebte und sich danach vermehrte.

Stephen GOULD und Bradford CALLOWAY führten eine sachdienliche Analyse für Brachiopoden und Bivalvia durch (Abbildung 11). Vor dem Massenaussterben am Ende des Perm gingen die Brachiopoden zurück und die Bivalvia nahmen zu, was darauf hindeutet, daß die Verdrängung zumindest teilweise der konkurrenzmäßigen Überlegenheit der Bivalvia zuzuschreiben ist.

Während des Massenaussterbens wurden dann die Brachiopoden stärker als die Bivalvia betroffen. Dies könnte eine weitere Kon-

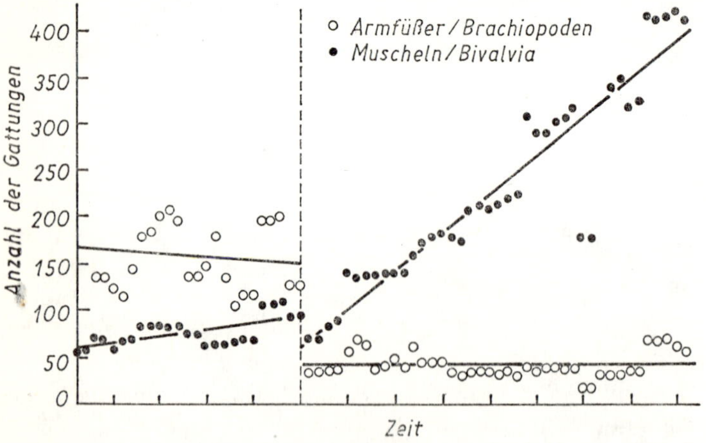


Abb. 11. Veränderung der Mannigfaltigkeit von Brachiopoden und Bivalvia im Laufe der Zeit

Die vertikale Linie markiert das Massenaussterben am Ende des Perm. Zuvor traten die Brachiopoden häufiger auf, obwohl sie im Verhältnis zu den Bivalvia allmählich zurückgingen. Nach dem Massenaussterben waren die Bivalvia häufiger. Während dieses Ereignisses gingen die Brachiopoden viel stärker zurück als die Bivalvia. (von GOULD und CALLOWAY) kurrenzfolge zwischen den Gruppen sein, indem der Konkurrenzdruck infolge der das Massenaussterben bewirkenden Faktoren verstärkt wurde. Im anderen Falle könnte die geringere Aussterberate der Bivalvia während des Massenaussterbens reiner Zufall gewesen sein, wobei die Verdrängung die Folge von sowohl konkurrenzmäßiger Überlegenheit der Bivalvia vor und nach dem Massenaussterben als auch ihres Glücks während des Vorgangs sein würde. Zusammenfassend kann man sagen, daß GOULDS und CALLOWAYS Analyse den Zufall nicht ausschließen kann und daß sie auch positive Beweise dafür liefert, daß die konkurrenzmäßige Überlegenheit der Bivalvia zur Verdrängung beitrug.

Bisher haben wir nur untersucht, wie der glückliche Zufall evolutionäre Verdrängungen im Umfeld von Massenaussterben bewirken könnte. Jetzt ist die Möglichkeit zu untersuchen, ob alle großen fossilen Dokumentationsmuster auf dem Zufall beruhen. Zuerst müssen wir bestimmen, was Zufall hier bedeutet. Stellen wir uns folgendes Evolutionsmodell vor. Jede ‚Art' repräsentiert sich als ein Zustandsensemble einer Reihe von ‚Merkmalen'. In einem einfachen Beispiel könnten fünf Merkmale auftreten, wovon jedes fünf mögliche Zustände aufweist. Merkmale könnten die Halslänge und die Rückenwirbelanzahl sein. Die Nummern würden dann deren Zustand bezeichnen, wie z. B. Halslänge 3 cm, 5 cm usw. und Wirbelanzahl 4, 5, 6 usw. In dem Modell kann dann der Zufall evolutionärer Veränderung dargestellt werden als die Wahrschcinlichkeit, daß jeder Zustand eines Merkmals innerhalb einer Generation sich in einen anderen Zustand verwandelt. Im allereinfachsten Modell würde die Wahrscheinlichkeit für alle Übergänge gleich sein. Simuliert man dieses Modell mit einem Computer, so erweist sich die ‚Evolution' als eine Artenveränderung im Laufe der Zeit.

Um das Modell realistischer zu gestalten, werden noch zwei weitere Faktoren benötigt. Erstens muß jede Art die Möglichkeit haben, sich in zwei Arten aufzuspalten, damit neue Arten in Erscheinung treten können, und zweitens dürfen die Arten eine Überlebenschance von einer Generation zur anderen von weniger als eins aufweisen, damit diese Arten irgendwann einmal aussterben können. Durch Hinzufügen dieser zusätzlichen Eigenschaften ergibt sich ein Evolutionsmodell, das der wirklichen Evolution ähnlich ist. Gruppen entstehen, vervielfachen sich und sterben aus. Gelegentlich bilden sie sich mit erkennbaren evolutionären Trends heraus. Sie weisen sogar Konvergenz auf, wenn verschiedene Gruppen einander ähnlich werden.

Soweit zur Bedeutung des Zufallsmodells der Evolution. Die wesentliche Schlußfolgerung aus diesen simulierten Modellen lautet, daß sie alle allgemeinen Muster, die aus der fossilen Dokumentation bekannt sind, aufzeigen. Es bedeutet aber nicht, daß Evolution nur ein Zufallsprozeß ist, sondern, daß wir nicht zu voreilig bestimmte Erklärungen für bestimmte Erscheinungen wie Auf-, Abstieg und Verdrängung größerer Gruppen liefern sollten. Sogar wenn Evolution zufällig verliefe, müßten solche Phänomene manchmal zu erwarten sein.

Einen die Zufallstheorie evolutionärer Muster erhärtenden Test zu liefern, ist nicht leicht. Dafür müßten wir wissen, ob die evolutionären Veränderungen in den Zufallsmodellen genau der Form und der Häufigkeit der wirklichen Evolution laut fossiler Dokumentation entsprechen. Einige Versuche für Vergleiche sind unternommen worden, sie waren aber nicht schlüssig. Die Schwierigkeit liegt darin, daß die Klasse von Zufallsmodellen, die wir soeben behandelten, umfangreich und vielgestaltig ist. Indem man mit genauen Werten der Wahrscheinlichkeit von Speziation, Aussterben und Übergängen zwischen verschiedenen Zuständen jongliert, kann man beinahe jedes Evolutionsmuster simulieren. Zufallsmodelle sind allein durch Evolutionsmodelle der fossilen Dokumentation schwer zurückzuweisen, da etliche Zufallsmodelle offensichtlich mit mehreren verschiedenen Mustern übereinstimmen.

Das Zufallsmodell der Evolution liefert uns eine dritte denkbare Erklärung für evolutionäre Trends. Zwei haben wir schon behandelt, die natürliche Selektion und die Artselektion. Jetzt können wir aber noch die Möglichkeit dazurechnen, daß ein kurzzeitiger Trend sich einfach aus dem Zufall ergeben könnte, genau wie beim Münzenwerfen, wo man mehrfach hintereinander Zahl werfen kann. Da man jedoch nicht immer hintereinander Zahl wirft, kann der Zufall keine über viele Generationen hinweg andauernden Trends, die in einer Richtung oder in mehreren voneinander unabhängigen Evolutionslinien verlaufen, erklären. Zufall könnte nur kurzzeitige Trends innerhalb einer einzigen Linie bewirken. Das Zufallsmodell wäre ein vorsichtiger Einwand gegen die Schlußfolgerung, daß bei jedem Trend entweder Artselektion oder natürliche Selektion am Werk gewesen seien. In manchen Fällen waren sie es vielleicht nicht.

Dieses Kapitel hinterließ uns zwei ungelöste Evolutionsprobleme. Für die nicht zufälligen evolutionären Trends gibt es zwei Grundhypothesen. Sie könnten sowohl von der natürlichen Selektion als auch von der Artselektion bewirkt werden, oder von einer Kombination aus beiden. Wir wissen weder ob beide, keine oder eine von ihnen der wesentliche Grund für evolutionäre Trends ist. Ebensowenig kennen wir die Ursache der großen Aufstiegs-, Abstiegs- und Verdrängungsmuster von Gruppen. Manchmal können sie auf Zufällen beruhen, manchmal auf veränderten Konkurrenzvorteilen verschiedener Gruppen. Wenn weder Beweise noch die Wahrscheinlichkeit eine der Theorien bestätigen, dann nützt auch alles Argumentieren nichts. Uns bleibt nichts weiter, als vorläufig auszuharren.

# Anhang

## Der Mechanismus der Molekulargenetik

Vererbungsträger ist ein Molekül namens DNS (was für Desoxyribonukleinsäure steht). Um dieses Buch zu verstehen, muß man ein bißchen über diese DNS Bescheid wissen, über ihre Struktur, wie sie den Aufbau von Körpern bewirkt und wie sie von einer Generation zur nächsten weitergegeben wird.

Die DNS existiert in beinahe jeder Zelle unseres Körpers und zwar in einer eigenen Abteilung in der Zelle, im sogenannten Nukleus. Im Innern der Zelle ist die DNS in strangartigen Gebilden, den Chromosomen (ein Chromosom besteht nur aus DNS und einigen speziellen Proteinen) angeordnet. Jede Zelle besitzt einen doppelten Molekülsatz. Bis zu dieser Stufe können die Einzelheiten durch ein Mikroskop wahrgenommen werden, doch müssen wir jetzt weiterschreiten, tiefer als nur bis zur Mikroskopebene. Das DNS-Molekül weist die Form einer spiralig angeordneten Doppelhelix auf, ungefähr so, wie eine Wendeltreppe einem Betrunkenen vorkommt. Jeder der beiden spiralförmigen Stränge besteht aus einem Rückgrat alternierender Zucker- und Phosphatmoleküle, wobei jedem Zuckermolekül das Wichtigste, ein als Base bezeichnetes Molekül angeheftet ist. Vier verschiedene Basen gibt es, das Adenin (symbolisiert durch A), das Zytosin (C), das Guanin (G) und das Thymin (T). Die DNS-Moleküle bilden eine Kette von Dreierverbindungen von Zucker, Phosphat und Base. Das einzige, was sich in dieser Folge verändert, ist die Base, und somit kann ein DNS-Molekül direkt als Basensequenz, wie ATGGCTTAC... beschrieben werden. Das gesamte Molekül ist eine Doppelkette, in der die komplementären Basen einander gegenüberliegen, C gegenüber G und A gegenüber T. Die Sequenz einer dieser Ketten bestimmt demzufolge absolut die Sequenz der anderen (Abb. 12).

Das DNS-Molekül ist ein langes Band von Instruktionen zum Aufbau eines Körpers. In den genauen Basensequenzen sind die

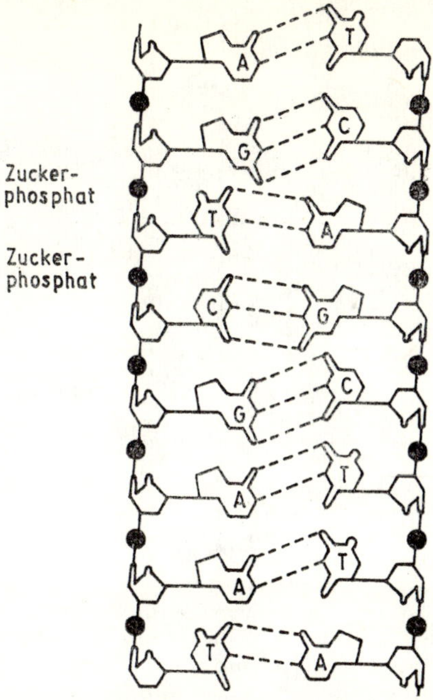


Abb. 12. Struktur der DNS
Das Rückgrat besteht aus alternierenden Phosphat- und Zuckermolekülen mit jeweils einer dem Zuckermolekül angeschlossenen Base (von denen es vier gibt: A, C, G und T). Zwei solche komplementären, miteinander verbundene Ketten bilden das gesamte DNS-Molekül.

Instruktionen codiert. Es ist zwar sehr vereinfacht, aber für unsere Zwecke nicht zu versimplifiziert, wenn man sagt, daß Körper größtenteils aus und mit Hilfe von Proteinen aufgebaut sind. Die anderen Körperbestandteile wie Fette und Glukosen werden von Proteinen umgewandelt, transportiert und an Ort und Stelle gebracht. Ebenso wie die DNS sind die Proteine lange Molekülketten, bestehend aus einer Sequenz von Bausteinen. Die Bausteine der Proteine sind die 20 verschiedenen Aminosäuren, die Eigenschaften der Proteine werden von ihrer Aminosäuresequenz bestimmt.

Die DNS-Basensequenz codiert die Aminosäuresequenz der Proteine. Unterteilt ist die DNS in Einheiten, sogenannte Gene, die den Code für ein Protein liefern. Der genaue Decodierungsmechanismus ist bekannt. Es gibt vier Basen, aber zwanzig

| 2. → <br> 1. ↓ | U | C | A | G | 3. ↓ |
|---|---|---|---|---|---|
| U | Phe<br>Phe<br>Leu<br>Leu | Ser<br>Ser<br>Ser<br>Ser | Tyr<br>Tyr<br>Non 2 (ochre)<br>Non 1 (amber) | Cys<br>Cys<br>Non 3<br>Trp | U<br>C<br>A<br>G |
| C | Leu<br>Leu<br>Leu<br>Leu | Pro<br>Pro<br>Pro<br>Pro | His<br>His<br>Gln<br>Gln | Arg<br>Arg<br>Arg<br>Arg | U<br>C<br>A<br>G |
| A | Ile<br>Ile<br>Ile<br>Met | Thr<br>Thr<br>Thr<br>Thr | Asn<br>Asn<br>Lys<br>Lys | Ser<br>Ser<br>Arg<br>Arg | U<br>C<br>A<br>G |
| G | Val<br>Val<br>Val<br>Val | Ala<br>Ala<br>Ala<br>Ala | Asp<br>Asp<br>Glu<br>Glu | Gly<br>Gly<br>Gly<br>Gly | U<br>C<br>A<br>G |

Abb. 13. Der als (in Basentripletts verschlüsselte) genetische Code
Es gibt vier Basen und 64 verschiedene in Frage kommende mögliche Tripletts. Die von diesen 64 Tripletts verschlüsselten Aminosäuren sind bekannt. Die volle Bezeichnung der Aminosäuren ist in der Tabelle abgekürzt: UUU codiert zum Beispiel Phenylalanin.

Aminosäuren. Jede Aminosäure wird von einem Basentriplett codiert, welche Aminosäure von welchem Triplett codiert wird, ist auch bekannt. Dies nennt man den genetischen Code. Das Protein besteht eigentlich aus einem Vermittlermolekül, der mRNS. Diese mRNS ist ähnlich wie die DNS aufgebaut mit einem wichtigen Unterschied, daß die mRNS anstelle der Base Uracil (U) die Base Thymin (T) aufweist. Herkömmlich wird der genetische Code für die mRNS mit A, C, G und U angegeben (Abb. 13). In dieser Abhandlung geht es um zwei wesentliche Punkte betreffs des genetischen Codes: Er ist universell und redundant. Und zwar in dem Sinne, daß ein bestimmtes Gen ein und das gleiche Protein veranlassen kann, sowohl in einem Bakterium als auch in einem Kaninchen eingebaut zu werden. Dieses Experiment wurde durchgeführt (und ist, nebenbeigesagt, die Grundlage für die moderne Gentechnologie des Cloning). Der Code ist redundant, da es 64 Tripletts aber nur 20 Aminosäuren gibt. Mehrere Tripletts codieren die gleiche Aminosäure und werden als synonyme Tripletts bezeichnet. Von der Länge des verschlüsselten Proteins hängt die Länge eines Gens ab. Unterschiedliche Proteine sind von unterschiedlicher Länge, doch liegt der typische Wert bei ca. 300 Aminosäuren, und damit ist ein Gen ungefähr 1000 Basen lang.

Der Molekularmechanismus, wie durch ein Gen ein Protein entsteht, braucht uns nicht weiter zu beschäftigen. Die Doppelhelix ist entspiralisiert, ein komplementäres Vermittlermolekül, die mRNS, entsteht und ein weiteres Molekül, die tRNS erkennt die Tripletts der mRNS und überträgt die entsprechenden Aminosäuren gegenüber jedem Triplett.

Die DNS wird an die nachfolgende Generation in speziellen Zellen, den Gameten (Sperma oder Pollen in den männlichen und Eier oder Keimzellen in den weiblichen) übergeben. Gameten enthalten gleich anderen Zellen Chromosomen. Bei der Reproduktion muß der doppelte Chromosomensatz halbiert sein, da die Nachkommen gleichviel Chromosomen von beiden Elternteilen ererben (denn, wenn es nicht so wäre, würde sich die Chromosomenanzahl **ad infinitum** von Generation zu Generation verdoppeln). Die geschlechtliche Fortpflanzung stellt den Doppelsatz wieder her. Meiose wird der spezielle Zellzyklus genannt, der Gameten produziert. Wir brauchen nicht ins Detail zu gehen, sondern nur zu wissen, daß bei dieser Gelegenheit die genetische Rekombination stattfindet. Rufen wir uns ins Gedächtnis zurück, daß ein Chromosom ein Strang von Genen ist, daß jeder Körper zwei Genpaare aufweist, die auf zwei Chromosomensätzen lokalisiert sind und daß, wenn ein Gen heterozygot ist (siehe S. 87), seine Form abweichen wird von dem auf dem anderen Chromosom gelagerten Paar. Bei der Rekombination bewegen sich die Chromosomenpaare aufeinander zu und rekombinieren physisch — jedes bricht an der gleichen Stelle auf und vereinigt sich dann mit dem Strang des anderen Chromosoms. Wären alle Gene im Chromosom homozygot, dann wären die Chromosomen nach der Rekombination identisch mit den vorherigen. Da aber die Mehrzahl der Gene heterozygot ist, enthalten die rekombinierten Chromosomen gewöhnlich unterschiedliche Genpaare aus den Eltern-Chromosomen. Dies ist einer der Hauptgründe, warum die Nachkommen sich von ihren Eltern unterscheiden. (Die Mendelsche Segregation ist etwas anderes.)

Mutationen sind die Quelle evolutionärer Neuheiten. Sie sind Veränderungen in der Struktur der DNS, wodurch andere Proteine (und andere Körper) entstehen. Es gibt verschiedene Mutationsformen. Eine ist die umfangreiche Chromosomenmutation: Ganze Chromosomenregionen werden gelöscht, dupliziert, invertiert (siehe S. 143) oder an andere Chromosomen angegliedert. Eine weitere Form ist die Punktmutation, wo während der Reproduktion eine falsche Base von der Eltern-DNS kopiert wird. Dies kann eine Veränderung in einer Aminosäure eines Proteins bewirken. Sämtliche Evolutionsveränderungen beginnen als Genveränderungen. Was aus ihnen wird, entscheiden natürliche Selektion oder Zufall.

# Weiterführende Literatur


### Kapitel 1

C. Darwin, On the Origin of Species, 1859.

### Kapitel 2 und 3

T. Dobzhansky, Genetics of the Evolutionary Process, 1970.
P. M. Sheppard, Natural Selection and Hederity, 4. Auflage, 1975.

### Kapitel 3

L. Margulis, Symbiosis in Cell Evolution, 1982.

### Kapitel 4

R. Dawkins, The Selfish Gene, 1976.
G. C. Williams, Adaptation and Natural Selection, 1966.

### Kapitel 5

M. Kimura, The Neutral Theory of Molecular Evolution, 1983.
R. C. Lewontin, The Genetic Basis of Evolutionary Change. 1974.

### Kapitel 6

M. Ridley, Evolution and Classification, 1986.

### Kapitel 7 und 8

E. Mayr, Animal Species and Evolution, 1963.

### Kapitel 9 und 10

J. Maynard Smith (Hrsg.), Evolution Now, 1982.
B. Rensch, Evolution above the Species Level, 1959.
G. G. Simpson, The Major Features of Evolution, 1953.

# Sachregister

# Personenregister